멕시코를
맛보다

라틴아메리카 문화지도 02

멕시코 음식으로 만나는 라틴문화

멕시코를 맛보다

●최명호 지음●

산지니

나는 멕시코를 사랑하는 것 같다.

사실 좋아한다는 표현과 사랑한다는 표현 중에서 약간 고민했다. 그런데 난 아무래도 멕시코를 사랑하는 것 같다. 그것도 아주 오래된 연인들과 비슷한 것 같다. 우리나라 미디어에서 멕시코가 나쁜 이미지로 나오면 나는 화가 난다. 몇 해 전에는 마피아들에게 살해된 이들의 시체가 발견되었다는 뉴스가 대부분이었다. '마피아와의 전쟁'을 치르던 깔데론 정부에서 빈번히 일어나던 일이었다. 그런 뉴스가 나올 때마다 멕시코에서는 그 현실을 외면하고 어쩔 수 없는 일이라 무기력하게 말하는 사람들, 그런 이야기로 분위기 깨지 말고 그저 술이나 한잔 하자는 사람들, 정말 나쁜 의미로 멕시코적인 사람들을 보면 화가 난다. 정말 오래된 연인처럼 장점보다는 단점이 더 눈에 보이고 여러 가지 일로 실망도 하고 잔소리를 하듯 이것저것 비판도 한다.

어느 날 영국에서 온 한 친구가 왜 그렇게 비판적이냐, 멕시코의 정치·경제적 현실이 네게 그렇게 중요하냐? 왜 그렇게 피곤하게 사냐? 어차피 너 한국으로 돌아가면 그만 아니냐는 말을 했을 때, 깨달았다. 난 여기 멕시코에 손님처럼 와 있는 것이 아니라 마치 주인처럼 와 있다고. 물론 그렇다고 멕시코에 우리나라에 대해 갖는 것과 비슷한 애국심을 갖고 있는 것은 아닌 것 같다. 하지만 적어도 이 나라, 이 나라의 사람들 어떻게 살건 말건 나와는 상관없으니 내 알 바 아니라는 입장은 아니었던 것이다.

현재 멕시코는 우리나라에 두 가지 이미지로 남아 있는 것 같다. 그 하나가 한미 FTA와 함께 가장 실패한 자유무역 협정국으로, 자유무역 협정의 온갖 문제와 폐해를 멕시코에서 찾아볼 수 있을 듯한 이미지가 있다. 물론 멕시코의 빈부격차는 여전한 문제이고 나프타 협정과 함께 세계에 그 존재를 알린, 마르코스 부사령관으로 대표되는 네오 사파티스타들이 어쩌면 멕시코의 극단적 차이의 상징일 수도 있다. 하지만 멕시코의 빈부격차를 나프타만의 탓으로 돌리기에는 역사적, 정치적, 문화적으로 더 복잡한 구조가 있는 것도 사실이다. 또한 오바마 대통령도 후보 시절 나프타를 폐기하겠다는 공약을 내세운 적이 있다. 미국의 경제에 그리 도움이 되지 않는다는 평가가 있기 때문이었다. 그러므로 멕시코가 가장 실패한 자유무역 협정국이란 타이틀은 멕시코 입장에서는 약간 억울할 수도 있다. 또 한 가지는 현재 외신에 가장 많이 등장하는 이미지로, 멕시코는 무법천지이며 마피아가 경찰과 군대보다 강력한 국가라는, 다시 말해 법보다 주먹이, 아니 법보다 총이 가까운 국가라는 것이다. 사실 이런 개념이라면 국가라고 부를 수도 없다는 의미가 된다. 매일같이 사망자들의 숫자가 발표되는 것도 사실이고 매립된 시신들이 발견되는 것이 더 이상 특이한 일이 아닌 것도 사실이다. 1990년 국내에서 선포되었던 범죄와의 전쟁은 연상케 한다. 물론 2013년 12월 뻬냐 니에또Peña Nieto 정권이 출발한 이후 마피아와의 문제는 뉴스에서 거의 사라졌으며 여러 가지 문제가 산재한 것은 변함이 없으나 동시에 과감한 개혁 또한 실시하고 있다. 단언할 수는 없으나 여러 상황들이 개선되길 바라고 있다.

사실 멕시코는 라틴아메리카에서 스스로 홀로 선, 독립(獨立)을 성취한 유일한 국가이며 스스로의 혁명(革命)을 통해 국가적 체질을 개선한 유일한 국가이다. 다른 국가들은 독립의 영웅이라고 하는 시몬 볼리바르Simón Bolívar와 산 마르틴San Martín이 독립을 시켜준 것으로, 엄밀한 의미로 독립이 아니라 해방(解放)이라고 할 수 있다. 수많은 현실적인 어려움에도 불구하고 멕시코는 분명히 더 진보할 것이며 다시 스스로의 역량으로 상황을 반전시킬 것이라 믿는다. 또한 예전처럼 멕시코 전역이 긍정적인 미소를 서로 지을 수 있는 때가 멀지 않다고 믿는다. 물론 개인적인 믿음이며 구체적인 근거를 말하라고 하면 애매하다. 하지만 멕시코 역사가 지금까지 그러했다. 어쩌면 모든 나라들의 역사가 그렇듯 말이다.

여러 가지, 정말 여러 가지 어려운 상황에도 불구하고 멕시코의 대자연이 주는 식재료들과 언제나 농담 속에서 밝게 웃는 사람들, 작렬하는 태양, 갓 짠 주스와 함께하는 시간은 멕시코에 대한 사랑이 절로 솟아나는 시간이다. 멕시코에 만 6년 동안 살면서, 정말 다양하고 많은 것들을 먹고 마셨다. 그러다 내가 멕시코를 위해 한 것이 별로 없으며 내가 멕시코를 위해 할 수 있는 것이 무엇이 있을까를 고민하게 되었다. 그리고 자연스레 음식을 소개하는 것이라는 결론에 도달했다. 어쩌면 멕시코 역사에 대한 소개 또한 그 애정의 한 방법이 될 수도 있을 것이다. 하지만 무언가 더 직접적이고 쉬우며 확실한 것은 바로 음식에 대한 소개일 것이다. 또한 그것은 멕시코의 자연에 대한 소개의 방법일 것이며 정치, 경제 그리고 사회적 문제와는 다른 문화적 소개가 되기를 바란다. 함께 음식을 먹는 것만으로 완벽하게 '식구食口'가 되었다고 할 수는 없을 것이나 적어도 어떤 호감과 환대를 서로 교감한다고는 할 수 있을 것이다. 맛있는 외국 음식은 그 지역에 대한 나쁜 선입견을 없애며 호감을 갖게 할 수도 있다. 게다가 멕시코는 고추와 토마토 그리고 옥수수, 고구마[1] 등의 원산지이다. 토마토는 서구 유럽의 음식에 빠질 수 없는 식재료이며 고추는 우리의 식탁에 매일같이 올라오는 식재료이다. 고구마와 옥수수 그리고 남아메리카가 원산지인 감자는 기근에 굶주리는 많은 우리 조상들이 먹은 구황(救荒)식품이었다. 다시 말하면 우리 식탁에 이미 멕시코, 크게는 라틴아메리카는 들어와 존재하고 있었다. 오늘 먹은 김치 한 조각에도 고추장 한 덩어리에도 말이다.

이 책에는 멕시코 본토의 요리만을 소개하며 알려진 멕시코 요리와 약간의 차이가 있을 수 있다. 텍사스와 캘리포니아는 원래 멕시코의 영토였으나 현재는 미국의 영토이다. 이 지역을 중심으로 텍스멕스Tex-Mex 스타일이라고 하는 텍사스 스타일 멕시코 요리가 발달했다. 물론 멕시코 북부 지역의 음식과 그렇게 큰 차이는 없다. 하지만 멕시코 요리는 보다 더 광범위하고 다양하다. 시중에 발간된 멕시코 요리에 대한 책들은 거의 텍스멕스Tex-Mex 스타일 요리만을 언급하고 있으며 멕시코의 다양한 요리를 언급한 책은 없는 것 같다.

사실 나는 개인적으로 부끄럽지만 서반아(西班牙)어가 스페인어인지 모르고 한국외국어대학 스페인어과에 들어갔다. 입학한 해가 개교 40주년이었고 이듬해가 바로 과 창설 40주년이었다. 그때 우연히 할레뻬뇨Jalapeño 통조림, 다진 라하스Rajas가 들어간 비빔밥을 먹었던 순간, 그 화끈한 비빔밥에 순정 마초의 열정을 느꼈고 우리나라 남자라면 누구나 좋아할 떼낄라를 마셨던 순간 불타는 사나이의 열정이

---

1 멕시코가 아닌 다른 남아메리카 지역이라는 설도 있는데 고구마의 경우 확실히 원산지가 밝혀지지 않았으나 스페인을 통해 전 세계로 퍼진 것은 사실이다.

느껴졌다. 처음으로 따꼬를 먹었던 그 순간, 살사와 고기가 옥수수 전병과 어우러지며 입안에서 즐거운 랑데부를 할 때, 뭔지도 몰랐던 서반아어에 대한 사랑이 절로 생겼다. 잘 생각해보면 그런 것이 계기였다. '이렇게 맛난 것이 있다니'라는 감동에서 스페인어 자체에 대한 관심이 더 생겼다. 이후 문학, 음악, 춤과 영화 등 문화적인 영역에서 계속 내 관심을 끌어왔고 그 인연은 현재까지도 이어지고 있으니 이 책은 어쩌면 늦게나마 보내는 연애편지인지도 모르겠다.

음식에 대한 호기심, 멕시코 음식에 대한 호기심이 커지면서 궁금증도 커지고 질문도 많아지고 따지기도 많이 했었던 것 같다. 아마 그 모습은 반찬 투정하는 아이의 모습에 가까웠을 것이다. 길거리에서 따꼬를 먹어도 '이 살사 맛은 왜 이래? 이거 치아빠스에서 먹었던 것과 다른데?'라고 묻고 즐거운 수다를 좋아하는 멕시코 사람들의 이야기를 들었고 또 물었고 그리고 음식에 얽힌 수많은 이야기를 들었다. 이것저것 캐묻는 키 큰 동양인을 멕시코 사람들은 무던히도 좋아해주었다. 이것저것 주는 대로 잘 먹으면서 나름 비평도 하는 동양인을 재미있게 봐주었던 것 같다. 인간은 정말 이야기를 만들고 이야기를 듣기를 좋아하며 어쩌면 기억 자체를 영화처럼, 자신이 주인공인 영화처럼 하는지도 모르겠다. 음식에도 그렇게 많은 이야기들이 얽혀 있었고 그 이야기 중심에 정(情)이 있었다. 함께 먹으며 맛난 음식을 권하는 그 사이에 정은 소리 없이 우러나오는 것 같다.

이 책을 쓰면서 다시 한 번 건조한 교과서 세계만이 아닌 문화적, 역사적 스펙트럼을 넓혀주신 선생님들, 특히 조구호 선생님께 감사를 드린다. 또한 멕시코에서 많은 조언과 정보를 주신 알렉시님과 정보 수집에 도움을 주신 김영주 선배에게 감사드린다. 그리고 사촌이며 한식, 중식, 일식과 프랑스, 이탈리아 요리 등 서양 요리에도 정통한 콜라보 음식연구소 소장 박재균 쉐프에게도 감사드린다. 또한 투정하는 아이처럼 많은 질문과 물음을 던졌음에도 불구하고 따스하게 대답하고 함께 고민해주신 많은 분들에게 감사드린다. 그리고 책이 나올 수 있도록 많은 배려를 해주신 부산외국어대학교 중남미지역원 교수님들과 김영철 원장님께 깊이 감사드린다. 또한 초고와 비교할 수 없을 정도로 좋은 책을 만들어준 산지니출판사에도 고마움을 전한다.

지극히 개인적으로 어머니와 누이, 그리고 하늘에 계신 아버지에게 이 책을 바친다. 또한 '오늘은 뭘 먹지'가 아닌 '오늘은 뭘 해줄까?'라는 고민을 하는 많은 분들, 다른 이를 위해 요리를 해주는 분들이 이 책을 재미있게 읽어주셨으면 좋겠다.

2014년 5월

| 차례 |

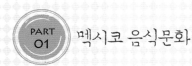

멕시코 음식문화

코스별 멕시코 음식

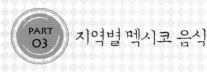

PART 03 지역별 멕시코 음식

키워드로 보는 멕시코 음식과 문화

PART 04

음식을 마련하는 마음은 사랑이다

저 멀리 땅거미가 지고 저녁노을이 붉게 타오를 때 놀이터에서 하는 흙장난 혹은 술래잡기는 그 재미가 점점 떨어진다. 그 즈음, 언제나 그랬듯 아파트 베란다에서 들려오는 어머니들의 목소리와 하나둘 사라지던 친구들. 그리고 들리던 어머니의 소리, '명호야 밥 먹어라.' 그렇게 기다리던 바로 그 소리는 보글보글 끓어오르던 된장찌개 혹은 김치찌개 같았다.

마치 데자뷰와 같았다. 멕시코 남부를 여행하면서 들르게 된 원주민 마을에서 예전의 기억이 떠올랐다. 동네 어귀의 동산에 올라 마치 초가집을 연상케 하는 집들을 바라보면서, 밥 짓는 연기는 없지만 저 집들에서는 저마다의 저녁이 마련되고 있겠구나 생각했었다. 그때 들리던 소리, '알레, 알레, 쎄나~!(알레한드로 저녁 먹어라)' 그 소리에 말타기 놀이를 하던 아이 하나가 집으로 내달리기 시작했다. 그러고 보니 이 아이들은 마치 대지를 닮았다. 너무 검지도 않고 하얗지도 않고, 비옥한 토지의 색깔이었다. 조그만 백열등 아래에서 가족들이 둘러앉아 저녁 식사를 할 것을 상상하니 내 마음마저 포근해지는 것 같았다.

가족은 식구(食口)이다. 같이 밥을 먹는 사람들이란 말이다. 하지만 함께 나누어 먹는 것은 밥만이 아닐 것이다.

옥수수 가루로 반죽으로 하여 전병을 만들고 부치고 신선한 양파와 토마토 그리고 고추와 향료를 다져 살사를 만들고 검은콩과 강낭콩을 삶아 준비하는 원주민 마을의 아낙네들. 누군가를 위해 음식을 준비하는 마음은 사랑이다. 내가 그저 한 끼 때우기 위해 요리를 하는 것과는 질적인 차이가 있다. 남을 위해 요리하는 그 마음은 어머니의 사랑이다. 남편을 자식을, 가족을 향한 어머니의 사랑은 바로 준비한 음식에 담겨 있다. 이것은 동서고금을 막론하고 공통된 것이다. 음식과 함께 우리는 이 사랑을 먹고 자란 것이다.

사람은 누구나 아무리 낯선 어떤 것을 본다고 해도 자신의 경험에서 미루어 짐작하게 된다. 새로운 경험, 완전히 새로운 경험을 한다는 것은 어쩌면 불가능한 일이다. 특히 음식이란 주제에서는 더욱 그렇다. 우리는 매일 음식을 먹는다. 그것이 바로 일상(日常)이고 다반사(茶飯事)인 것이다. 삼시 세 끼를 제때에 먹고 오후에 차 한 잔 하는 것이 일상인 것이다. 이것은 전 세계적 공통점이라 할 수도 있다. 어느 수준 이상으로 문화가 발달한 곳에서는 특유의 음식과 특유의 음료가 있다. 하지만 더 중요한 것이 바로 그 안에 담겨 있는 마음이다. 그 마음에 공감하지 못하면 색다른 음식이란 그저 이질적인 것, 다른 것일 뿐이다. 우리는 마음을 통해 다른 것 사이에 다리를 놓게 된다. 소박한 돌다리, 징검다리가 놓이면 정겨운 어떤 것이 되고 비슷하고 다른 것들 사이에서, 음식을 씹으며 뭉게뭉게 풍겨오는 광경을 만나게 된다. 바로 대지(大地), 땅이다.

우리가 먹는 것 중에 대지의 소산이 아닌 것이 있던가? 더 노골적으로 말하면 우리는 우리의 시체가 묻히는 바로 그 대지를 퍼먹고 사는 것이다. 지구란 공통의 울타리 안에 같지 않은, 무언가 다른 땅이 존재한다. 이 말은 다른 맛이 존재한다는 것이다. 같은 사과, 같은 양파가, 혹은 같아 보이는 식재료에서 다른 맛이, 다른 향이 나는 것은 자라난 땅이 다르기 때문이다. 그 미세한 차이, 약간, 아주 약간 향이 다르고 씹는 질감이 다른 것, 이것이 바로 그 땅의 속성이다. 음식을 소개하는 것은 바로 그 땅을 소개하는 것이다. 그 땅의 바람, 햇빛 그리고 흘러내리는 시냇물, 내리는 빗줄기 등을 알리는 것이다. 이 모든 것이 음식에 담겨 있다. 갓 조리된 음식의 향과 색, 입에서 씹히는 질감 그리고 삼킬 때 넘어가는 느낌들이 모두 맛이다. 이 책은 우리와 같으면서도 다른 멕시코의 자연을 소개하려는 것을 목적으로 하고 있다. 그래서 음식인 것이다.

그 자연 속에서 부엌에서 피어나는 어머니의 사랑을 공감했으면 좋겠다. 세계 어디에도 어머니의 사랑은 다르지 않다. 그 사랑이 다른 누구도 아닌 이 책을 읽는 이들이 모두 갖고 있는 공통의 경험이라는 것을, 어쩌면 우주적 체험이라는 것을 깨닫게 되었으면 한다. 우리 어머니의 사랑과 다른 어머니의 사랑이 다르지 않고 내 자식과 다른 자식들, 모두 소중하다. 이 사랑을 통해 우리는 같은 나무의 같은 포도송이가 된다. 나만의 것, 내 것, 내 부모와 내 아이만을 강조하는 사랑이 아니라 보편적 사랑이라는 매개를 통해서만이 같은 나무의 같은 포도송이, 보기에 약간씩 다르다고 해도, 같은 포도송이가 된다.[1] 또한 그 나무를, 그 열매를 키우는 것도 바로 사랑이다.

그래서 음식이 바로 사랑이다.
준비하는 것도 그리고 먹는 것도 말이다.

[1]   요한복음 15장 1절에서 17절을 패러디함

또한, 이 책의 진정한 목적은 바로, 물론 간접적이라고 해도, 그 사
랑을 전달하는 것이다.

● 멕시코 남부 치아빠스의 저녁노을

PART 01

멕시코 음식문화

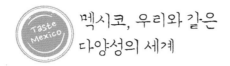
멕시코, 우리와 같은 다양성의 세계

　　대표적인 우리 음식이 무어냐는 질문에 마치 조건 반사 하듯 김치, 불고기, 비빔밥을 말하지만 무언가 아쉬움이 남는 것이 사실이다. 우리 음식이 비단 김치, 불고기만은 아닌데, 우리의 음식문화는 더 큰데, 더 다양한데, 김치, 불고기, 비빔밥 등에 우리의 음식문화를 담아내기는 너무 모자란 것이 사실이다. 이것은 비단 우리의 음식문화에만 해당하는 것은 아닐 것이다. 멕시코의 음식문화도 따꼬Taco(옥수수나 밀전병에 다양한 방식으로 조리한 고기, 해물, 채소, 치즈를 싸 먹는 요리)와 살사 등으로 대표된다. 따꼬는 서울에서도 어렵지 않게 만날 수 있는 어쩌면 범세계적인 요리이다. 하지만 이것만으로 멕시코의 음식문화를 모두 표현할 수 없다. 멕시코는 원주민 전통문화에 유럽의 문화 그리고 스페인의 역사적 특성에 의해 아랍의 문화도 전래되었다. 또한 멕시코의 비옥한 토지에서 나오는 많은 작물과 카리브 해나 태평양에서 얻어지는 다양한 해산물이 다양한 방식으로 조리되며 조화 속에 다양성을 담고 있다. 이런 멕시코 음식문화를 소개하는 일은 그리 쉬운 일이 아니지만 분명히 의미 있는 일일 것이다.

　우리나라에는 멕시코 요리의 다양성이 잘 알려져 있는 것 같지 않다. 외국에 있는 한식당이 우리 음식의 다양성을 담지 못하는 것과 같이 우리나라의 멕시코 음식점에서도 멕시코 음식의 다양성을 만나기 어렵다. 하지만 멕시코 음식의 다양성은 비단 우리나라에만 잘 알려지지 않은 것이 아니다. 멕시코 요리를 좋아한다고 생각하는 사람들에게도 멕시코 음식은 따꼬, 따말Tamal(여러 가지 재료를 넣은 옥수수 찐빵), 그리고 그저 매운맛으로 알려진 살사가 전부였다.

●잘 익은 따말

멕시코를 여행한 일부의 사람들만이 호박씨와 각종 향신료를 섞은 몰레mole[1]나 삐삐안pipián[2]을 맛보았고, 오직 리몬즙[3]으로만 저린 우리나라 물회와 비슷한 세비체Ceviche를 알고 있었다. 허나 겨울날 따뜻하게 마시는 초콜릿 한 잔에 고대 멕시코의 초기 문명으로부터 전해지는 카카오와 바닐라가 들어간다는 사실을 아는 사람은 거의 없을 것이다.

1 멕시코 맛의 시작이 살사라고 한다면 마지막은 바로 몰레이다. 뒤에 다시 자세히 설명할 것이다.
2 약간 텁텁하면서도 고소하고 첨가되는 재료에 따라 약간 시기도 하고 맵기도 한 녹색의 걸쭉한 소스이다. 보통 구운 닭고기나 엔칠라다에 곁들인다. 주재료는 건조된 호박씨인데 그냥 갈아 쓰기도 하고 한 번 철판에 볶아서 쓰기도 한다. 여기에 푸른 꽈리 토마토와 커민, 마늘, 실란트로, 고추와 리몬즙을 넣어 만든다. 특유의 향이 있는데 이 향이 고소하게 느껴지면 멕시코 음식에 상당히 적응한 것이다.
3 라임, 혹은 작은 라임으로 볼 수 있으나 리몬이라 계속 명명하는 이유는 그 맛과 향에서 차이가 있기 때문이다.

멕시코 음식이 제대로 전 세계에 알려지기 시작한 것은 1970년대였다. 그전까지 패스트푸드의 일종으로만 여겨지던 멕시코 음식은 영국인 다이애나 케네디Diana Kennedy[4]에 의해 다양한 그 맛의 세계와 스페인 식민시대 이전의 음식문화가 현재에도 살아 숨 쉬며 원주민들이 사용하던 재료인 호박씨, 선인장 등을 이용한 요리가 일상적으로 향유되고 있음이 밝혀졌다. 또한 멕시코 각 지방색이 드러난 요리들의 조리법을 소개하면서 비단 멕시코 요리만을 소개한 것이 아니라 다양한 퓨전이 가능하도록 새로운 가능성의 문을 열었다고 할 수 있다.

퓨전이라는 것은 어쩌면 멕시코 요리의 본질적인 특징인지도 모른다.[5] 멕시코 혹은 메소아메리카 지역에서 음식문화가 발달하기 시작한 것은 무엇보다 옥수수를 재배하기 시작하면서라고 할 수 있다. 그 이전까지 수렵과 채집으로 살던 사람들이 농경을 시작하고 정착을 하면서 식생활이 달라진다. 초기에는 그저 땅에 구멍을 뚫고, 날카로운 막대기를 이용해 옥수수 씨앗을 심은 뒤 물을 주는 방법을 사용했는데, 이는 이후로 3천 년 가까이 이어져오는 옥수수 재배의 기본 방식이 된다. 이 방식은 올메까, 싸뽀떼까, 믹스떼까, 꼴떼까, 떼우띠우아깐 그리고 아쓰떼까로 연결된다.

---

4 멕시코 요리를 언급할 때 빠질 수 없는, 가장 권위 있는 작가이다. 멕시코 요리를 연구하는 데 40여 년의 시간을 보냈으며 현재까지 멕시코 요리에 관한 9권의 책을 출판했다. 특히 1985년 출판된 『멕시코 지역음식Mexican Regional Cooking』과 1989년 출판된 『멕시코 요리의 미(美)The Art of Mexican Cooking』는 멕시코 요리의 다양성과 예술성을 표현한 책으로, 어떤 면으로 멕시코 요리의 정수를 표현했다고 할 수 있다. 현재도 멕시코 미초아깐Michoacán에 거주하며 멕시코 요리를 연구하고 있다.
5 물론 상이한 문화권의 경쟁과 교류는 발전의 기본적인 동력(動力)이라고 할 수 있다. 문화권이건 문명이건 사람이건 홀로 남겨져 도태되면 결국 화석이 되어 박물관에 전시될 운명을 피할 수 없을 것이다.

물론 아쓰떼까에서는 전통적인 방식을 탈피하여 호숫가라는 자연조건을 이용해 수경재배에 성공하였고 호수의 침전물과 인분 등을 거름 삼아 일 년에 3, 4 모작이 가능한 형태로 발전했으며 도시의 모든 인구가 자급자족하고도 남을 정도의 옥수수를 재배했다고 한다. 멕시코 중앙 고원지대에서 사용되던 옥수수 재배법의 전통적인 형태는 이

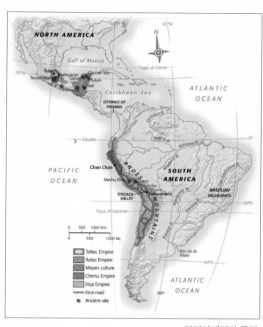

● 라틴아메리카 문명

후 스페인 세력에 정복당하면서 어느 정도 소실되었다. 현재 복원 중이나 완벽하다고 단언하기는 어렵다. 하지만 유까딴 반도에 살고 있던 마야의 경우 현재도 정글에서 고전적인 방식인 화전(火田)으로 옥수수 및 기타 작물을 재배하고 있다. 그들은 수천 년 동안 조상들의 방식을 이어온 것이다. 이런 관점에서 보면 특히 마야인들, 마야 문명이 이미 사라졌다고 표현하는 것은 어떤 면에서 거짓일 것이다. 물론 과거의 생활양식을 지키며 사는 것이 좋은 것인지 나쁜 것인지는 개개인이 판단할 문제이다.

옥수수는 메소아메리카의 쌀이라 할 수 있다. 다시 말하면 탄수화물을 공급받는 주 식재료라는 것이다. 우리나라의 쌀도 그저 밥으로만 조리되는 것이 아니라 국수, 떡을 비롯하여 술 등의 재료가 된다.

옥수수가 얼마나 다양한 방법으로 조리되고 그 맛은 어떻게 다른지를 알아보는 것도 메소아메리카 요리를 알아보고 찾아보는 하나의 방법이 될 것이다.

로마와 중세 유럽의 귀족들은 상당한 미식가(美食家)였다. 물론 미식가라는 기준이 애매하기는 하지만 그들은 음식의 질감이나 맛보다 향을 중요하게 여겼다고 한다. 그들의 향이야말로 천상의 맛, 천국의 맛이라 생각했다. 당연히 향신료의 가격은 높았으며 새로운 향신료에 대한 갈망도 상당했다. 하지만 비잔틴 제국이 멸망한 이후 고급 향신료를 찾는 것은 쉽지 않았다. 동방으로의 무역만이 아니라 지중해의 패권도 오스만 터키 제국이 장악하고 있었다. 유럽 국가들은 해외교역을 상상하기 어려운 상황이었다. 이 어려운 상황 탓인지 대표적인 향신료인 후추는 금과 거의 같은 가치를 지니게 되었고 현재는 허구적 소설로 판명이 된 마르코 폴로의 이야기도 이런 상황을 반영한 것이라 할 수 있다. 콜롬부스가 라틴아메리카를 찾아 떠나게 된 주요 이유 중에 금도 있었으나 그보다는 향신료였을 것이란 추측도 있다. 그도 그럴 것이 후추를 능가하는 향신료를 발견하여 가져오면 금값을 뛰어넘는 가치를 지니게 될 것이니 말이다.

어쩌면 세계의 무역과 문화 교류의 직접적 원인이 향신료, 다시 말해 식재료를 찾는 것이었고, 콜롬부스도 예외는 아니라면, 라틴아메리카 혹은 아메리카 대륙은 이 세상에 새로운 식재료를 선보였던 보물섬 아니 보물 대륙이었다 할 수 있다. 콜롬부스가 처음으로 카리브 해에 도착한 바로 그 순간 두 대륙의 음식문화는 필연적으로 만날 수밖에 없었다.

이후 제국주의 시대에는 식민지를 만들고 정복하기 위해 뱃길을 떠났지만 적어도 이때는 달랐다. 새로운 맛에 대한 요구로 인한 여행, 맛을 찾는 여행이었던 것이다. 그리고 그 여행의 결과는 상상 이상이었다. 물론 황금을 찾아서, 황금이 넘치는 낙원 엘도라도를 찾아서 탐험했다는 설도 부정하기는 어렵다. 하지만 당시 황금과 후추의 가치가 그리 다르지 않았고 특이한 향료는 황금 이상의 가치가 있었다는 기록도 남아 있다. 그러므로 당시의 가치로 보면 황금과 후추 등의 향료는 다르지 않았으니 엘도라도는 황금으로 가득한 낙원의 이미지만이 아니라 이국적인 향료들이 가득한 낙원이기도 했을 것이다.

콜롬부스는 "악어와 앵무새를 제외하면 땅에는 동물이 없다. 염소도, 양도, 다른 종류의 동물이 없다."라고 말했다. 바르똘로메 데 라스 까사스^{Bartólome de las Casas}[6]는 『인도 이야기^{History of the Indies}』[7]에서 1492년 10월 카리브에 처음 도착했을 때를 다음과 같이 표현했다. "그들은 다양한 종류의 나무, 허브, 향기 나는 꽃과 수많은 새를 목격했으며, 이는 스페인의 것과는 전혀 다른 종류였다." 물론 두 가지 진술은 서로 모순되는 것 같지만 카리브 해에 도착한 선원들은 먹을 수 있는 가축을 찾았으나 찾지 못했다는 말이며 먹을 수 있는 식량이 아니라

6 바르똘로메 데 라스 까사스는 16세기 스페인 출신으로서 라틴아메리카 역사와 문화를 기록한 것으로 유명하다. 치아빠스 주 최초의 주교이며 스페인 세력의 무분별한 약탈과 착취를 비판하여 원주민들의 보호자라는 별명을 얻기도 했다. 대농장주들과 끝없는 갈등 관계 속에서 원주민들의 인권을 보호하려 했다는 점을 높이 평가한다. 하지만 유럽계 스페인 사람이며 가톨릭 수도사였다는 점을 그의 한계로 지적하는 사람도 있다. 허나 그의 노력으로 인해 완벽하지는 않지만 원주민들의 법적 지위가 점점 향상된 것은 부정할 수 없는 사실이다.
7 콜롬부스가 도착한 이후부터 기술된 역사서라 할 수 있다. 무엇보다 원주민 노예만이 아니라 흑은 노예들을 데리고 온 것도 문제였고 회개한다는 그의 고백은 스페인의 식민지 지배가 일부 대농장주와 인종 차별적인 가톨릭 사제만으로 이루어진 것은 아니라는 것을 알 수 있다.

주변 환경을 돌아보니 바르똘로메 데 라스 까사스의 표현과 같았다는 것이다.

그런 이유로 두 번째 항해에서 콜롬부스는 스페인에서 돼지, 양, 소, 말과 같은 가축을 데려갔다. 이 가축들은 라틴아메리카의 풍부한 먹을거리와 천적이 존재하지 않는 환경으로 인해 상대적으로 크기가 커졌다. 천적이 존재하지 않는 상태는 결국 생존이라는 스트레스, 어딘가에 있을지 모르는 위험에 대한 경계심이 없어짐으로 인해 그렇게 된 것으로 보인다. 27년 후 에르난 꼬르떼스^{Hernan Cortés}가 쿠바를 출발해 라틴아메리카에 도착했을 때, 돼지를 비롯한 기타 가축들은 병사들을 먹일 식량으로 요긴하게 쓰이게 된다. 어쩌면 유럽과 라틴아메리카의 차이를 단적으로 보여주는 것이 바로 가축의 크기이며 또한 음식의 양도 마찬가지이다. 이 모든 것이 그 자체로 라틴아메리카 풍요로움의 상징이다.[8]

한편, 현재의 멕시코가 자리한 메소아메리카^{meso america}[9] 지역에는 7000년 이상의 역사를 가진 농경문화가 존재했다. 옥수수, 콩, 호박 등의 채소 삼총사가 지역 주민들의 주식이었던 반면, 귀족과 제사장은 메추라기, 칠면조, 개[10], 생선, 사냥한 고기를 먹었으며 뿔께^{Pulque}

---

8 물론 현재는 미국 남부를 중심으로 발달한 산업화된 축산업이 이런 이미지를 갖고 있다. 물론 미국의 축산업의 이미지는 비단 아메리카 대륙의 풍요만을 상징하는 것은 아니다. 어쩌면 돼지 못지않은 인간의 식탐을 상징하고 있는지도 모른다.

9 인류학이나 고고학에서 자주 쓰는 개념으로 '메소'라는 단어가 '사이'라는 의미이다. 메소포타미아는 티그리스 유프라테스 강 사이의 땅이란 의미이며 메소아메리카는 북아메리카와 남아메리카 사이라는 의미인데 지리적인 구분이 중심이 아니라 문화적 차이가 중심이다. 물론 중앙아메리카라는 용어가 있기는 하지만 중앙아메리카라는 지리적인 의미가 강해 엄밀히 말하면 멕시코가 빠지게 된다. 메소아메리카라는 개념은 멕시코와 중앙아메리카라는 의미이다.

10 털이 짧은 라틴아메리카 토종개를 원주민들은 가축으로 키웠다. 다시 말하면 소, 돼

(선인장 수액을 발효한 술로 우리나라 막걸리와 흡사함)와 초콜릿 음료를 마셨다. 아똘레Atole(옥수수로 만든 묽은 죽 같은 음료)는 주로 아침식사로 이용되었으며, 보통 따말Tamal을 먹거나 고추로 양념한 음식을 또르띠야에 싸서 먹었다.

● 멕시코 토종개
쏠로이츠꾸인뜰레
xoloitzcuintle

아메리카에 정착한 스페인 사람들은, 여러 지역 출신들이었으나 스페인 남부, 세비야 지역 출신들이 압도적이었고 그래서 아랍적인 문화도 전래되었다.[11] 물론 당시 '아랍적'이란 말은 유럽적이지 않은 이국적인 모든 것을 의미했다.[12] 다시 말하면 유럽적인 것과 유럽적

지, 닭과 비슷하게 식용으로 사용한 것이다. 물론 개를 가축이 아니라 애완 및 반려동물로 생각하는 사람들에게는 여전히 끔찍한 일일 것이다. 하지만 전 세계적으로 개를 가축으로 키웠고 식용으로 사용한 곳은 의외로 적지 않다.

11 라틴아메리카로 이주한 이주민 중 78%가 스페인 남부 세비야 출신이라고 한다. 스페인 남부는 그라나다의 알람브라Alhambra 궁전으로 대표되는 아랍문화가 널리 퍼진 곳이다. Enriquez ureña-Amado alonzo, *Gramática castellana*, Buenos Aires, Editorial Rosada, p.38 참조

12 스페인어로 집시를 의미하는 단어가 히따노gitano는 이집트를 의미하는 에힙또 Egipto에서 파생되었다는 설이 있는데 당시 이국적인 혹은 아랍적인 것을 이집트적인 것으로 표현하는 경향이 있었다. 최명호, 『플라멩코』, 살림, 2013, pp.6-7

●아마란스 꽃

이지 않은 것 모두가 라틴아메리카로 전래되기 시작했다. 다양한 가축과 밀, 쌀, 양파, 마늘, 감귤류, 사탕수수가 라틴아메리카에서 큰 호응을 얻었다. 전례가 없는 규모의 음식 문화 융합이 이루어진 것이다.

라틴아메리카에서 발견된 식재료와 향신료들은 다른 세계에 신선한 충격이었다. 옥수수, 다양한 종류의 콩, 땅콩, 감자, 호박, 잘 알려지지는 않았지만 영양이 풍부하며 우리나라에서도 재배가 시작된 아마란스^Amaranth 13 외에도, 파인애플, 과야바, 파파야, 아과꽈떼^el aguacate(아보카도로 알려져 있다)와 같은 작물들이 널리 알려지게 되었다. 멕시코의 대표적인 세 가지 맛을 대표하는 고추, 초콜릿, 바닐라[14]는 전 세계로 퍼져 많은 사람의 사랑을 받게 되었다. 실제로 아시아, 유럽과 아프리카는 다른 대륙이 아니라 하나의 대륙이고 수천 년 동안 실크로드 등을 통해 교류를 했었지만 인도의 카레에 고추가 들어가지 않았다면 강렬한 매운맛의

---

13 허브의 일종으로 전 세계적으로 광범위하게 사용되는데 아쓰떼까에서는 와우뜰리 huautli라고 불렀으면 제식에 사용되는 음료가 들어가는 재료였다. 후추 혹은 박하와 비슷한 매운 향이 특징이다.

14 바닐라 아이스크림은 모르는 이가 거의 없을 것이다. 하지만 이 바닐라의 원산지가 멕시코의 베라꾸르스 해안 지방이라는 것은 생소할 것이다. 원래 바닐라는 부드럽고 고소한 향이 나는 허브이다.

카레는 존재하지 않았을 것이다. 헝가리의 굴라쉬^{Goulash 15}에 토마토
가 빠졌다면 어땠을까? 중국의 사천, 귀주, 후난 요리에 고추가 빠진
다면 아예 그 지역이 사라진 것 같을 것이다. 멕시코의 식재료가 없
었다면 이탈리아 음식의 경우도 현재와는 굉장히 다를 것이다. 토마
토소스가 없는 피자와 스파게티는 존재할 수 없으며, 옥수수가 없다
면 폴렌타^{Polenta 16}를 만들 수 없었고, 토마토, 콩 그리고 호박이 없었
다면 미네스트론^{Minestrone 17}이 나올 수 없었을 것이다. 스페인의 가스
빠쵸^{Gazpacho 18}도, 독일의 초콜릿 케이크도, 스위스 사탕도, 미국의 호
박 케이크이나 칠면조 구이도 없었을 것이다. 우리나라는 더 말할
필요가 없다. 고추가 없었다면, 감자가 없었다면, 옥수수가 없었다
면 우리는 맨밥에 백김치만 먹었을 가능성도 있다. 현재 우리의 음
식문화 그리고 세계의 음식문화는 상당한 부분 라틴아메리카에 빚
을 지고 있다고 해도 과언이 아닌 것이다.

하지만 라틴아메리카의 고대문명에서 전래된 음식문화만이 현재
멕시코 음식문화의 기반이 된 것만은 아니다. 앞에서 밝힌 것과 같이
새로운 만남을 통해 멕시코 음식이 탄생했다. 다시 말하면 멕시코의
인종과 그 문화¹⁹와 마찬가지로 원주민 문화를 기반으로 하여 스페

---

15 헝가리의 육개장이라 불리는 헝가리의 대표적인 스프 요리이다.
16 맷돌로 옥수수를 갈아 만든 죽이다. 옥수수의 종류에 따라 하얀 빛깔이 나기도 하고
    노란 빛이 나기도 한다. 유럽, 아프리카 그리고 라틴아메리카의 일부 지역에서 볼 수
    있다.
17 토마토 베이스의 채소가 많이 들어간 국이다. 예전에 토마토 맛이 나며 야채 스프라
    고 먹던 것이 바로 이 미네스트론의 일종이다. 특별한 조리법이 있는 것은 아니며 우
    리나라의 국밥처럼 쌀이나 파스타 면이 곁들여진다.
18 가스빠초 또한 토마토를 베이스로 한 스프이다. 개인적인 느낌이지만 살사 멕히까
    나를 끓인 것 같다. 여름에 많이 먹으며 리몬즙을 넣어 차갑게 먹는 것도 별미이다.
19 DNA 연구에 의하면 최초의 인간은 아프리카 북부에서 발현하였고 흑인이었다고

인에서 닭, 돼지, 양, 염소, 소 등의 가축들이 유입되고 새로운 식재료가 퍼지면서 시작되었다고 보아야 할 것이다. 그중에서도 특히 돼지는 모든 부위를 사용할 수 있다는 장점 때문에 널리 사용되었다. 돼지의 거의 모든 부분을 요리하고 먹는다는 것은 우리나라와 아주 흡사한 면이다.[20]

초기에 스페인 사람들은 익숙한 음식만 먹으려고 했지만 곧 멕시코 원주민들이 먹고 있는 식재료를 사용하기 시작했고, 멕시코 원주민 또한 스페인 사람들이 들여온 계란, 고기, 치즈와 오렌지와 리몬 같은 감귤류를 사용하여 음식을 조리하기 시작했다. 우리가 일반적으로 생각하는 것과 달리 원주민들은 스페인 음식과 식재료에 거부감보다는 호기심이 많았고 스페인 사람들은 호기심보다 거부감이 강했다. 하지만 문화의 3요소라고 하는 의식주(衣食住) 중에서 가장 유연성이 높은 것이 바로 음식이다. '여기 살아봐' 혹은 '이 옷 입어봐'는 여러 가지 이유로 거부감을 느낄 수 있지만 사실 '이거 먹어봐'는 그것이 독극물이 아니라면 충분히 한 번 정도는 먹어볼 만하다. 입안에서 씹는 순간 비슷한 맛의 음식들이 연상되며 감각이 뛰어난 사람들은 그 순간 '어떻게 먹으면 좋겠다.' 혹은 '어떻게 조리하면 좋겠다.'라는 생각이 떠오르게 된다. 물론 그러자면 낯선 것에 대한 두려움보다 호기심이 더 커야 하는데 그 호기심은 스페인 사람들보다 원주민들이 더 컸던 것으로 보

한다. 그리고 다른 인종은 흑인에서 변이된 것으로, 인종에 대한 순혈주의는 어쩌면 인간이 만들어낸 허구적 산물이라 할 수 있다.

20 우리 민족은 소를 108부위 이상으로 구분하고 돼지는 거의 모든 부분을 먹는다. 인류학적으로 봐도 가장 세분화된 미각을 가진 민족이라 할 수 있다. 섬세한 미각, 즉 차이를 알아채지 못한다면 그렇게 많은 부위로 나누어 구분할 필요가 없었을 것이다.

인다. 사실 그도 그럴 것이 원주민들에게는 스페인 사람들과 그들이 가져온 것들이 낯설었으나 스페인 사람들에게는 라틴아메리카라는 공간 자체가 낯설었다. 자신들만 빼고 모두 낯설었던 것이다. 그러니 아이러니하게도 정복자인 그들이 가졌을 공포심은 더 컸을 것이다.

마찬가지 이유로 서로 다른 식재료를 섞어 조리하는 데 원주민들은 상대적으로 적극적이었고 스페인 사람들은 소극적이었다. 겉으로만 보면 원주민들이 스페인 문화에 동화되는 것처럼 보였지만 사실은 정반대였다. 원주민 문화에 스페인 혹은 유럽의 요소들이 녹아들어가기 시작했다. 그래서 비슷하지만 전혀 다른 것이 되었다. 이것은 마치 우리의 음식문화가 외국인들의 눈에는 일본이나 중국과 흡사해 보이지만 그 맛의 세계에 들어가게 되면 일본과 중국과 뚜렷이 구분되는 무언가를 만나게 되는 것과 마찬가지이다.

하지만 라틴아메리카의 경우는 좀 더 오묘하다. 15세기 이후 유럽은 지중해 해상권을 장악하며 독자적인 길을 걷게 되고 문화적으로도 조금 더 자신만의 맛을 찾게 된다. 다시 말하면 그 이전까지 큰 영향을 미치던 이슬람 혹은 동로마 지역에서 벗어나 서유럽만의 분위기를 추구했고 종교적인 면에서는 가톨릭을 중심으로 통합하려 했는데, 이것은 결국 문화적으로 폐쇄성을 보이게 되는 이유가 되었다. 하지만 라틴아메리카에는 어느 정도 여유가 있었다. 특히 음식에 관해서는 거의 자유라고 할 수 있었다. 아랍 스타일과 유럽 스타일의 식문화가 공존하고 새로운 먹을거리들이 가득했으며 이것을 어떻게 조리하여 맛있게 먹을 것인지는 즐겁고 재미있는 실험이자 놀이였을 것이다. 이런 실험과 놀이를 통해 다양한 음식이 탄생하게 되었고 이것이 멕시코를 비롯하여 라틴아메리카 전통 음식이 되었던 것이다.

스페인 사람들은 아메리카 원주민을 가톨릭으로 개종시키는 것이 이 정복 전쟁의 목적이라고 믿었으며, 이런 이유로 교회의 참여가 활발했다. 일단 부왕청 체제가 정착되자, 무엇보다 수녀원의 수녀들이 주도적으로 멕시코 음식을 획기적으로 발전시키게 된다. 주변에서 구할 수 있는 식재료에 상상력을 발휘하여 몰레와 라틴아메리카의 과일 등으로 다양한 종류의 후식을 만들어냈고, 이는 스페인계 이주민 일반 가정에도 빠른 속도로 보급되었다. 물론 그 과정에서 고추의 매운맛이 성욕을 자극하는 최음제로 간주되어 가톨릭에 의해 금지되거나 푸른색이던 토마토가 익으면 붉은색으로 변하고 마치 피를 흘리듯 흘러내린다고 해서 악마의 과일로 알려져 금지시켰던 웃지 못할 일화도 있었다.

물론 고추에 다양한 비타민, 특히 비타민 C의 함량이 높고 캡사이신의 화끈한 매운맛은 분명히 정력제로 느껴질 수 있다. 토마토가 익어가면서 색이 변하는 것도 잘 모르면 피를 흘리는 것으로 생각할 수 있다. 물론 초기의 낯섦에서 비롯된 오해들이었다. 또한 고추가 우리나라와 태국 그리고 중국의 일부 지역을 제외하고 다양한 지역에서 사랑받지 못한 것과 다르게 이런저런 오해에도 불구하고 토마토가 전 세계적인 채소로 자리 잡은 것은 주목할 만한 일이다. 토마토가 유럽의 음식에 차지하는 비중을 생각한다면 유럽과 라틴아메리카의 영향관계가 상호적이었다는 어렵지 않게 알 수 있다.

멕시코는 삼백 년 동안이나 상인들과 지주계급 그리고 성직자로 이루어진 지배계급이 주도한 사회였고, 1810년 9월 15일 공식적으로 시작된 독립운동으로 11년 후 스페인으로부터 독립을 이루게 된다. 지금까지도 해마다 9월 15일에는 '돌로레스Doleres의 외침'을 기리며 많은 사람들이 모여 불꽃놀이를 즐기고, 그날의 감동을 되새긴다. 마

치 우리의 삼일운동을 연상케 한다. 물론 우리의 삼일운동은 1919년
에 일어났으므로 약 109년의 시간적 차이가 있다. 이날이 되면 각 도
시와 마을의 중앙광장 주변에 음식 가판대가 설치되고, 식당은 전통
음식인 따꼬Taco, 뽀솔레Pozole(돼지고기 국), 비리아Birria(양고기 국), 엔칠라
다Enchilada(또르띠야에 닭고기를 넣고 살사 베르데[21]를 비롯한 다양한 소스를 끼얹은
요리)를 즐긴다.

  불행히도, 독립은 멕시코에 평화를 가져다주지 않았고 이후 몇십
년간 전국에서 불안과 무력 분쟁이 이어졌다. 19세기 후반에 여인들
은 남자들과 함께 거리에서 투쟁했을 뿐만 아니라 많은 군사들을 먹
이기 위해 각 지역의 식재료를 활용하는 법을 배웠다. 어디서나 얻을
수 있는 유일한 식재료는 옥수수 가루와 물을 섞을 또르띠야 반죽뿐
이었다. 이때 간단한 채소와 또르띠야를 이용하여 볶거나 튀기는 요
리들이 발달하게 되었고 이후 이 요리들은 간단하게 바로 조리하여
먹을 수 있는 길거리 음식으로 자리 잡게 된다. 세련된 전투식량이라
할 수 있을 것이다. 어려운 상황은 인간의 상상력을 자극하게 되었고
길거리 음식 혹은 패스트푸드적인 경향이 이때부터 시작되었다. 이
것은 이후 멕시코 음식이 전 세계적인 보편성을 갖게 되는 데 큰 역
할을 하게 된다. 하지만 동시에 멕시코 음식이 다양하다거나, 맛의
깊이가 덜하다는 선입견을 만들기도 했다.

  산따 아나Santa Ana의 긴 독재 이후 멕시코 국민은 베니또 후아레스
Benito Juárez의 시민 정부를 지지했다. 그는 싸뽀떼까Zapoteca 출신의 원주
민 후손으로 일반적으로 개혁적이며 민주적인 정치를 추구한 인물로

---

21 푸른 빛깔의 살사인데 뒤에 살사를 다루는 장에서 더 자세히 설명할 것이다. 다만,
    멕시코 남부와 중미 지역에서는 고추만 갈아서 만든 살사를 살사 베르데라고 부르
    는데 상당히 매운맛이 난다.

평가받는다. 정적이었던 보수주의자들은 프랑스의 나폴레옹 3세에게 도움을 요청했고 멕시코에 프랑스 군대를 파견했다. 프랑스가 멕시코의 내정에 간섭한 사건으로 어떤 면에서 나폴레옹 1세 때 스페인과 프랑스 사이에서 일어났던 일이 반복되는 듯 보였다.[22] 1864년, 열정은 있었지만 무능력했던 오스트리아의 막시밀리아노 데 합스부르고Maximiliano de Habsburgo 왕자가 나폴레옹 3세에 의해 멕시코 황제로 임명된다.

● 베니또 후아레스 대통령

22 1808년부터 1813년까지 나폴레옹의 프랑스 세력이 포르투갈과 스페인의 일부 지역을 점령한 사건을 말한다. 소위 반도전쟁(半島戰爭, Peninsular War)으로 불리고 스페인에서는 대 프랑스 독립전쟁(Guerra de la Independencia)으로 불린다. 피난 도중 카를로스 4세는 퇴임하고 페르난도 7세에게 양위하게 되지만 결국 페페르난도 7세는 프랑스의 포로가 되고 나폴레옹의 형 조제프 보나파르트가 스페인 왕으로 임명된다. 하지만 계속된 독립운동으로 인해 1813년 독립을 성취하고 페르난도 7세는 다시 왕위에 복귀한다.

● 멕시코시티 차뿔떼뻭 공원에 남아 있는 막시밀리아노 황제의 성 내부 중 화려한 식당의 모습

 혹자는 왕비였던 까를로따[Carlota] 덕분에 멕시코 음식이 유럽의 영향을 받아 더욱 풍부해졌다고 말한다. 까를로따는 유럽 음식을 그리워해서 튜더[Tudor]라는 헝가리 요리사를 멕시코로 초청했다. 그는 보조 요리사 네 명, 과자 및 쿠키 전문 조리사 두 명, 제빵사 한 명을 두어 오스트리아, 헝가리, 이탈리아, 프랑스 궁전 요리를 선보였다. 막시밀리아노[Maximiliano] 왕정이 3년밖에 유지되지 못했지만, 많은 요리 전문가들은 이 기간 동안 멕시코 음식에 남긴 영향으로 인해 멕시코 음식이 세계 5대 음식[23]에 들 수 있었다고 말한다. 물론 이것은 지나친 생각이며 어떤 면으로 식민주의적인 발상이다. 네 명의 조리사가 단 3

―――――――

23　세계 5대 요리란 프랑스, 인도, 중국 그리고 이탈리아의 요리 혹은 그 음식문화 전부를 말한다.

년 동안 황제와 그 가족만을 위해 조리했다. 멕시코 전체에 어떤 영향이 있었을지는 상상만으로도 쉽게 알 수 있다. 그 영향은 그리 크지 않았을 것이다.

1867년, 프랑스 점령기가 끝나고 후아레스^{Juárez}가 다시 집권하게 된다. 몇 년 후 뽀르피리오 디아스$^{Porfirio\ Díaz}$ 장군이 대통령직을 계승하고 이후 30년 동안이나 독재 장기집권한다. 이 시기 동안 유럽의 호사스러운 귀족 문화가 급속도로 퍼진다. 궁중 혹은 귀족풍의 요리는 아마 이때 더 많이 퍼졌던 것으로 보인다. 물론 이 또한 일부 계층에만 해당하는 것으로 멕시코 전체적인 분위기라 말하기는 어렵다. 이런 문화·사회적 불평등은 점점 더 깊어졌고 한계상황에 이르게 되면서 결국 1910년 혁명이 일어난다.

멕시코 혁명[24]으로 인해 프란시스꼬 마데로$^{Francisco\ I.\ Madero}$, 베누스띠아노 까란사$^{Venustiano\ Carranza}$, 에밀리아노 싸빠따$^{Emiliano\ Zapata}$, 빤초 비야$^{Pancho\ Villa}$, 알바로 오브레곤$^{Alvaro\ Obregon}$ 같은 지도자들이 등장했고, 혁명전쟁 혹은 독립전쟁은 약 10여 년 동안 계속되었다. 정치 사회적 불안정은 1934년 총선으로 라사로 까르데나스$^{Lazaro\ Cardenas}$ 대통령이 당선되면서 사라지는 듯 보였고, 새롭게 등장한 정당, 멕시코 제도혁명당(Partido Revolucionario Institucional, PRI)이 장기적인 사회 안정을 가져다 줄 것 같았다. 물론 장기적인 집권은 이루어졌다.

20세기 초 멕시코 혁명과 그 혁명이 마무리되는 과정에서 멕시코는 처음으로 남부와 북부 그리고 동부와 서부가 만나게 되었고 멕시코 자국 내의 문화도 자연스럽게 교류가 이루어지나 내전과 비슷한

---

24 멕시코 혁명은 결과적으로 진정한 멕시코를 탄생시킨, 더 정확히는 '우리 멕시코 사람들'이란 개념을 만들어낸 사건이라 할 수 있다. 또한 문화적으로도 어떤 동질성을 성립하게 한 사건이었다.

상황에서 음식은 이전과 마찬가지로 마치 전투식량 같은 방식으로 발전하게 된다. 하지만 차이점이 있는데 독립전쟁 당시는 지역적 한계를 지닌 움직임이었으나 멕시코 혁명은 전 멕시코적인 사건으로, 남과 북, 동과 서가 서로 만나 문화적 교류를 시작하였으므로 실질적인 멕시코 음식의 전통은 바로 멕시코 혁명을 통해 이루어졌다고 봐도 될 것이다. 또한 이것은 이후 멕시코 요리가 패스트푸드화하는 데 어느 정도 기여하게 된다.[25] 또한 멕시코 혁명은 전체적인 멕시코 문화를 비롯하여 멕시코 음식문화에도 어떤 공통점을 만들어준 사건이며 멕시코 혁명 이전까지 각 지역별 음식만이 존재했다면 멕시코 혁명 이후에서야 비로소 멕시코 음식이라는 어떤 보편적 개념이 생겼다고 할 수 있다.

이후 멕시코의 음식문화는 점점 발전하여 세계 5대 요리에 들어간 것만이 아니라 미국과 유럽의 거리에서 그리고 도쿄, 베이징, 상하이, 홍콩, 그리고 서울에서도 즐길 수 있는 전 세계적인 음식이 되었다. 하지만 한 나라 혹은 한 민족의 음식이 세계화하는 데에 그 방향은 두 가지이다. 저렴하고 간편하게 즐길 수 있는 방식으로 발전하거나 이국적이고 고급스런 방식으로 발전하거나. 현재 멕시코 음식은 저렴하고 간편한 음식으로는 그 명성이 전 세계적이다. 하지만 멕시코 음식의 세계는 더 넓다. 또한 현재도 계속 발전하고 변화하고 있다.

앞에서도 언급했지만 멕시코 음식은 원주민 문명에서부터 스페인 및 유럽 그리고 아랍의 요소들이 합쳐져 만들어진 새로운 세계였다.

---

25 사실 전쟁이란 상황은 음식문화를 그저 생존을 위해 간단하게 조리하여 바로 먹을 수 있는 쪽으로만 흐르게 하지는 않는다. 무엇보다 보관 및 저장의 방법을 고안하게 하는 이유가 되기도 한다. 우리가 즐기는 햄버거 또한 전투 식량에서 유래한 것으로 빵과 스테이크 그리고 샐러드를 한 번에 먹을 수 있도록 고안된 것이다.

물론 모든 문명·문화는 서로 교류하고 영향을 주고받으며 변해간다. 이 변화를 멈춘 문명·문화는 박제되어 박물관에 들어간 것과 같다. 변화야 말로 생명의 가장 큰 특징이다. 어쩌면 한식과 멕시코 음식의 관계는 한식을 세계화하는 데 그리고 멕시코 음식을 고급화하는 데 가장 먼저 참고해야 하는 관계, 서로를 비추어 볼 수 있는 가장 좋은 거울이라고 할 수 있다.

멕시코 요리를 알아보기 위해 가장 덜 알려진 곳으로 가려 한다. 멕시코시티가 위치한 중앙고원을 중심으로 발전한 아쓰떼까는 상대적으로 많은 전통이 소실되었다. 하지만 멕시코 유까딴 반도에 위치하고 있던 마야의 문화는 아직도 원주민들에 의해 계승 발전되고 있다. 아직도 멕시코 남부 정글지역에서는 마야의 방식으로 사는 원주민들이 많다. 엄밀히 말하면 마야는 여전히 남아 존재한다고 할 수 있다. 마야음식을 통해 스페인 세력이 아메리카 대륙에 도착하기 전의 음식문화를 짐작할 수 있을 것이다.

따꼬, 멕시코 음식의 4번 타자

　아시는 분들은 다 아시겠지만 사실 따꼬^Taco는 특정 음식의 명칭이 아니다. 얇은 또르띠야에 음식을 싸서 먹는 특정한 방식을 따꼬라고 부른다. 여기서 다양성은 무한대라고 할 수 있다. 곁들일 수 있는 재료 또한 제한이 없으며 특정한 요리를 의미하는 것이 아니므로 다양한 음식이 따꼬의 메인 재료가 될 수 있다. 예를 들어 족발이나 보쌈 또한 따꼬가 될 수 있다. 그저 싸 먹기만 하면 되니 말이다. 사실 이것은 그냥 하는 말이 아니다. 따꼬 데 레추가 혹은 레뽀요^Tacos de la lechuga o repollo라는 것이 있는데 레추가는 양상추이고 레뽀요는 배추이다. 또르띠야와 채소를 함께 먹는 것이 아니라 또르띠야 대신 양상추 혹은 배추에 고기와 살사를 올려 먹는 것이다. 이것은 따꼬라는 것이 무언가를 싸서 먹는다, 즉 먹는 방식을 말하는 것임을 의미한다. 그것이 꼭 또르띠야일 필요는 없다. 하지만 또르띠야가 가장 대중적이라는 것은 부정할 수 없는 사실이다. 그러니 쌈을 싸서 먹는 우리나라 사람도 어떤 면으로 따꼬를 먹고 있다고 할 수도 있다.

●상추 따꼬(좌)와 따꼬 아오가도(익사된 따꼬라는 의미로, 국물에 적신 따꼬)

아무튼 이 방식은 원주민 문화에서 유래한 것으로 보인다. 하지만 옥수수를 갈아서 달군 돌에 부쳐 먹었던 것으로 보이는데 당시 사용한 메따떼Metate라는 일종의 맷돌은 현재에 비해 옥수수가 약간 굵게 갈렸던 것으로 보이고 그래서 상대적으로 현재의 또르띠야보다는 약간 거친 느낌이며 더 두꺼웠던 것으로 보인다. 이후 스페인과 유럽인들이 이주하고 화덕에 구운 빵, 유럽 혹은 아랍식 빵, 피자의 도우 같은 느낌의 빵과 터키식의 케밥 등이 전래되면서 세밀한 제분기술과 굽는 기술, 그리고 다양한 재료를 곁들이는 식문화까지 합쳐져 현재의 멕시코 따꼬가 되었다. 노파심으로 말하는데 전통적인 것은 다양한 문화를 주체적으로 받아들여 새로운 문화를 창조하는 것이다.

사실 또르띠야는 메소아메리카 원주민들의 주식이었다. 옥수수의 원산지가 페루 안데스 산맥 쪽인지 아니면 메소아메리카의 고원 지역인지는 논쟁 중이다. 확실한 증거는 없으나 옥수수를 먹는 방법을 살펴봄으로 그 해답을 찾을 수도 있을 것이다. 사실 페루 지역에는 메소아메리카의 또르띠야에 비해 특별한 옥수수 조리법이 없다. 찌거나 굽거나 하지만 그리 특별하다 할 것은 없다. 거기에 비해 메소아메리카의 방식은 옥수수를 수확하고 건조시키고 가루를 내어 물과 반죽하여 구워내는 과정을 거치는데 이것은 그저 찌거나 삶거나 굽거나 하는 방식에 비해 굉장히 복잡하고 고급스런 과정이다. 또한 옥수수가 건조됨으로 인해 보관과 운반(무게가 가벼워지므로)에도 상당히 용이하다. 그러므로 옥수수 원산지 논쟁은 좀 무의미하다고 할 수 있다. 옥수수를 먹는 문화 자체가 비교가 안 되기 때문이다.[26]

---

26 페루에서 먹었던 옥수수는 마치 우리나라 찰옥수수 같았는데 크기는 더 컸다. 직접 굽거나 삶아 먹는 옥수수로는 페루 옥수수도 나쁘지 않았다.

또르띠야^{Tortilla}라는 명칭은 스페인에서 유래한 것으로 스페인에도 또르띠야라고 불리는 음식이 있다. 보통 우리가 부르는 팬케이크와 흡사한데 으깬 감자 혹은 고구마를 밀가루와 함께 반죽하여 그대로 동글하게 구워낸다. 경우에 따라 계란이 들어가거나 다른 재료들이 첨가되기도 한다. 아르헨티나, 볼리비아 그리고 칠레에서는 발효되거나 숙성되지 않은, 그리고 베이킹파우더가 들어가지 않아 부풀어 오르지 않은 밀전병 같은 빵을 또르띠야라고 부른다. 또

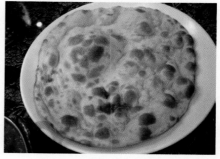

●스페인 또르띠야(위)와 화덕에서 구운 빵(아래)

한 칠레의 한 지역에서는 감자 전분으로 부친 전병을 또르띠야라고 부르기도 한다. 결과적으로 이 명칭은 초기에 이주한 스페인 사람들이 원주민의 음식을 보고 동그랗게 부쳐 먹는 것이라는 의미에서 또르띠야라 불렀을 가능성이 높다. 하지만 메소아메리카의 공놀이처럼 각 문명에서 옥수수를 사용한 흔적을 찾을 수 있고 또르띠야에 관련된 용어도 수집할 수 있다. 멕시코 북쪽에서는 밀전병, 밀 또르띠야를 먹지만 원래 메소아메리카에서 또르띠야는 옥수수이다. 사실 밀 또르띠야는 유럽과 아랍의 밀전병 혹은 밀빵과 그리 큰 차이가 없다. 두께가 더 얇다는 것을 빼면 말이다. 하지만 옥수수에 비해 더 부드럽고 옥수수 향을 싫어하는 사람들은 밀 또르띠야를 선호한다. 특히 쇠고기와 먹을 때 밀 또르띠야를 많이 먹는다.

따꼬의 종류는 여러 가지 기준으로 구분할 수 있는데 우선 또르띠야의 특성에 따라 구분할 수도 있고 싸 먹는 내용물에 따라 구분할 수도 있다. 우선, 소위 또르띠야 혹은 따꼬 샐러드란 이름으로 알려진 모양, 굽거나 튀겨진 또르띠야가 반으로 접혀 있는 따꼬가 있다. 보통 이 경우에 또르띠야는 마치 먹는 접시와 같은 역할을 하며 상대적으로 조금 큰 사이즈의 또르띠야를 사용한다. 아삭하게 씹히는 맛이 좋으며 보통 프리홀frijol(삶아서 으깬 콩)과 각종 채소, 살사가 들어가고 으깬 감자와 고기도 들어간다. 멕시코에서는 철판에 굽는 경우가 많은데 또르띠야를 올리고 여러 재료를 넣어 살짝 익히다 반으로 접어주는 경우가 많다. 들고 먹기 편하다는 면에서 전형적인 길거리 음식 스타일이라 할 수 있다.

●찐 따꼬(좌)와 따꼬 알 빠스또르(우)

따꼬가 굽거나 튀기는 방식으로만 조리되는 것은 아니다. 찜통에 찌는 형태로도 먹는데 또르띠야를 증기로 찌게 되면 더 부드러워지고 쫀득한 느낌마저 든다. 보통 함께 곁들이는 고기도 삶거나 찌는 형태로 조리된 경우가 많다. 보통 먹기 전에 살짝 굽거나 살짝 튀기는 경우도 있다. 다만 옥수수의 특성상 국물이 조금만 있어도 풀어지는 경우가 많아 주의해야 한다. 하지만 이미 또르띠야가 데워져 있고 재료도 익혀진 경우가 많아 바로 만들어 바로 먹을 수 있다는 장점이 있다. 길거리 가판대에서 파는 따꼬의 경우 찐 따꼬Tacos de canasta일 경우가 많다. 다만 우리나라 찐 옥수수처럼 약간 두꺼운 비닐에 담겨 있는 경우가 많은데 환경 호르몬 등의 문제가 있을 수 있다.

살사 또한 국물이 많으므로 찐 따꼬의 경우 바로 만들어 바로 한입에 먹는 것이 좋다. 기름기, 지방이 상대적으로 적어 다이어트 따꼬라고도 할 수 있다. 가장 저렴하고 대중적인 스타일인데 들어가는 재료에는 제한이 없다. 어쩌면 멕시코에서 따꼬, 저렴한 길거리 음식으로서의 따꼬는 따꼬 까나스따를 의미하는 경우가 많다. 따꼬 알 빠스또르Taco al pastor와 함께 가장 작은 크기의 또르띠야를 사용한다. 사실 원래 또르띠야는 손바닥보다 더 큰 경우가 많은데 따꼬 까나스따와 따꼬 알 빠스또르가 너무 유명하여 손바닥만 한 혹은 그보다 좀 더 작은 크기의 옥수수 또르띠야가 가장 널리 알려져 있다.

피리(플라우따flauta)라고 혹은 플롯이라 불리는 스타일은 길거리에서도 레스토랑에서도 볼 수 있는 흔한 스타일로, 각종 재료를 또르띠야 위에 놓고 익히다 동그랗게 말고 굽거나 튀겨서 모양을 유지하는 것이다. 따꼬 도라도Tacos dorados라고 불리며 시날로아(Estado de Sinaloa) 주(州)의 전통 방식으로 알려져 있다. 동그랗게 말아서 굽거나 튀기면 또르띠야가 상당히 딱딱해지는데 이후 위에 살사와 기타 소스를 얹고 여러 채소를 곁들이기도 한다. 돼지기름으로 튀겨내면 더 바삭하고 고소하며 모양이 잘 유지되어 여러 가지 모양으로 꾸밀 수 있다. 만드는 이에 따라 따꼬 도라도는 훌륭한 고급 요리가 되기도 한다. 쉽게 따꼬 도라도는 멕시코 스타일의 김밥이라고 할 수 있는데 요리에 자신이 있는 사람이라면 계란말이 따꼬 도라도에 도전해볼 만하다. 다진 양파와 홍당무에 계란을 푼 후 프라이팬에 넓게 퍼지게 하고 나서 밀 또르띠야와 기타 재료를 올린 후 살살 말아가며 익히면 아침식사로도 훌륭한 계란말이 따꼬 도라도를 먹을 수 있다. 여기에 살사 멕히까나와 베르데 혹은 과까몰레를 곁들이면 아주 훌륭하다.

약간 이질적으로 느껴지는 스타일도 있는데 소스에 적셔 먹는 따꼬가 바로 그것이다. 옥수수 또르띠야는 수분에 아주 약해 저으면 터지거나 풀어지는데, 접시에 먼저 소스를 깔고 그 위에 또르띠야를 펼친 후 각종 재료를 넣어 먹는다. 마치 빵으로 접시를 닦아 먹듯 또르띠야로 그렇게 해서 먹는다. 물론 따꼬보다는 상대적으로 더 두꺼운 또르따를 이런 방식으로 먹는 경우가 더 많다. 쉽게 샌드위치와 소빠Sopa(국)가 합쳐진 스타일인데 국밥을 말아 먹는 것과 그리 다르지 않다. 밑에 깔린 소스는 매콤한 경우가 많다. 따꼬 아오가도Tacos ahogados, 빵을 사용한 경우에는 또르따 아오가다Torta ahogada라 부른다.

또한 들어가는 재료로 분류하기도 하는데 보통 그 중심은 어떤 고기를 사용하는가이다. 어떤 부위인지 어떻게 조리했는지에 따라 분류되는데 그 종류는 상당히 많은 편이다. 사실 따꼬는 아주 다양한데 지역별로도 어떤 살사를 사용하는가에 따라 다른 맛이 나기 때문이다. 브라질의 추라스코가 연상되는 따꼬 알 빠스또르의 경우 양념된 돼지고기를 겹겹이 쌓고 꼬치에 꽂은 후 돌려가며 측면에서 익히는 것은 거의 같다고 할 수 있다. 이렇게 익힌 돼지고기를 수직으로 얇게 저미고 양파와 실란트로, 얇게 썬 파인애플, 그리고 각종 살사와 함께 먹는 것인데 식사대용으로도 술안주로도 아주 훌륭하다. 보통 따꼬를 전문적으로 파는 식당에서는 안에 따로 주방이 있어도 따꼬 알 빠스또르는 길가에 내놓고 파는 경우가 많다. 숙련된 이들의 춤추는 듯한 칼놀림과 따꼬 만드는 모습은 훌륭한 볼거리이기도 하다.

외국인의 입장에서 따꼬를 좋아한다고 말하는 것은 결과적으로 이런 방식, 또르띠야에 각종 재료를 넣고 한입에, 경우에 따라 몇 입에 나누어 먹는 자체, 그런 방식을 좋아한다는 말이다. 우리나라의 음식이 완전히 조리된 상태로 나오기보다는 손님들의 상에서 조리되는 것, 그래서 그 맛이란 것이 먹는 이들의 취향에 따라 달라지는 것과 같이

● 따꼬 알 빠스또르

따꼬 또한 만드는 이의 실력도 중요하지만 어떤 살사를 넣을 것이냐, 한입에 먹을 것이냐 나누어 먹을 것이냐 등 먹는 이의 취향에 따라 그 맛이 달라지는 음식 혹은 그 음식을 먹는 방식이다. 또한 상추와 기타 채소에 고기와 밥을 넣고 쌈장으로 간을 하며 먹는 우리 민족에게 따꼬란 그저 상추가 또르띠야로 바뀐 것으로 단순하게 생각할 수도 있다.

하지만 더 중요한 것이 있다. 유명한 따께리아Taquiría, 따꼬를 파는 식당은 항상 즐거운 수다로 가득하다. 좋은 사람들과 함께 먹으며 함께 수다 떠는 그 즐거움을 알게 해주는 음식이 아마도 따꼬가 아닐까 싶다. 격식도 그 어떤 부담도 없이 간단한 요기에서 맥주 등의 술안주까지 그리고 즐거운 수다가 잘 어울리는 음식이 바로 따꼬인 것이다.

멕시코시티 레스토랑 정보[27]

● 카페 데따꾸바Café de Tacuba

Tacuba #28, Centro, Tel: 5518 4950   http://cafedetacuba.com.mx

1912년에 처음 생긴 곳으로, 멕시코시티를 여행하면서 단 한 곳을 들러 식사를 해야 한다면 바로 이곳을 추천할 것이다. 현재까지 예술가들과 정치인들의 회합이 열리는 곳으로, 콜로니얼 스타일, 품격 있는 콜로니얼 스타일이 보존되어 있는 곳이다. 디에고 리베라Diego Rivera와 그의 두 번째 부인 루뻬 마린Lupe Marín이 여기서 결혼했다.(디에고 리베라의 세 번째 부인이 바로 프리다 칼로Frida Kahlo이다.) 또한 90년대 노벨 문학상 수상자인 옥타비오 파스가 오후에 케이크와 함께 커피를 마시며 독서를 하거나 다른 시인이나 예술가들과 토론을 하던 곳도 바로 여기이다. 수많은 예술가들이 영감을 얻었던 곳이며 수많은 정치인들이 더 나은 멕시코를 꿈꾸었던 곳이기도 하다. 엔칠라다 데 몰레Enchilada de mole poblano, 칠레 레예노스Chiles rellenos, 따말Tamales 등 멕시코 전통 음식들이 아주 훌륭하며 후식으로 스페인식 초콜릿Chocolate español과 롬뽀뻬Rompope도 잘 어울린다.

● 다누비오Danubio

República de Urguay 3, Centro, Tel: 5518 1205   http://danubio.com/

1936년 처음 문을 연 전통 있는 해산물 식당이다. 스페인 내전 당

---

27 이후 소개되는 식당들에 사진과 지도가 없는 이유는 무엇보다 각 식당의 정보는 여행 가이드북과 인터넷 등에서 아주 다양하게 찾을 수 있기 때문이다. 여행은 찾아가는 맛이 있어야 한다고 생각한다. 다 찾아주면 큰 재미는 없을 것이다.

시 이주한 이들이 문을 열었기에 스페인 스타일의 해산물 요리로 시작했으나 특이하게 스페인 북부 바스크인들이 주로 거주하는 깐따브리아Cantabria 스타일로, 여기에 멕시코 스타일이 합쳐서 상당히 독특한 맛을 선보인다. 마늘로 간을 한 갯가재 구이에서 샴페인에 재운 농어찜과 구이 또한 바스크 스타일 염소 구이 레촌 바비큐 그리고 후식까지 거의 모든 메뉴가 훌륭하다. 또한 고풍스러운 콜로니얼 스타일의 실내는 번잡한 센뜨로에서 갑자기 중세 유럽으로 이동한 것 같은 느낌을 준다. 해산물을 좋아한다면 멕시코시티를 여행하면서 반드시 들러야 하는 곳이다.

● **안띠구아 아시엔다 데뜨랄빤**Antigua Hacienda de Tlalpan

Calzada de Tlalpan #4619, Tlalpan, Tel: 5655 7888
http://www.antiguahaciendatlalpan.com.mx/

멕시코시티 남쪽에 위치한 거대 저택의 아름다운 정원, 분수와 시냇물이 흐르고 백조와 공작새가 뛰노는 곳으로 울창한 나무들은 마

치 숲속의 저택을 연상케 하는 아름다운 전통 멕시코 스타일 식당이다. 고급스런 멕시코 음식을 식민지 시대 귀족의 느낌으로 즐기고 싶은 사람들에게 어울릴 만하다. 건물은 1737년에 지어졌으며 현재도 그 구조를 유지하고 있다. 낮에도 좋지만 해가 저물면 건물이 조명을 받아 아주 로맨틱한 분위기를 연출한다. 우리나라 감자탕과 흡사한 소빠 데메둘라^{sopa de médula}와 호박씨로 버무려 익힌 칠면조 고기가 좋지만 대부분의 메뉴가 전통적인 멕시코 음식이며 모두 훌륭하다. 이곳을 찾을 때는 저녁시간이 좋으며 반드시 카메라는 지참해야 한다. 아마 사진을 찍느라 먹는 것을 잊을 수도 있다.

● 오스딸 데 로스 께소스 Hostal de Los Quesos

Pilares #205 esq. Av. Coyoacán, Del valle, Tel: 5559 9651

1972년에 처음 문을 연 곳으로, 이름에서 알 수 있듯이 치즈가 들어간 요리가 특징이다. 식당 안에서 먹을 수도 있고 밖에서 주문하여 들고 가거나 배달을 시킬 수도 있다. 델 바이예 지역은 새롭게 각광받는 남쪽 지역으로, 현대적 건축물이 신축되고 새로운 식당이 문을 여는 경우도 많다. 그중에서 오스딸 데 로스 께소스는 이 지역의 터주대감으로, 변치 않은 맛을 선보이는 곳이다. 특히 돼지갈비 살이라 할 수 있는 출레따^{Chuleta} 요리, 또시노^{Tocino}(베이컨)와 구운 양파를 곁들인 돼지등심 볶음이 유명하다. 또한 근처에 몇 개의 따께리아가 모여 있는데 모두 어느 수준 이상의 맛을 선보인다.

● 로스 아르볼리또스 Los Arbolitos

Veracruz #22, San Ángel.

눈치채신 분도 있겠지만 이곳은 전화도 홈페이지도 없다. 그저 주소뿐인데 말 그대로 길거리 따꼬집의 대표가 바로 로스 아르볼리또이다. 산 앙헬의 베라꾸르스 길이 모두 길거리 따꼬집인데 그중에 로스 아르볼리또스가 제일

유명하다. 물론 차이가 있긴 하지만 늘어선 십여 개의 따꼬집들은 비슷한 수준이다. 물론 수준이 떨어진다는 것이 아니라 꽤 맛있다는 말이다. 특히 따꼬 알 빠스또르Taco al pastor를 만들기 위해 돼지고기를 저미듯 자르고 파인애플 한 덩어리를 잘라 넣는 동작은 마치 쿵푸를 보는 듯 흥미롭고 리드미컬하다. 멕시코시티 치안이 좋지 않을 때에도 항상 오후 4시에서 새벽 4시까지, 토요일은 새벽 6시까지 영업을 했다. 새벽에 출출함을 달래주는 친구이며 지금도 따꼬 알 빠스또르 하나에 3뻬소, 약 300원 정도로 멕시코시티에서 가장 저렴한 가격의 따꼬를 파는 곳이다. 참고로 멕시코시티에 수백 개의 따꼬집들이 있으나 로스 아르볼리또스는 항상 다섯 손가락 안에 꼽히는 맛집이다. 찾아가기 어려울 것 같으나 굉장히 유명한 곳이라 택시를 타고 '산 앙헬의 따꼬집 많은 골목'을 말하면 십중팔구는 찾을 수 있다. 꾸미거나 치장하지 않은 가장 소박한 대중적 음식으로서의 따꼬를 여기서 만날 수 있다. 한입에 딱 맞는 아르볼리또스의 따꼬와 맥주 한 병은 우리나라의 치킨과 맥주처럼 최고의 궁합이다.

●로스 판초스^{Los Panchos}

Tolstoi #9, Anzures, Tel: 5524 2082

멕시코시티 레포르마에 위치한 대형 빌딩 또레 마요르^{Torre Mayor} 근처에 위치한 맛집이다. 약간 구석진 데 있어 찾아가기가 좀 어렵긴 하지만 근처에서 판초스를 물어보면 모르는 사람이 없을 정도로 유명한 곳이다. 2차 세계대전이 끝난 1945년에 문을 열었다. 무엇보다 까르니따스^{Carnitas}가 유명하다. 원래 까르니따스는 돼지 앞발을 돼지 기름인 만떼까^{Manteca}에 은은하게 튀긴 후 체에 밭쳐 기름을 어느 정도 제거한 후 담백하게 먹는 것이 일반적이나 길거리 따꼬집에서는 돼지등심이나 기타 부위들도 까르니따스라고 파는 경우가 많다. 하지만 판초스에서는 질 좋은 돼지 앞다리 고기를 먹을 수 있다. 특히 콜라겐이 많은 부위도 먹을 수 있다. 하지만 판초스의 진짜 매력은 또르띠야에 있다. 손으로 직접 만든 또르띠야는 더 두꺼우면서도 부드럽고 고소한 옥수수 향이 살아 있어 그냥 소금만 뿌려 먹어도 맛있다. 또한 퐁듀(께소 푼디도) 또한 와하까 치즈로 만들어 담백하고 맛있다. 살사도 아주 훌륭하다. 특히 살사 멕히까나는 약간 숙성되어 그 풍미가 바로 만든 것과는 비교가 되지 않는다. 특히 간장 살사, 즉 간장에 고춧가루 그리고 양파와 리몬즙이 들어간 살사는 우리나라 양념장과 그 맛이 비슷하여 따꼬를 부침개 느낌으로 바꿔버린다. 돼지 앞다리살의 고소함과 손으로 만든 또르띠야의 풍미, 그리고 수준 높은 살사를 즐기려면 판초스는 놓치기 어려운 따께리아이다.

● 리차드 Richard

Tamaulipas, esq. Alfonso reyes, Condesa

리차드는 아예 주소도 없다. 따마울리빠스 길과 알폰소 레이예스 길이 만나는 모퉁이에 우리나라 트럭에 채소 팔 듯이 각종 살사와 요일별로 까르니따스, 꼬치니또 삐빌 등을 가지고 나와 파는데 솔직한 그리고 개인적인 판단으로는 판초스 못지않은 까르니따스이며 다른 메뉴도 일반 식당 못지않은, 아니 조금 더 뛰어난 맛을 선보인다. 벌써 10년 이상 영업을 했다고 한다. 특히 개인적으로 살사 베르데는 리차드의 살사 베르데가 제일 맛있었다. 뒷맛이 매콤하면서도 개운하고 재료의 향이 살아 있는 대단한 살사 베르데였다. 살사 베르데가 얼마나 맛있던지 물에 풀어서 음료로 팔기까지 했다. 리차드에서는 일단 주문을 하고 더 먹을 수 있으면 빨리 더 시키는 것이 좋다. 음식이 생각보다 일찍 팔리고 다 팔리면 그냥 떠나버린다. 리차드 또한 로스 아르볼리또스처럼 맛있는 따꼬집 10위 안에 항상 들어간다. 누가 봐도 정착해서 개업을 해도 될 만한 실력이고 인기이지만 본인들은 아직 그럴 생각이 없는 것 같다.

● 아르만도스 Armando's

Humboldt #21, esq. Reforma Centro, Tel: 5510 8640

1892년 처음으로 문을 연 곳으로, 또르따를 제일 처음 만든 것으로 알려져 있다. 프랑스에서 작은 바게트 빵인 볼리요^{Bolillo}를 먹은 후 멕시코에 들여와 그 안에 각종 채소와 돈가스랑 비슷한 튀긴 돼지등심 밀라네사^{Milanesa}를 비롯하여 각종 재료를 넣고 샌드위치와 흡사한 또르따를 처음으로 만들었다고 한다. 현재까지 또르따는 멕시코를 대표하는 점심 메뉴 혹은 간식거리이다. 아르만도스는 현재도 최고의 또르따를 만들고 있다고 자부하지만 개인적으로 다른 곳에서 파는 또르따와 비교했을 때 월등한 맛을 느끼지는 못했다. 하지만 거의 모든 재료가 들어갈 수 있는 또르따, 현재는 서브웨이 등의 경쟁업체가 있기도 하고 햄버거, 수제 햄버거 등이 라이벌이긴 하지만 가격에서 그리고 영양에서 견줄 만한 대상이 없다. 멕시코 또르따의 참맛을 알기 위해 120년 전통의 아르만도스는 꼭 들러야 할 곳이다.

● 라 뽀쁠라니따 데따꾸바야Poblanita de Tacubaya

Luis G. Vieyra #12, San Miguel Chapultepec, Tel: 2614 3314
http://www.poblanita.com

1947년에 처음으로 문을 연, 마찬가지로 역사가 있는 곳이다. 대중적인 멕시코 요리는 거의 다 하는 곳이지만 무엇보다 몰레가 뛰어나다. 약간 달달하면서 아몬드 등의 견과류가 씹히는 맛이 좋다. 몰레만이 아니라 다양한 애피타이저와 닭국Sopa de gallina 또한 진국이다. 멕시코 맛의 마지막 관문이 몰레라고 표현했는데 이 몰레를 즐기기에 가장 좋은 식당이 바로 라 뽀쁠라니따 데따꾸바야가 아닐까 싶다. 물론 섬세한 미각을 가진 이가 아니라면 몰레는 도전하기 어려운 음식이다.

● 록시Roxy

Masatlán #80, esq. Montes de Oca, Condesa, Tel: 5286 1258

록시는 아이스크림 가게이다. 1944년에 처음으로 문을 열었고 당시에 사용하던 기구를 이용하여 현재도 아이스크림을 만들고 있다. 원래 셔벗을 주로 만들었으나 현재는 아이스크림도 팔고 있다. 우리나라 엿과 비슷한 누가nougat 아이스크림과 바나나 아이스크림이 맛

있다. 모두 수제 아이스크림이며 현재는 몇 개의 지점이 생겼다. 본점
에서 느껴지는 세월의 느낌을 지점에서 받기는 어렵다. 하지만 그렇
다고 그렇게 현대적인 느낌은 아니다. 멕시코의 아이스크림의 맛, 수
제 아이스크림의 맛을 느끼고 싶다면 놓쳐선 안 되는 곳이 바로 록시
이다.

지점 주소:
Tamaulipas #161, Condesa, Tel: 5286 1258
Prado Norte #343 B, Lomas de Chapultepec, Tel: 5520 2819
Emilio Castelar #107, Polanco, Tel: 5281 5988

의도한 것은 아니었는데 10군데의 장소를 소개했다. 멕시코시티
에 인구가 2,500만 명이라고 한다. 수도권의 유동인구는 이보다 많
을 것이다. 서울의 인구가 천만 명 정도를 헤아리니 서울의 두 배가
넘는다. 당연히 그만큼의 식당이 있을 것이고 그 맛도 다양할 것이
다. 여기서는 가장 대표적인 곳만을 선정하고 소개했다. 또한 개인적
인 판단이 들어가지 않은 소개를 하려 한 탓에 맛을 표현하는 부분
이 적어지거나 생략된 부분도 있다. 하지만 혹시라도 멕시코시티를
여행하려는 분들에게 좋은 정보가 되었으면 좋겠다.

마야의 음식문화

　　끼체Quiche어로 쓴 신화집 뽀뿔부Popolvú는 마야인의 성경이라고 할 수 있는데, 여기에는 신이 세 번에 걸쳐 인간을 창조했다고 쓰여 있다. 처음에는 인간을 흙으로 빚어 만들었지만 사고할 수 있는 능력이 없었고, 물과는 상극이어서 곧잘 부서졌다. 두 번째는 나무로 만들었지만 영혼이 없었고 하늘에서 떨어진 번개를 맞고 불타버렸다. 그 후 땅이 어두워지고 밤낮으로 검은 비가 내렸다. 몇몇은 밀림 깊숙이 도망가서 오늘날의 원숭이, 영혼이 없는 인간이 되었다. 마지막으로 창조자는 속은 하얗고 겉은 노릇한 통통한 옥수수로 인간을 만들었고 결과에 아주 흡족했다. 뽀뿔부에 의하면 이렇게 마야족의 조상이 창조되었다고 한다. 원숭이를 인간과는 다른 방식으로 창조된 인간의 선조로 본 것은 이후 다윈의 진화론과 더불어 펼쳐진 논쟁을 연상케 한다. 원숭이도 사람인가, 라고 창조론 쪽은 비아냥거렸는데, 마야의 신화집 뽀뿔부는 이와 묘하게 닮아 있고 또한 묘하게 다르기도 하다.[28]

28　원숭이가 사람이냐 아니냐 하는 논쟁 아닌 논쟁은 참 묘한 패러디를 만들어내는데 마야의 신화집 뽀뿔부에는 실패한 창조물로 원숭이가 등장하고 더 발전된, 혹은 진화된 창조물로 인간이 등장한다. 재미있게도 다윈의 진화론은 '원숭이도 인간이냐' 라는 비아냥거림을 들었다. 라틴아메리카의 원주민들은 스페인 정복자들에게 인간이냐 아니냐 하는 논쟁을 불러왔으며 일부 가톨릭 사제들에게는 사악한 창조물이라고 박해를 당하기도 했다. 현재의 관점으로 보면 말도 안 되는 일이지만 당시에 원주민이 인간인지 아니면 유인원, 쉽게 말해서 원숭이에 가까운지는 꽤 심각한 논

마야의 기원에 대해서는 아직 정확히 밝혀지지 않았으나 중미지역을 중심으로 이루어지고 있는 유적 발굴 결과에 따라 그 기원이 확실히 밝혀질 가능성이 있다. 대략 기원전 3000년경부터 중미 고산 지역과 정글 지역에 마야인 혹은 그들의 조상이라 할 수 있는 사람들이 거주한 듯하다. 이후 여러 지역으로 확장해갔으며, 그중 우아스떼꼬Huasteco 부족은 스스로 기존 마야인과는 다른 언어와 문화를 발달시켰고 베라꾸르스 북쪽 따마울리빠스Tamaulipas와 산 루이스 뽀토시San Luis Potosi에 정착했다. 현재 멕시코의 치아빠스Chiapas 주이며 과테말라 접경에 마야 건축물 중 가장 예술성이 돋보인다고 평가하는 빨렝께Palenque와 약스칠란Yaxchilán을 세웠다. 골짜기와 높은 산 웅장한 폭포, 우뚝 솟은 휴화산으로 둘러싸인 지역으로, 아직도 고립된 골짜기에 고대 마야 인디언이 살고 있으며 각자 의복, 언어 관습을 보존하고 있다.

산 끄리스또발 데 라스 까사스San Cristobal de las casas는 치아빠스Chiapas 주의 원래 중심지이며, 그 이름 치아빠스는 초기 정착민의 이름에서 유래한다. 치아빠스 사람들은 중미지역 혹은 현재 니카라과Nicaragua 지역에서 북상한 사람들로, 이 지역은 전통적인 모습을 대부분 보존하고 있어 박물관 같은 느낌을 주기도 한다. 유서 있는 전통 장터는 여전히 원주민의 삶의 중심이 되고 있다. 차물라Chamula와 씨나깐딴Zinacantán 같은 지역 마을의 원주민들은 장날이 되면 화려한 색상의 옷을 차려입고 장이 서는 도시로 향한다. 옛날에 쓰던 계량 법 그대로 검은콩과 수박을 사고, 때로는 물물교환을 하기도 한다. 멕시코 남부 정글지역에서 재배된 여러 가지 허브의 기분 좋은 냄새와 열대작

쟁이었다. 고혜선, 『마야인의 성서 포폴부』, 여름언덕, 2005

물의 총천연색이 장터를 가득 메운다. 가끔 우리나라의 어느 시골 오일장에 온 것이 아닌가 하는 착각을 불러일으키기도 한다.

치아빠스의 음식은 고대 마야의 전통과 스페인 점령기의 영향을 두루 보여준다. 대표적인 음식은 따말인데, 돼지고기를 넣은 것은 동그랗게 만들고, 계피와 닭을 넣은 것은 길게 만든다. 특별식으로 만드는 것은 올리브, 삶은 계란, 닭, 바나나를 넣어 바나나 잎에 싸서 쪄낸다. 다양한 국도 즐기는 편이며, 옥수수, 생치즈[29], 작게 자른 옥수수 반죽을 넣어서 걸쭉하게 요리하며 치삘린Chipilin[30]으로 맛을 낸다. 또 다른 종류로는 소빠 데빤Sopa de pan[31]으로, 빵, 바나나, 채소를 넣고 토속 향신료를 첨가한다.

멕시코 만과 카리브의 푸른 바다를 가르는 유까딴Yucatán 반도에도 마야의 후예들이 다수 거주하고 있다. 지표수가 거의 없고 지하수만이 있어서 오아시스처럼 샘이 있는 지역을 제외하고는 건조한 편이다. 생활용수로 지하수나 빗물을 이용한다. 고대 마야인은 거주 지역을 여러 생활용수를 얻기 용이한 세노떼Cenote[32]라고 불리는 지하 호

---

29 께소 빠넬라Queso panela라고 부르는 치즈로, 응고된 후 그리 숙성의 과정을 거치지 않아 담백하고 숙성된 치즈의 역한 냄새가 적어 치즈에 익숙하지 않은 분들에게 좋다. 마치 응고된 우유를 먹는 듯한 느낌으로 각종 샐러드에 어울리고 그냥 먹어도 좋은 치즈이다. 아마도 아시아 지역에서 사랑받을 수 있는 치즈라 할 수 있다.

30 멕시코 남부와 중앙아메리카 지역에 자생하는 허브이며 잎에 철분, 칼슘, 그리고 베타카로틴이 많이 함유되어 있다. 따말에 들어가 녹색 빛의 색깔을 내며 특유의 향 또한 특징적이다.

31 빵 스프라는 명칭에서 빵만 넣고 끓인 스프를 연상하기 쉽지만 여러 채소가 들어간 걸쭉한 국으로, 빵에 찍어 먹거나 안의 내용물을 빵에 얹어 먹기 좋은 스프이다. 걸쭉한 탓에 다른 스프와는 달리 메인 요리로 먹기도 한다.

32 지반이 내려앉아 지하수와 빗물이 고여서 만들어진 호수 형태이다. 유까딴에서 쉽게 볼 수 있는 지하 호수로 현재에도 원주민들의 식수와 생활용수의 원천이 되고 있으며 일부 세노떼는 관광자원으로도 사용된다. 일반적으로 가장 많이 알려진 세노떼

수 주변에 건설했다.

기원후 8세기까지 마야인들은 거대한 구조물을 지었다. 신전, 궁전, 피라미드를 건설했으며 기하학적인 문양으로 겉을 장식하고 화려한 벽화로 내부를 장식했다. 하늘에 지내는 제사를 정례화하기 위해 달력을 창조하고 문자를 개발해 중요한 사건을 기록했다. 기원후 900년경 마야인들은 다른 라틴아메리카의 문명들이 그런 것처럼 동시대의 다른 문명이 이룬 것보다 훨씬 높은 지적, 예술적 업적을 이루었다고 평가할 수 있다.

1517년 에르난데스 데 꼬르도바Hernández de Córdoba가 쿠바령 총독이었던 디에고 벨라스께스Diego Velázquez의 명령으로 유까딴 반도를 탐험하러 갔을 때 마야 문명은 이미 쇠퇴기에 접어들었지만 여전히 외부인에게 놀라움을 안겨주기에 충분했다. 깜뻬체Campeche 지역에서의 격렬한 전투에 패배한 스페인 사람들은 쿠바로 발길을 되돌렸다. 쿠바에 돌아간 생존자들이 전한 이야기는 모험가들을 유혹했다. 이야기는 과장되기 시작했고 그곳에 그들이 바라던 것이 있다고 믿게 되었다. 그것은 황금이었고 향신료였으며 자신들이 가장 가치 있다고 생각하던 것들이었다. 그들은 소문을 믿고 몰려들기 시작했다. 하지만 소문은 소문일 뿐이었다.

스페인 사람들은 1542년 마침내 마야의 유적 위에 메리다Mérida 시를 건설하게 된다. 거대한 농토와 값싼 노동력은 더 많은 이주민 정

는 치첸이싸 근처의 낀따나 로Quintana Roo이다. 치첸이싸를 여행하면서 끼따나 로에서 수영을 즐길 수도 있다. 하지만 세노떼에서는 우리나라 심청전에 등장하는 인당수와 비슷하게 인신공양이 있기도 했다고 한다. 이것은 마야인들이 얼마나 물을 중요하게 생각했는지를 방증하는 것이다.

● 유까딴의 에네껜

착을 부추기고 에네껜Henequén[33] 재배로 많은 부를 축적했다. 에네껜은 선인장의 한 종류로, 섬유를 분리해 밧줄, 마대, 돗자리를 만드는데 사용했으며, 합성섬유가 발견되기 전까지 광범위하게 쓰였다. 농장주들은 축적한 부를 활용할 방법이 많지 않아서 공원이나 도로를 건설하고 아름다운 꽃나무를 심어 꾸몄으며, 집 또한 화려하게 증축해 자신의 부를 뽐냈다. 이런 경쟁심은 음식에까지 퍼져 점점 더 화려해지는 경향을 보이기도 했다. 물론 원주민과 이주 노동자들에게는 해당되지 않는 이야기였지만 말이다.

이 지역 음식은 원주민들이 수세기에 걸쳐 사용해온 열대 우림에서 구할 수 있는 재료에 유럽에서 유입된 식재료가 합쳐져 독특한 요리법을 탄생된다. 식민시대 초기에는 플랜테이션 농장이 발달한 지역에서부터 새로운 요리 문화가 등장하게 된다. 이 지역은 요리는 16세기의 스페인 스타일[34]이면서 유럽적이면서 동시에 원주민의 문화가 한입의 음식에서도 느껴진다. 레까도Recado(향신료와 오렌지 즙 그리고 아마란스amaranth를 넣어 끊인 넥타형 양념)는 이 지역 어느 시장에서도 구할 수 있다. 레까도는 비린내가 날 수 있는 생선, 고기 및 조류를 조리

---

33 우리에게 애니깽이란 단어로 더 유명한 작물이다. 멕시코 유까딴에 우리 선조들이 이 작물을 재배하기 위해 이주하기도 했고 이 이야기가 애니깽이란 제목의 영화로 제작되어 34회 대종상 작품상을 수상하기도 했다. 에네껜은 일반적으로 용설란이라 불리는 멕시코 선인장의 일종이다.
34 유럽적인 문화, 이슬람 문화, 유대 문화 등이 제약 없이 자유롭게 섞인 문화를 말한다.

할 때 많이 쓰이며 보통 향이 강하
거나 비린 식재료는 레까도로 간을
하고 바나나 잎에 싸서 하와이의
깔루아^{Kalua}와 비슷한 방식으로 땅
을 파서 만든 오븐(뻽^{Pib})³⁵에 천천히
구워낸다. 꼬치니따 삐빌^{Cochinita Pibil}
은 어린 돼지를 이 같은 방법으로
조리한 것이며, 저런 양파를 곁들

●숯에 구운 옥수수

여 먹는데, 이 지역의 가장 대표적인 음식 중의 하나이다. 또 다른 대
표 요리는 빠빠술레스^{Papadzules}로 1700년대부터 내려온 방식으로 조리
된다. 삶은 달걀을 싸먹는 따꼬의 일종으로 호박씨를 다진 살사, 토
마토 살사, 마지막으로 호박씨 기름을 몇 방울 떨어뜨리고 나서 먹
는다. 상쾌하고 새콤한 맛의 라임 스프^{Sopa de Lima}는 비교적 최근에 만
들어진 요리로, 닭 육수에 채소를 넣고 리몬즙으로 향을 낸 것으로
새콤한 맛으로 인해 더운 날씨에 상쾌함을 주기에 적합하다. 우리나
라의 오이냉국을 연상케 하지만 뜨겁게 먹는 것이 차이이다.

끼따나 로^{Quintana Roo}, 깜뻬체^{Campeche}, 유까딴^{Yucatan} 주(州)를 둘러싼 해
안은 1,600Km 가 넘으며, 깜뻬체 주의 서쪽 끝에 위치한 씨우닷 까

---

35 유깐딴 반도에서는 뻽이라 부르는데 마야의 전통인 듯 보이나 사실 전 아메리카 그
리고 하와이 등 다른 지역에도 이와 비슷한 조리방식이 있다. 특히 멕시코 북부의
바르바꼬아나 새끼돼지 바비큐 레촌^{Lechón} 또한 엄밀히 말하면 뻽에서 조리되는 것
이라 할 수 있다. 물론 구덩이의 깊이, 넣는 장작의 상태, 재료를 집어넣는 방식 등
세밀한 부분에서는 지역별 차이가 있긴 하다. 하지만 라틴아메리카의 경우 은은한
불에 하루 이상 익힌다는 공통점이 있으며 결과적으로 훈제, 직화, 재료들의 수분으
로 인한 삶는 효과에 원재료에 지방이 많은 경우 볶거나 튀기는 효과까지 다양한 조
리가 그 안에서 일어난다는 것도 공통점이다.

르멘Ciudad de Carmen은 이 지역 최대의 어업 항구와 수산시장이 위치하고 있어 해산물이 아주 유명하다. 동이 트기 전 어부들은 그날 잡은 신선한 해물을 항구로 들여온다. 상어, 문어, 농어, 오징어, 도미, 새우 등이 주로 거래된다. 어린 상어의 경우 독특한 육질 때문에 다양한 음식에 사용되는데 특히 유명한 것이 빤 데 까손Pan de Cazón이다. 검은 콩과 생선을 또르띠아에 싸서 토마토와 고추 살사를 곁들이는데, 이때는 아바네로Habanero고추[36]를 사용한다.

●빤 데 까손

동쪽지역의 음식도 대개 비슷하다. 낀따나 로 지역은 얼마 전까지만 해도 열대밀림지역이었기에 독립적인 주로서 인정받지 못했다. 주의 수도인 체뚜말Chetumal은 벨리스와 인접하며 양쪽 지역 모두 코코넛 즙과 튀긴 바나나[37]를 곁들인 단맛이 강한 볶음밥을 즐긴다.

오늘날 유까딴 지역은 칸쿤 혹은 깐꾼으로 대표되는 관광지로서

36　세계에서 3번째로 매운 고추이다. 매운맛이 우리나라 청양고추의 수십 배에 달하는데 종류에 따라 매운맛도 약간 차이가 있다. 노란 빛깔의 아바네로가 가장 매운 것으로 알려져 있다.

37　사실 우리가 아는 바나나가 아니라 플라따노Platano라고 부르는 바나나보다 약간 더 크고 날로 먹기는 어렵고 보통 튀기거나 구워 먹어야 하는 과일을 의미한다. 맛은 고구마에 가깝다.

세계적인 명성을 얻었으며, 이밖에 꼬수멜Cozumel, 이슬라 무헤레스Isla Mujeres와 같은 유명한 관광지가 있다. 뚤룸Tulúm, 욱스말Uxmal, 치첸이짜 Chichén Itzá와 같은 유적지에도 나날이 관광객이 늘고 있지만 현지 원주민의 생활에 미치는 영향은 상당히 적다. 현지 원주민들은 조상들의 말을 이어받았고 조상들의 삶의 방식으로 현재까지 살고 있다. 다시 말해 그들에게는 여전히 마야의 시대인 것이다. 그러므로 마야가 언제 멸망했다는 표현은 어울리지 않는 것일 수도 있다. 그들은 자신들의 도시를 잃었을 뿐이다. 현재에도 밀림을 태워 밭을 만드는 화전 (火田)을 일구며 전통 방식 그대로 사는 원주민들이 꽤 많다고 한다. 물론 그들의 음식은 소박하고 전통적이나 일반인들이 즐기기에는 역시 거친 것은 사실이다. 문화가 발전하기 위해서는 생존의 문제에서 어느 정도 자유로워야 한다. 특히 음식문화는 더욱 그렇다. 음식을 씹으며 맛을 음미하는 모습은 오늘 조금이라도 게으름을 피우면 생존을 위협받는 사람들에게는 사치일 뿐이다. 물론 이것은 현재를 살고 있는 우리에게 어떤 질문이 될 수도 있다.

'난 오늘 어떤 음식을 어떻게 먹었는가?' 그리고 동시에 '나는 어떤 삶을 살고 있는가?'라는 질문 말이다.

마야의 구덩이 오븐, 삡으로 보는 문화사

고기를 익히는 방법으로 굽거나 삶는 방법은 전 세계적이며 보편적이다. 하지만 세부적으로 보면 어떤 식재료를 어떤 방식으로 조리할 것인지, 어떤 향료, 어떤 재료를 곁들일 것인지에 따라 다양하고 독특한 조리법이 형성된다. 이것을 보편적 특징 안에서 다양성으로 볼 것인지 아니면 그냥 독특한 다른 방식으로 볼 것인지는 관점의 문제이다.

마야의 조리법인 삡^{pib}은 구덩이를 파고 달궈진 돌이나 숨이 죽은 장작을 집어넣고 그 위에 고기와 기타 재료를 넣고 그 위를 큰 잎으로 막거나 돌을 쌓아 막은 후 짧게는 4~5시간 익히는 경우도 있고 길게는 하루 넘게 익히는 경우도 있다. 불의 세기는 조리 시간이 길어지면 길어질수록 약해지고 거기에 비례하여 고기 자체의 지방과 수분으로 튀겨지면서 삶아지는 오묘한 조화를 이루게 된다. 또한 기타 향신료 역할을 하는 재료가 들어가거나 양념이 되게 되면 익혀지며 양념이 배게 된다. 뒤집어 생각하면 조리시간이 길어지면 길어질수록 야생고기거나 거친 부위거나 누린내가 많이 나는 고기에 적합하다는 것이다.

문화의 3요소는 의식주라고 한다. 하지만 다른 문화권의 전통의상을 입거나 전통음식을 먹는 것은 그리 어렵지 않다. 아무리 옷이 이상하고 음식이 이국적이라고 해도 그것이 단 한 번이라면 못할 이유가 없다. 하지만 이 집에서만 살라거나 이 음식만을 먹으라거나 이 옷만을 입이라면 이야기는 달라진다. 어쩌면 폭력이 될 수도 있기 때문이다.

조금 다른 관점으로 색다른 식재료를 먹는 것과 다르게 관습적으로 사용하는 조리법, 어머니와 가정에서 자연스럽게 배운 조리법을 갑자기 바꾸는 것은 쉬운 일이 아니다. 조리법은 관습으로 간주할 수도 있지만 동시에 전통과 문화의 일부분이기 때문이다. 게다가 삡의 경우 일반 가정에서 사용할 수 있는 조리법이 아니라 동네 잔치 혹은 적어도 서너 가정 이상, 장정 3~4명이 필요한 조리법이다. 그러므로 일반 가정에서 사용하는

●잉카의 와띠아(위)와 하와이 삡(아래)

조립법에 비해 더 관습적이며 전통적이라 할 수 있다. 그런데 삡과 흡사한 조리법이 멕시코 남부와 북부, 그리고 중미지역, 미국 남부, 남미 쿠스코를 비롯한 잉카 문화권뿐만이 아니라 하와이 사모아 등의 남태평양 도서지역(폴리네시안), 동남아시아, 중동 및 유럽지역과 북아프리카지역에서도 존재한다. 남태평양 도서지역과 남북 아메리카지역은 거의 같은 방법으로 간주할 수 있을 정도로 흡사하다.[38] 잉카지역에서는 약간 달라 보이긴 하지만 돌을 달궈 고기나 감자를 익히

---

38 마야의 삡, 잉카의 와띠아Huatia, 미국남부와 멕시코 북부의 핏 바비큐Pit barbecue, 하와이의 깔루아, 폴리네시안 언어 우모Umo에서 유래한 우무Umu, 이무Imu, 무무Mumu 등은 명칭만 다를 뿐 거의 같은 방식이다. 물론 하루 넘게 익히는 것은 마야와 멕시코 북부지역의 특징이다. 이런 조리법은 생존의 측면을 벗어나 맛을 추구하는 세련된 문화권에서 가능한 방법이다. 물론 국을 열 시간 이상 약을 달이듯 고아서 먹는 우리나라의 전통도 마찬가지이다.

는 와띠아^{huatia}라는 방식이 있다. 원주민 전통방식이며 은은하게 익히
며 복사열과 재료 내부의 수분을 이용하여 익히는 것은 뻽과 그리 다
르지 않다. 이로써 라틴아메리카 대륙 전체를 아우르는 조리방식이
며 이것이 폴리네시안 도서지역과 연관이 된다는 것은 문화적 이동
루트를 짐작케 한다. 라틴아메리카의 원주민 이동 루트에 대한 가설
은 많았지만 확실한 정보나 증거는 드물었다. 하지만 뻽은 원주민 이
동 루트의 증거가 될 수도 있다.

　확실하게 단언하기는 어렵지만 유목민족이 고기를 익히는 방법은
역시 찌거나 삶는 경우와 굽는 경우가 있다. 굽는 경우는 꼬챙이에
꿰어 직화로 익히는 방법을 기본으로 이것이 꼬치구이 형태로 발전
했는데, 브라질의 추라스코^{Churrasco}가 제일 유명하지만 불을 피워 그
위에 고기를 걸어두는 스타일로 익히는 것은 한 뿌리에서 나왔다고
할 수 있다. 물론 성급한 이야기일 수 있지만 동남아시아에서 남태평
양 도서지역, 그리고 그 마지막 이스터 섬(이슬라 데 파스쿠아^{Isla de Pascua},
영어로는 이스터 섬^{Easter Island})과 아메리카 대륙과의 문화적 연관성을 짐
작할 수 있다.

　그러나 진짜 강조하고 싶은 것은 바로 뻽에서 익혀진 고기의 맛이
다. 물론 개인적으로 각 지역을 모두 여행하며 그 음식을 다 먹어보
지는 못했다. 하지만 훈제와 직화와 복사열이 동시에 사용되며 재료
안의 지방과 수분으로 스스로 익어가는 고기, 양념과 향이 은은하게
배어든 그 맛은 일품이었다. 이 방식과 숯불 혹은 장작구이 스타일이
합쳐진 것을 기본적으로 그리고 개인적으로 라틴 스타일 숯불구이
라고 부른다. 우리나라에서는 약간 낯설 수도 있는데 이런 방식으로
익히는 것은 얇게 저민 고기가 아니라 덩어리 고기이기 때문이다. 멕
시코를 여행하다가 큰 이파리에 쌓인 고기를 본다면 반드시 먹어봐

야 한다. 그것이 바로 뻽을 비롯한 구덩이 오븐에서 조리된 고기이기 때문이다.

● 1m 정도 땅을 파 장작과 돌 등을 넣은 후 양념된 고기를 넣고 입구를 막아 연기가 새어 나오지 못하게 한 후 24시간 정도 지나 고기를 꺼내 먹는다.

● 뻽에서 익은 고기를 꺼내는 모습

멕시코의 치즈 이야기

우리나라 사람들이 가장 적응하기 어려운 외국의 식재료 중의 하나가 바로 치즈일 것이다. 물론 현재 우리나라에서도 다양한 치즈를 구할 수 있으며 노란 슬라이스 치즈는 그리 특별한 것이 아니다. 하지만 유럽이나 아랍권 그리고 라틴아메리카에서 즐기는 치즈는 우리의 생각과는 다르다. 아마 이것은 외국인들이 청국장을 먹었을 때와 비슷할 것이다.

보통 치즈에서 대해 약간 깊이 있게 연구했다고 하는 책이나 기타 보고서들을 보면 하나같이 치즈는 동양에서 먼저 만들어 먹었다고 한다. 하지만 이것은 맞기도 하고 틀리기도 한데, 여기서 말하는 동양이란 동북아시아를 말하는 것이 아니라 초원길을 중심으로 발달한 유목민족을 말하는 것이다. 소를 비롯한 기타 가축의 젖을 가축의 방광이나 기타 창자와 가죽을 이용해 만든 주머니에 넣고 다니다 보면 자연스레 요구르트가 되고 그러다 더 시간이 지나면 수분이 증발하면서 치즈가 된다. 숙성된 방식이나 어떤 가축의 젖을 사용했는지에 따라 약간씩 다르긴 하지만 기본적으로 비슷하다. 이것이 아랍으로 전해지고 다시 유럽으로 그리고 이것이 아메리카 대륙으로 전해지면서 또 다른 차이를 만들어냈다.

우리나라에서 쉽게 볼 수 있는 얇은 슬라이드 치즈가 아닌 두툼한 치즈이어서 두께에서부터 약간 경계심을 느끼게 하고, 가까이 다가설 때 풍겨 나오는 오묘한 향기는 잘 익은 된장 못지않다. 습기 찬 신발에서나 날 것 같은 그 충격적인 향기는 입안에서 더 짙게 풍겨 나오고, 씹으면 씹을수록 텁텁해지는 입맛은 잘 익은 물김치를 몇 사발 마셔도 안 가실 것 같았다. 하지만 그런 치즈, 내가 먹은 것과 같은 그 곤혹스러운 치즈를 너무 좋아하며 먹는, 심지어는 조금 더 익어야, 더 맛이 진해야 한다는 말을 할 때야 비로서 드넓은 치즈의 세계에 들어섰다고 할 수 있을 것이다. 어쩌면 유럽과 아랍 그리고 라틴아메리카의 음식의 참맛을 알기 위해선 발효 유제품, 치즈와 가미되지 않은 요구르트에 익숙해져야 하는 것인지도 모른다.

언제나 그런 것은 아니지만 대개 남자보다는 여자들이 치즈 등의 발효 유제품에 더 익숙해지며 그 맛을 즐긴다. 그 고소한 맛은 우리나라 남자에게보다는 여자들에게 먼저 허락되는 모양이다. 샛노랗게, 가끔은 푸른 빛깔로 숙성된 치즈는 치즈 초보자들에게는 정말 곤혹스러운 음식이지만 하얀 빛깔의 치즈부터 시작한다면 그리 정복하기 어려운 과제는 아닐 것이다. 또한 와인과 치즈를 즐기는 것은 얼마 전까지 우리나라에서 그리 어렵지 않게 볼 수 있는 장면이었다. 어쩌면 치즈를 하나의 식재료보다는 와인의 안주로 알고 계신 분들이 많을지도 모르겠다.[39]

아랍권에도 그리고 유럽에도 각 민족과 나라별로 전통적인 치즈가 있고 그 맛과 향도 다르다. 하지만 라틴아메리카에도 훌륭한 치

---

39 와인과 치즈의 궁합이 좋다는 것은 잘 알려진 사실이지만 뒤에 언급할 라틴아메리카 스타일 스테이크와 와인의 궁합은 우리의 상상 이상이다. 마치 종류가 다른 초밥을 즐기기 위해 중간 중간 녹차와 생강절임을 먹는 것처럼 드라이한 와인을 고기 먹는 중간에 먹어주면 와인이 입안을 씻어주는 역할을 하여 고기 맛을 더 좋게 한다. 또한 드라이하면 할수록 고기의 잔향을 씻어주어 반주의 효과가 극대화된다. 실제로 와인을 반주로 고기를 먹게 되면 평소보다 2배 정도 더 먹게 되므로 다이어트에는 적일 수 있다. 물론 연기가 자욱한 숯불구이 집과 로맨틱한 와인바가 함께 연상되기 어려운 분들이 많겠지만 숯불구이와 와인을 즐겨본 분들이라면 벌써부터 입맛이 당길 것이다.

즈들이 많다.[40] 게다가 우리나라 사람들이 부담 없이 다가갈 수 있는 치즈도 많은 편이다. 무엇보다 치즈를 요리의 재료로 사용하는 경우가 많기 때문에 매콤한 치즈를 먹을 수도 있다. 우리에게 따꼬만큼이나 잘 알려진 께사디야(께사디야)는 치즈를 뜻하는 께소^{Queso}에 또르띠야가 합쳐진 것이다. 치즈는 멕시코 음식에서 뺄 수 없는 중요한 식재료이다.

라틴아메리카에 치즈가 들어온 것은 스페인의 식민시대부터이다. 하지만 라틴아메리카의 치즈는 유럽과 비슷하면서도 다르게 발전하였고 멕시코에서도 각 지역별로 전통적인 치즈가 발전했다. 아마도 커피의 경우와 마찬가지로 유럽 혹은 아랍 지역과 라틴아메리카의 차이는 숙성의 정도, 맛의 농도 등일 것이다. 물론 더 많이 숙성되고 진한 맛을 선호하는 사람이 있을 것이다. 또한 우리나라에 그렇게 많은 원조 음식점을 찾는 이들처럼 치즈의 원류라 생각하여 더 좋아할 수도 있을 것이다. 하지만 우리 입맛에 얼마나 맞는지를 고려하면 멕시코의 치즈는 어쩌면 우리나라에서 가장 경쟁력이 있을지도 모를 일이다.

● 공장에서 치즈를 만드는 과정:
응고 및 발효

---

40 아마도 문화권을 나누어 본다면 치즈를 먹는 곳과 치즈를 먹지 않는 곳을 나눌 수 있을 정도로 치즈는 한 문화권을 대표할 수 있는 식재료이다. 유제품을 발효하여 먹는 곳과 콩을 발효시켜 장(醬)을 만드는 곳으로 구분할 수도 있을 것이다. 그렇다면 두 식재료가 섞여서 만드는 맛의 조합은 어떨까? 이 책에 어떤 하나의 답이 있을 것이다.

아마도 멕시코 치즈의 가장 큰 특징이자 논쟁의 중심이 되는 것은 살균되지 않은 우유를 사용한다는 것이다. 살균되지 않은 우유를 사용하여 치즈를 만든다는 것은 사실 아주 전통적인 방식으로 수백 년의 전통을 따르는 것이기도 하지만 유익한 박테리아와 유해한 박테리아가 동시에 존재할 수 있다는 위험성이 있다. 하지만 예전에 우리나라에서 일어났었던 저온과 고온 우유 살균 방식에 대한 논쟁처럼 살균 방식에 따라 유익한 균과 유산균의 더 많이 함유되고 덜 함유된다면 그다음으로 언급돼야 할 부분은 이 유익한 균이라는 것이 우리의 건강에 얼마나 영향을 미치는 것인지, 결정적인 것인지를 알아봐야 할 것이다.

2008년 미국은 멕시코 치즈의 위생을 문제로 삼은 적이 있다. 결핵 등의 병균이 특히 후레쉬 치즈를 통해 유입된다는 것이었다. 역시 살균되지 않은 우유를 사용한 숙성되지 않은 치즈를 문제 삼았다. 이에 멕시코 정부는 생우유, 살균되지 않은 우유를 사용하여 치즈를 생산하는 것을 금지시켰고 이것은 색다른 방향으로 멕시코에서의 치즈 생산을 이끌었다. 쉽게, 살균된 우유가 1리터에 천 원이라고 한다면 아무리 후레쉬 치즈라고 해도 후레쉬 치즈 1kg을 생산하기 위해선 우유 10리터가 필요하다고 한다. 수분이 건조되어 더 숙성되고 견고해진 치즈의 경우는 더 많이 필요하다. 다시 말하면 멕시코에서 대중적 인기가 있는 빠넬라panela와 와하까Oaxaca 치즈의 원재료 가격만 1kg에 만 원 이상, 멕시코 페소로 계산하면 100페소 이상이 되어야 한다. 그러나 판매되는 치즈의 가격은 브랜드에 따라 약간 차이가 있지만 100페소 미만으로, 보통 50페소 내외이다. 그 이유는 생산방식의 변화에 의한 것인데 생우유를 사용하지 않는 대신 우유에서 추출한 분유와 흡사한 재료와 기타 유산균 등을 물에 녹여 치즈를 만들기 때

문에 가격도 떨어졌고 또한 유해한 균에 대한 위험도 벗어났다.[41]

현재 멕시코에서 유통되는 저가의 치즈들이 거의 같은 방식, 우유 부산물을 이용하는 방식으로 만들어지며 맛이나 기타 향은 그리 큰 차이가 없다고 한다. 다시 말하면 현재 멕시코에서 생산되고 대형 슈퍼에서 판매되는 모든 치즈는 안전하다는 것이다. 물론 수공으로 만들어지는 치즈는 현재도 살균되지 않은 생우유를 이용하고 있으며 가격도 상당히 높은 편이지만 그만큼 맛도 좋다. 또한 유제품을 만드는 회사에서 나온 제품 중에서도 상당히 고급스런 방식으로 치즈를 만들기도 한다. 사실 멕시코에서 저온 살균방식으로 살균된 우유의 경우, 실온에서 그늘에 2~3일 정도 두면 발효되어 요구르트가 된다. 요구르트에서 치즈가 되는 과정은 조금 복잡하긴 하지만 누구나 마음만 먹으면 요구르트와 치즈를 집에서 만들 수도 있다. 그 지역의 환경이 만드는 선물과도 같은 것이기 때문에 환경의 영향도 많이 받는다. 지역별로 맛과 향이 다른 경우가 많다.

커피나 맥주의 경우와 마찬가지로 멕시코의 치즈, 께소 또한 유럽의 치즈보다 조금 더 부드럽고 향이 그렇게 진하지 않은 경우가 많다. 사실 그래서 우리나라 입맛에 더 맞을 가능성이 높다. 또한 아메리카 대륙의 역사 그리고 멕시코의 맛을 고려해보면 부드럽고 향이 진하지 않은 치즈는 어쩌면 신의 선물이라 할 수 있다. 단백질과 지

---

41 물론 각 지역에는 수공으로 만드는 치즈가 있고 집에서 치즈를 만들어 파는 사람들도 많이 있다. 이들은 모두 생우유를 사용하는데 일반 치즈에 비해 가격은 두세 배이지만 그 맛과 향의 깊이는 비교할 수 없을 정도이다. 물론 거듭 강조하지만 치즈에 익숙하지 않은 분들에게는 역할 수 있고 또한 보관에도 신경 써야 한다. 계속 발효되고 숙성되기 때문이다. 아마 이것은 유럽도 마찬가지일 것이다. 후레쉬 치즈의 경우 수분 함량이 높아 관리가 어려운 편이지만 발효와 숙성이 많이 된 치즈의 경우 수분 함량이 적어 상대적으로 보관 및 관리가 유리하다.

방 및 다양한 무기질, 특히 칼슘을 섭취할 수 있는 가장 손쉬운 방법
이 탄생했기 때문이다. 또한 다양한 요리에 사용되면서 멕시코의 맛
에 한 부분을 차지하고 있는 것이 바로 치즈이다. 멕시코에서는 특이
하게 염소 우유로도 치즈를 만드는데, 염소 우유, 산양 우유 등, 소의
우유만이 아닌 다른 가축의 우유와 요구르트와 치즈는 새로운 식감
을 준다.

멕시코 치즈의 구분

1) 후레쉬 치즈 : 거의 숙성되지 않은 치즈로 보통 하얀 빛깔이며
맛과 강이 부드럽고 그리 강하지 않다.

● **께소 블랑꼬**Queso Blanco

크리미한 화이트 치즈이다. 코티
지cottage 치즈와 모짜렐라 치즈를 섞
은 듯한 느낌으로 제조 방법도 두
치즈의 특징이 반영되어 있다. 신선
한 느낌을 주기 위해 보통 리몬즙을
첨가하기도 한다. 상큼한 향이 치즈

를 더 신선하게 느껴지게 한다. 보통 신선한 느낌을 주기 위해 무지
방 혹은 저지방 우유로 만드는 것도 특징이다. 가열하면 더 부드러워
지지만 그렇다고 녹아 흐르지는 않는다. 엔칠라다 등의 음식에 사용
된다. 여성들이 좋아하는 치즈이며 지방이 적어 다이어트 치즈로도
사랑받는다.

● 께소 프레스코^{Queso fresco}

부드러운 조직 감의 화이트 치즈로 말랑말랑한 것이 특징이다. 스페인 부르고스^{Burgos}에서 유래한 것으로 알려져 있으며 보통 소 우유와 염소 우유를 섞어 만든다고 한다. 처음에 약간 신맛이 나지만 전

체적으로 부드럽고 자극적이지 않은 치즈이다. 마찬가지로 가열하면 더 부드러워지며 그렇다고 녹지는 않는다. 그냥 먹어도 좋고 술안주로도 좋으며 엔칠라다와 따꼬에 사용되기도 한다.

● 께소 빠넬라^{Queso panela}

프레쉬 치즈 계열 중 가장 대중적이고 가장 덜 숙성되었으며 보통 동그란 모양으로 담겨 있던 용기 모양이 그대로 치즈 모양이 되므로 바구니 치즈(께소 까나스따^{Queso canasta})라고 불리기도 한다. 그래서 보통 애피타이저로 사용되기도 하고 그냥 먹기에도 아주 편한 치즈이다. 쉽게 말하면 마치 치즈로 응고하자마자 꺼낸 것 같은 치즈로, 그 상큼함과 신선함은 최고이다. 맛과 향이 그리 강하지 않아 다른 음식에 식재료로 잘 어울린다. 또한 멕시코를 제외하면 께소 빠넬라를 먹는 것이 그리 쉽지 않다. 유럽 출신들은 곧잘 이것은 치즈가 아니라 건조된 우유라고 표현하기도 한다. 그럴 정도로 우유의 풍미도 강하고 부드럽고 신선한 치즈이다.

요즘 칼슘을 섭취하는 좋은 식재료로 치즈가 각광받고 있으나 숙성된 치즈의 냄새에 익숙하지 않은 사람들에게 이 후레쉬 치즈들은

부담 없이 잘 어울린다. 특히 화이트 치즈들의 특징은 가열하면 부드러워지지만 녹지 않는다는 것이다. 그래서 고안한 조리 방식이 있는데 프레쉬 치즈를 깍뚝썰기 하고 끓는 물에 살짝 데친 후 양념장을 뿌리면, 이미 상상하신 분들이 있겠지만 바로 데친 두부와 비슷해진다. 간장을 기본으로 한 양념과 치즈가 어울리지 않을 것처럼 보이고 실제로 다른 치즈라면 간장과 고춧가루, 파 등이 들어간 양념장과 어울리지 않지만 프레쉬 치즈의 경우는 다르다. 오히려 두부보다 맛있다는 생각이 들 정도로 그 맛과 풍미가 서로 잘 어울린다. 또한 깍뚝썰기를 한 후 프라이팬에 약간의 기름을 두르고 살짝 볶아준 후 양념장을 얹어도 아주 맛이 있다. 그 누구도 그리 부담 없이 먹을 수 있으며 양념장의 비율이 맛의 열쇠가 된다.

2) 소프트 치즈: 후레쉬 치즈와 비슷하게 화이트 계열이지만 조금 더 견고하며 맛도 약간 진한 치즈를 말한다.

● **께소 아녜호**Queso añejo

아녜호añejo라는 단어는 숙성되었다는 의미이다. 하지만 께소 아녜호가 그렇게 숙성된 치즈는 아니고 후레쉬 치즈의 숙성된 버전이라는 의미이다. 보통 부드러운 치즈이긴 하지만 숙성 정도에 따라 견고함과 염도가 달라진다. 음식의 고명이나 크럼블을 만들 때 사용된다. 사실 후레쉬 치즈가 너무 후레쉬해서 만들어진 치즈로 쉽게 조금 더 숙성된 치즈 정도로 이해하면 될 것이다.

● **께소 와하까**Queso oaxaca

보통 께사디야quesadillas에 사용되기에 께시요quesillo라고 불리기도 한

다. 멕시코에서 가장 사랑받는 께소 중 하나로 건조된 후 계속 당기고 늘이기를 반복해서 결이 생긴 스트링 치즈이다. 그 모양이나 늘어지는 느낌은 모짜렐라 치즈와 비교할 수 있지만 맛은 조금 다르다. 와하까 치즈가 더 부드럽고 맛이 진하며 크리미한 느낌도 더 강하다. 보통 잘게 잘라 음식에 사용하는데, 가열을 하면 녹는 성질에 의해 다양한 용도로 사용할 수 있다. 물론 앞에서 말한 것처럼 께사디야에 많이 사용되고 각종 따꼬에도 사용되지만 여러 가지 응용을 할 수가 있다. 또한 퐁듀로 만들기에도 좋다. 단백한 맛이 부담 없지만 동시에 진한 맛도 느낄 수 있다. 보통 공처럼 말려 있는데 멕시코에 와서 꼭 먹어봐야 할 치즈이다. 조리하지 않고 그냥 먹기에도 좋을 정도로 풍미가 좋다. 와하까 치즈의 풍미는 그저 피자에 얹어 먹어봐도 알 수 있다. 일반 피자가 진한 치즈의 맛으로 변하는 것을 느낄 수 있다.

●퐁듀(께소 푼디도Queso fundido)

3) 세미 소프트 치즈: 멕시코 치즈의 특징이 바로 이 '세미', 중간 정도의 상태를 가진 치즈가 있다는 것이다. 세미 소프트 치즈는 보통 강한 불에 조리하는 경우, 대규모로 조리하는 경우 어울리는 치즈로, 우리가 알고 있는 치즈의 모습에 가까운 치즈이다. 멕시코 및 기타 라틴아메리카 국가들을 제외하면 그냥 소프트 치즈로 분류되며 체다 치즈 정도가 여기에 속한다.

● 께소 아사데로Queso asadero

아사데로asadero라는 말 자체가 '굽는, 가열하는' 등의 의미이다. 옅은 아이보리 색을 띠고 있고 뜨겁게 가열되었을 때 맛과 풍미가 더 좋아 퐁듀에 자주 사용되는 치즈이다. 또한 녹은 치즈가 필요한 많은 요리에 어울리는 치즈이다. 께소 아사데로와 비슷한 치즈가 바로 몬떼레이 잭인데 정확히 맛이나 제조 방식이 다르다기보다는 지역적 차이가 더 큰 것 같다. 맛은 소프트 치즈에 비해 조금 더 진한 편이나 께소 아사데로가 사용될 자리에 와하까 치즈를 사용해도 큰 문제는 없다.

● 께소 치와와Queso chihuahua

치와와 지역은 전 세계적으로 강아지 그리고 사과가 유명한데 치즈 또한 유명하다. 다른 치즈들이 백색에 가까운 색깔을 보이는 데 비해 치와와 치즈는 밝은 황색이다. 어쩌면 유럽의 소프트 치즈에 가장 가까운 치즈라 할 수 있는데 그 맛과 향이 체다 치  즈와 비슷하다. 특히 숙성된 치즈의 맛과 향이 강한데 유럽인의 기준이라면 치와와 치즈부터 치즈라고 간주할 수 있을 것이다. 보통 튀김이나 볶음에도 사용되고 구운 빵이나 비스킷에 사용되기도 한다. 또한 멕시코 밖으로 수출되는 치즈이기도 한데 멕시코에서는 진한 맛으로 사랑받으며 멕시코 밖에서는 부드러운 맛으로 사랑받는다.

4) 세미 경질 치즈 : 이 또한 멕시코 치즈의 특징인데 완전히 건조되고 숙성된 치즈가 아니라 약간 혹은 중간 정도의 치즈가 존재한다는 것이다. 3~6개월 정도 숙성시켰으며 완전히 건조되지 않아 씹을 때 쫀득한 느낌이 있다.

● **께소 끄리오요**Queso criollo

연한 노랑의 치즈로 딱스꼬Taxco와 게레로Guerrero 지방의 특산품이다. 독일의 뮌스터Münster 치즈와 아주 흡사하다. 동글하게 포장되어 있으며 겉은 주황 혹은 짙은 노랑이고 안은 연한 노랑색이다. 사실 맛은 그 기준에 따라 좀 다른데 멕시코 기준으로는 약간 진한 맛에 가깝지만 유럽 기준으로는 약간 밍밍한 맛일 수 있다. 씹는 맛도 좋고 고소하며 샌드위치 등에 사용되어도 좋을 치즈이다. 우리나라 사람들도 부담 없이 즐길 수 있는 치즈인데 께소 끄리오요 정도의 향도 역하게 느끼는 분들이 적지 않다.

● **께소 만체고**Queso manchego

돈키호테가 활약한 라만차 지역에서 유래한 치즈이다. 마치 버터를 연상케 하는 노란 빛깔이며 멕시코에서 가장 사랑받는 치즈 중 하나이고 그 맛도 좋아 멕시코에서 수출되는 치즈이기도 하다. 가열하여 각종 요리에 사용하기도 하고 그 자
체로 먹기도 하며 때때로 과일이나 크래커
등과 함께 먹기도 한다. 멕시코에 다른 치
즈가 많으나 멕시코의 치즈 맛이 무엇이냐
고 할 때 독특함으로 와하까 치즈를 언급
하고 대중적, 보편적인 맛으로 만체고 치즈
를 언급하는 경우가 많다. 우리가 알고 있
는 치즈의 모양과 색과 맛에 가까운 치즈이다. 물론 유럽적인 기준으
로 보면 만체고 또한 맹숭한 치즈일 것이다.

  5) 경질 치즈: 완전히 숙성되고 건조된 치즈여야 하지만 멕시코의
경질 치즈는 유럽의 경질 치즈처럼 강한 맛과 향을 보이지는 않는다.
세미 경질 치즈가 약간 더 숙성된 느낌이 강하며 멕시코에서는 특별
한 경우가 아니면 그렇게 강하고 독한 치즈를 선호하지 않는다.

  ● 께소 꼬띠하 Queso cotija

  미초아깐 주의 꼬띠하 지역에서 만들어
진 치즈로 명칭도 그 지역에서 유래하였다.
꼬띠하 치즈는 염소 우유로 만들어졌으며
맛이 날카롭고 강한 편이다. 또한 색깔도
하얀 편으로 색깔만 보고 그 맛을 짐작했
다가는 약간 낭패에 빠질 수 있다. 보통 멕
시코의 파르마산 치즈라고 불리는데 맛은
꼬띠하가 더 강한 편이지만 조리의 마지막에 뿌려져 맛과 향을 잡아
주는 역할을 하는 것은 비슷하다. 염소 우유로 만든 치즈의 맛이 궁

금할 때 한방에 그 진한 맛을 알려줄 수 있는 치즈로, 콩죽에 간을 하듯 들어가기도 하고 샐러드 및 파스타 등의 요리 마지막에 뿌려지기도 한다.

● 께소 만체고 비에호 Queso manchego viejo

만체고 치즈가 더 숙성된 것이다. 겉은 진한 갈색이고 안은 진한 노랑빛이다. 작은 구멍들이 나 있는 경우도 있다. 일반 만체고 치즈

보다 진하고 강한 맛이다. 보통 얇게 저며 다른 요리의 커버처럼 사용하기도 하고 드라이한 와인을 마실 때 안주로 먹기도 한다. 멕시코의 치즈 맛을 알고 싶지만 치즈 마니아라면 좋아할 만한 치즈이다.

여기에 소개한 치즈는 대표적인 것으로 그 외에도 지역별로 발달한 치즈는 꽤 많지만 숙성에 따른 다섯 가지 기준으로 분류하여 대표적인 치즈들을 소개했다. 대형 슈퍼마켓의 치즈 판매대에서는 몬테레이 잭이나 기타 멕시코의 치즈도 구할 수 있다. 개인적으로 치즈를 먹고 익숙해지는 것이 그리 쉽지는 않았다. 보통 노란 슬라이드 치즈만 먹어본 사람들은 얼마나 넓고 광범위한 맛과 향의 세계가 있는지 잘 알지 못한다. 하지만 거부감이 적으면서도 치즈의 맛을 알아가는 데 멕시코산 치즈는 아주 유용하다. 그 특유의 담백함과 부드러움을 우리나라에서도 쉽게 즐길 수 있는 날이 빨리 왔으면 좋겠다.

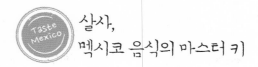

살사,
멕시코 음식의 마스터 키

사실 멕시코 요리 자체가 하나의 퓨전, 어쩌면 전 지구적인 퓨전이라 할 수 있다. 원주민의 음식문화에 스페인으로 대표되는 유럽의 음식문화가 들어왔다. 하지만 유럽의 음식문화만 들어온 것이 아니었다. 스페인 남부는 15세기 말까지 이슬람의 땅이었다. 터키의 케밥이 연상되는 따꼬의 모습에서 그리고 볶음밥을 즐기는 모습에서 아랍의 영향을 느낄 수 있다. 또한 각종 향신료 또한 유럽만이 아니라 아랍적인 요소 또한 갖고 있다. 카리브 해 연안지역에서는 아프리카 이주민들을 통해 자연스럽게 중서부 아프리카 음식문화가 들어왔다. 물론 전 지구적인 퓨전이라고 말하기에는 아시아적 요소가 적다. 하지만 앞으로 어떻게 변할지는 쉽게 짐작하기 어렵고, 점점 더 아시아적 경향은 커질 것이다.

우리는 고추를 먹고 토마토를 먹고 옥수수와 감자를 먹는다. 모두 라틴아메리카가 원산지인 작물들이다. 하지만 우리의 음식문화가 멕시코에 그리고 라틴아메리카에 전해준 것은 거의 없다. 물론 식재료에서 두 음식문화의 접점을 본능적으로 느끼는 분들이 많을 것이다. 그것은 바로 매운맛이다.

하지만 본질적인 차이가 있다. 우리 음식은 간을 할 때 이미 고추와 마늘 등이 들어가 음식 자체가 맵지만 멕시코 요리는 일반적으로 맵지 않다. 다만 곁들여 먹는 살사가 좀 매울 뿐이다.[42] 매운맛은 우리 음식이나 태국 혹은 중국 사천 지방의 특징만이 아니다. 고추의 원산지인 멕시코 요리를 상징하기도 한다. 그러므로 멕시코 요리의 세계로 들어가는 지름길은 멕시코 매운맛의 핵심인 살사에 대해 알아보는 것이다.

요즘 우리 양념에 대한 관심이 국내외로 뜨겁다고 한다. 양념이란 말은 약념(藥念)에서 왔다는 설이 있다. 그저 음식의 맛과 향을 돋우는 것이 아니라 몸에 도움이 되는 약으로서의 효용이 높아 약이란 생각으로 먹는다는 데서 이 명칭이 유래했다고 한다. 우리나라의 발효 방식과 비교하기는 어렵지만 멕시코 음식의 살사는 이 약념에 딱 들어맞는다고 해도 과언이 아니다. 기본재료가 토마토, 고추, 양파이다. 전 세계적으로 공인된 건강 식재료이다. 여기에 리몬즙[43]이 거의 모든 음식에 들어간다. 항암작용과 혈액을 맑게 해주는 등 성인병을 예방하는 기능이 있는 것으로 잘 알려진 재료들이 서로 섞인 살사는 그 자체로 약념이라 할 수 있다. 물론 그것만이 아니다. 대표적인 멕시코 음식으로 알려진 따꼬는 사실 어떤 음식을 지칭하는 것이 아니라 먹는 방식을 말한다고 봐야 한다. 옥수수 토르띠야에 갖은 고기와 채소와 살사를 얹어 먹는 것, 그 방식이 바로 따꼬인 것이다. 따꼬는 사실 어떤 고기와 채소를 얹어 먹는가에 따라 맛이 결정되지 않는다. 바로 어떤 살사를 넣어 먹은 것이냐에 따라 맛이 결정된다. 클래식에 정통한 분들은 알 수 있는 부분인데 아무리 유명한 교향악단도

---

42 '좀'이라 표현한 것은 불닭을 즐기는 사람이라면 멕시코 요리는 매운 듯 마는 듯으로 느낄 수 있기 때문이다.

43 레몬즙이 아니라 리몬즙이라 표현한 이유는 둘이 서로 다르기 때문이다. 4부 「키워드로 보는 멕시코 음식과 문화」에서 좀 더 자세히 설명할 것이다.

지휘자가 누구냐에 따라 어떤 미묘한 차이를 띠게 된다. 살사는 마치 멕시코 음식의 지휘자와 같다. 각 재료가 하나의 하모니를 만들 수 있는 매개체가 바로 살사이다. 마치 교향악단의 지휘자와 같은 것이다. 이것은 우리 음식과 흡사한 점이다. 각 재료가 하나의 음식에 녹아 흐르는 맛의 조화가 멕시코 음식에서도 살사를 매개로 이루어진다.

● 몰까헤떼에 간 살사 멕히까나

● 쌈장과 살사 멕히까나의 퓨전

멕시코는 현재 성인 비만인구 비율로 치면 2위이다.(1위는 미국이다.) 또한 아동 비만율은 세계 1위이다. 사실 음식으로만 보면 1위에 올라야 한다. 음식이 대부분 기름을 둘러 데치거나 튀기는 요리이고 고기도 많이 먹지만 기름진 요리를 유난히 많이 먹는데 사용하는 기름이 돼지비계로 만든 만떼까일 경우가 많고 청량음료는 개인당 하루에 2리터 정도를 먹는다. 이런 식생활에 운동도 특별히 하지 않으면서 사실 성인병으로 죽지 않는 것이 다행일 정도로 느껴질 때가 많다. 음식도 음식이지만 주전부리를 자주 먹고 그 주전부리라는 것이 엄청나게 달고 짠 것들이 대부분이다. 어찌 보면 멕시코 음식에는 가볍거나 상쾌한 느낌보다는 굉장히 무거운 느낌으로 다가오는 경우가 많다. 확실히 고칼로리이며 고지방 고단백이고 염분 함유도 높다.

그런데 이들을 살리는 것이 있으니 그것이 바로 양파, 토마토, 고추 그리고 라틴아메리카 스타일(라임과 레몬의 중간 형태)의 리몬[44]이다. 멕시코의 양파와 토마토 그리고 고추의 소비량은 엄청나다. 양파와 토마토 그리고 고추가 성인병을 예방하고 치료를 돕는다는 것은 잘 알려진 사실이다. 게다가 우리나라에서는 경험하기 힘든 맛의 조합을 경험하게 되는데 이것이 바로 느끼하면서 새콤 매콤함이다.(경우에 따라 여기에 달콤함이 첨가될 수 있다.) 느끼한 요리를 상큼하게 혹은 덜 느끼하게 만들어주는 것이 바로 리몬즙과 고추, 다시 말해 매콤 새콤한 맛이다. 여기에 양파의 시원한 매운맛과 토마토의 약간 달면서도 시원한 맛이 합쳐지면 느끼한 느낌은 거의 남지 않고 상큼하고 매콤한 요리만이 남는다. 여기에 몇 가지 향신료가 더해지면 느끼한 요리는 이미 사라지고 상큼하고 특이한 향의 요리가 기억에 남게 된다.

그런 맛의 마법이 바로 살사에서 시작한다.

그런데 음식의 맛이 소스인 살사에서 시작한다고 하면 음식 주재료의 맛이 아니라 살사에 의해 좌우된다고 약간 멕시코 음식이 격이 낮은 것이 아니냐는 생각을 하는 분들이 있을 수 있다. 적어도 우리나라의 음식 혹은 유럽의 음식이 더 격이 높은 것 아니냐는 생각은

---

44 사실 이 과일은 일본에서 자주 이용하는 시트러스 스다치와 아주 흡사하다. 사진 상으로는 같은 것으로 보이지만 개인적으로 일본의 스다치를 먹어보지 못해 확실히 같은 것인지는 모르겠으나 라틴아메리카의 리몬이나 스다치의 경우에도 비타민C의 경우 레몬의 1.5배가 들어 있으며 감기 및 독감 예방 효과도 있고 혈당이 높아지지 않도록 조절해주는 기능과 심신을 안정시키고 스트레스를 해소해주는 기능이 있다고 한다. 멕시코의 경우 거의 모든 음식과 음료, 술 등에 이 리몬즙이 들어간다고 해도 과언이 아니다. 4부 「키워드로 보는 멕시코 음식과 문화」에서 좀 더 자세히 언급할 것이다.

쉽게 할 수 있다. 사실 음식의 서열을 생각하는 것, 더구나 다른 문화권의 다른 음식에 서열을 매기는 행위는 참 무례한 것이다. 맛이라는 것은 어쩔 수 없이 세밀한 부분에서는 주관적일 수밖에 없다. 여기에 우리의 음식문화가 장에서 시작한다고 하면, '음식 맛은 역시 장맛이지.'라는 생각을 하면서 멕시코 음식의 맛, 건강까지 챙겨주는 그 마법이 바로 살사에서 시작된다고 할 때 그 이야기를 듣고 편견을 갖는 것은 어쩌면 문화적 제국주의에 빠져 있는 것을 반증하는 것인지도 모를 일이다. 물론 우리의 장은 콩을 기본으로 발효한 것으로 간장, 된장, 고추장 모두 보통 정성으로는 만들 수 없는 우리 음식 문화의 정수이다. 하지만 발효라는 과정이 양념의 모든 것을 말하는 것은 아니다. 게다가 중요한 것은 멕시코의 맛, 그 시작이 바로 살사라는 것이다. 물론 그 시작마저도 그리 단순하지는 않다.

4가지 대표적 살사

● **멕시코 살사의 대표, 살사와 샐러드 사이 살사 멕히까나 혹은 삐꼬 데 가이요**
살사 멕히까나가 삐꼬 데 가이요$^{Pico\ de\ gallo}$라 불리는 이유는 채 썬 재료들이 마치 닭이 쪼아 놓은 것 같다는 이유이다. 처음 살사 멕히까나를 보면 이게 양념인지 아니면 그냥 작은 샐러드인지 헷갈리기 마련이다. 채 썬 토마토와 양파 그리고 고추 등이 섞여 있는 모습을 보면 그건 그냥 샐러드 아닌가 하는 생각이 들 정도이다. 전체적으로 살사 멕히까나는 상큼하고 시원한 맛이다. 약간 맵지만 시원하게 매운맛으로, 느끼할 수 있는 튀김류 요리나 약간 기름진 요리를 상큼하게 만들어주는 효과가 있다. 또한 그 자체로 성인병을 예방해주

는 음식 혹은 약이라 할 수 있는데 잘 익은 토마토와 양파 그리고 고
추와 리몬즙 여기에 실란트로와 지역에 따라 다진 마늘이 들어가기
도 하기 때문이다. 성인병을 예방하고 건강에 좋다는 재료들이 섞여
있으니 사실 살사 멕히까나를 자주 먹는 것은 어떤 면으로 종합 비
타민을 먹는 것과 흡사하다고 할 수 있다. 아니 식이섬유까지 먹으니
약보다 좋다 할 것이다.

살사 멕히까나 참 모습은 국 요리에 곁들이는 순간 나타난다고 할
수 있다. 상큼하면서도 시원한 국물의 맛을 잡아주는 효과가 있으며
특히 토마토의 달달한 맛이 국을 더 감칠맛 있게 만들어준다. 건더기
로 씹히는 토마토와 양파의 식감도 좋은 편이다.

＊만드는 법(4인 기준)

- 잘 익은 토마토 3개를 반으로 잘라 안의 씨를 뺀 후 종으로 횡으로 채 썬다.
- 양파 반개를 잘게 채 썬다.(보라색 혹은 붉은 책 양파를 쓰는 것이 더 좋다.)
- 할라뻬뇨 고추 1개 혹은 약간 매운 풋고추 2~3개를 씨를 빼고 잘게 채 썬다.
- 취향에 따라 실란트로 이파리 두 스푼(혹은 미나리 등의 우리나라 채소로 대신할
  수 있다.) 그리고 다진 마늘 1~2쪽을 넣어준다.
- 리몬 2~3개(멕시코 기준, 라임일 경우 1개)를 즙을 낸다.
- 취향에 따라 후추 및 소금을 첨가한다.(소금과 후추의 양에 따라 살사 멕히까나

의 맛이 완전히 달라질 수 있으나 살사 멕히까나는 살사, 즉 소스이므로 간이 너무 강하면 주재료가 간이 되어 있는 경우 맛을 상하게 할 수 있다.)
- 위의 재료를 잘 섞은 후 서로의 맛이 조화를 이루게 하기 위해 약 30분 정도 기다렸다가 먹으면 제일 맛이 있다. 냉장고에 밀봉해서 보관할 경우 2~3일 정도 먹을 수 있다. 다만 또르띠야가 상대적으로 작고 들어가는 내용물이 고기 종류 혹은 고기와 채소 볶음일 경우 살사 멕히까나가 약간 부담스러울 수 있다. 이럴 경우 넥타 형식의 토마토 살사를 사용하는 경우가 있다.

* 토마토 살사 만드는 법

- 잘 익은 토마토 4개를 씨와 껍질 모두 제거하고 4조각으로 썬다.
- 양파 반 개 혹은 취향에 따라 1/4을 1~2cm 정도로 썬다.
- 세라노 고추 2개 또한 1~2cm 정도로 썬다.(할라뻬뇨보다 매우며 우리나라 청량 고추를 사용해도 된다.)
- 취향에 따라 실란트로와 리몬즙 그리고 소금을 첨가한다.
- 모든 재료를 믹서에 넣고 잘 갈아준 후 냄비에 넣고 약간 걸쭉해질 때까지 약불 혹은 중불에 가열한다. 더 새콤한 맛을 원한다면 살사가 걸쭉해진 이후에 리몬즙을 첨가하기도 한다.

눈치 빠르신 분들은 이미 알아차렸겠지만 이 살사의 맛은 케첩과 크게 다르지 않다. 차이가 있다면 단맛이 다르다는 정도일 것이다. 현재 우리가 먹는 케첩이 더 달다. 케첩의 유래는 다양하며 유럽, 심지어 중국에서 그 기원을 찾기도 한다. 하지만 토마토가 들어간 현재 우리가 케첩이라 부르는 것은 토마토 살사에서 직접적으로 유래되었다. 멕시코 각 가정에서 그 집안 분위기에 따라 즐기던 토마토 살사를 상품화하고 케첩이라 이름을 붙여 현재까지 판매하고 있다는 것은 묘한 교훈을 준다. 그 기원과 유래에 상관없이 상품화하여 등록하고 유통시키면 그걸로 끝이라는 것이다. 우리도 우리의 음식문화를 지키고 더 발전시켜야 할 것이다. 그런 면에서도 멕시코 요리는 좋은 참고 대상이다. 토마토 살사와 비슷하지만 더 맛이 진한 살사 따께라Sasa taquera도 있다. 따꼬에 어울리는 살사라는 의미인데 만드는 방법은 2가지이다.

먼저 간편한 방법은, 껍질과 씨를 제거한 토마토 2개, 말린 고추 4~5개를 냄비에 기름 없이 볶다가 양파 1/4 혹은 1/2개, 마늘 1~2쪽, 취향에 따라 실란트로와 소금 등을 넣고 믹서에 갈아서 만드는 방법이 있고 철판에 토마토와 고추를 볶듯 구워주고 이후 몰까헤떼Molcajete, 거친 화산암 혹은 현무암으로 만든 멕시코 전통 절구에 넣고 갈아주면 재료는 좀 더 부드럽고 씹히는 맛도 좋다. 우리나라의 맷돌을 연상하기 쉬우나 그 모양은 약국에서 사용하는 절구와 비슷하다. 살사 따께라, 토마토 살사의 경우도 마찬가지로 조금 더 달콤한 맛을 원한다면 양파를 함께 처음부터 굽거나 볶으면 된다. 너무 익히면 씹는 맛이 덜하며 덜 익힌 경우 소스로서 본 재료의 맛을 살리지 못하고 서로 따로 놀게 된다.

여기에 우리나라 쌈장과 살사 멕히까나와의 퓨전을 소개한다. 물론 개인적인 아이디어이나 이런 생각을 하신 분들은 적지 않았을 것으로 본다. 쌈장은 된장의 비율을 고추장에 비해 약간 높게 하고 마늘을 너무 으깨지 말고 살짝 씹힐 정도로 다지는 것이 좋다. 또한 살사 멕히까나는 하루 전날 만들어 냉장고에 보관하는 것이 좋다. 하루 정도 보관하면 토마토와 양파 등에서 물이 나오는데 이 물을 이용하면[45] 쌈장을 달콤하고 좀 더 부드럽게 만들 수 있다. 이 둘을 1:1

45 약간 거부감을 갖는 분들이 있었으나 토마토 물과 양파의 물은 달달하고 시원하다.

로 잘 섞어준 후 약간 묽은 느낌으로 쌈에 넣어 먹으면 된다. 특히 토마토와 양파의 시원한 맛이 쌈장의 고소한 맛에 더해져 식감을 더 좋게 한다. 먹기 전에 참기름을 넣으면 참기름의 강한 향이 다른 재료의 향과 잘 어울리지 않으므로 쌈장을 만들 때 먼저 넣거나 올리브유로 대체하는 것도 좋은 방법이다. 참기름의 향이 나야 쌈장이라는 생각을 하는 분은 마지막에 넣어도 무방하다. 하지만 개인적으로 마지막에 깨를 뿌리고 리몬즙을 넣는 것이 재료들의 맛을 살리는 방법이라 생각한다. 쌈살사(쌈장+살사)는 섞은 후 2~3시간 정도 지난 후 먹는 것이 제일 좋은데 재료들이 자신의 맛을 잃지 않으면서도 서로 잘 어우러지기 때문이다. 고기를 비롯한 주재료의 풍미를 해치지 않으면서 더 감칠맛을 나게 해주는 것으로, 상추에도 배추에도 잘 어울린다. 실란트로 등의 향신료가 거슬릴 경우 미나리 혹은 쪽파 등으로 대체하는 것도 나쁘지 않다. 로스구이보다는 뒤에 나오는 라틴 스타일 숯불구이처럼 큰 덩어리 고기를 먹을 때 더 풍미를 살린다.

●녹색 토마토 그 신선한 맛, 살사 베르데

요새 블랙스완이란 영화로 주목을 받았던 존 애프넷 감독은 1992년 〈후라이드 그린 토마토Fried Green Tomatoes〉라는 영화를 만든다. 여성이 여성에게만 들려주는 이야기라는 특이한 소재로 폭력적인 남성의 세계와 평화로운 여성의 세계가 대조되며

●푸른 토마토

특히 잘 익은 토마토를 으깬 후 하루 정도 냉장고에 두면 맑은 물이 올라오는데 이물을 이용하면 설탕을 넣지 않아도 은은한 단맛과 시원한 맛을 낼 수 있다. 어쩌면 토마토 육수라고 부를 수도 있을 것이다.

대표적인 페미니즘 영화로 꼽힌다. 물론 여기서 언급하는 이유는 바로 이 그린 토마토 때문이다. 보통 푸른색의 토마토는 덜 익은 것이라 생각하기 쉽다. 하지만 특이하게 꽈리 안에 들어 있는 녹색 토마토가 있다. 다 익어도 녹색이며 보통 토마토처럼 익은 후 물러지거나 그러지 않는다. 우리나라에서는 보기 어려우며 그래서 그 맛도 상당히 인상적이다. 녹색 토마토는 붉은 일반 토마토에 비해 더 상큼하면서 단맛은 조금 떨어진다. 하지만 상큼한 맛과 특유의 향 그리고 매운맛이 어우러져 상당한 하모니를 만들어낸다. 특히 자극적인 맛을 싫어하고 상큼한 맛을 선호하는 여성들에게 더 어울리는 살사이다. 멕시코에서 꽈리 혹은 푸른 토마토를 또마띠요Tomatillo라고 부르는데 그 이유는 일반 토마토보다 작기 때문이다. 작은 자두만 한 크기이다. 또한 일반 토마토보다 더 견고한 조직으로 되어 있어 그냥 생으로 먹기보다는 굽거나 익혀 먹는 것이 좋다. 또한 기타 꽈리를 비롯하여 이파리 등에 독성 성분이 있으므로 토마토를 제외한 부분은 식용으로 사용해서는 안 된다.

＊ 만드는 법(4인 기준)

사실 푸른 토마토를 이용한 살사 베르데를 만드는 데에 그리 특별한 방법이 있는 것은 아니다. 토마토의 껍질을 제거한 후 구워주거나 기름 없이 볶아주고 푸른 생고추 2~4개를 넣어주고 양파 1/2 혹은 1/4개, 마늘 1~2쪽, 실란트로와 소금도 역시 취향에 따라 넣고 갈아주면 된다. 다 만든 후 리몬즙도 취향에 따라 뿌려주면 좋다. 특히 상큼한 맛이 더 강조되고 향도 더 좋아진다. 보통 3~4시간 숙성시키는 것이 더 맛있다. 하지만 붉은 계열의 살사와 비교해서 푸른 살사는 전혀 다른 소스로 볼 수 있을 정도로 그 맛이 다르다. 물론 붉은색과 푸른색의 대조 또한 무시할 수 없지만 말이다.

살사 베르데salsa verde는 붉은색
의 살사보다 더 많은 멕시코 음식
에 들어가며 전통적인 맛의 상징
하기도 한다. 사실 꽈리 토마토, 푸
른 토마토에서 붉은 토마토가 생겨
났다고 한다. 원래 토종 토마토는
푸른 토마토라고 한다. 엔칠라다

●살사 베르데

Enchilada, 칠라낄레스Chilaquiles 등과 또
르띠야를 동그랗게 말아 지지거나 볶거나 튀기는 요리나 따꼬 도라
도Tacos dorados를 먹을 때 어울리는 살사이다. 또한 살사 베르데에 얼마
나 익숙한지가 멕시코 음식에 얼마나 익숙한가, 멕시코 음식의 맛을
알고 있는가에 대한 바로미터가 되기도 한다.

중미 지역을 여행할 때 약간 조심해야 하는 것이 있는데 중미의
일부 지역에서 살사 베르데란 꽈리 토마토로 만든 것이 아니라 고
추, 특히 할라뻬뇨 고추 등을 갈아서 만든 고추즙인 경우가 있기 때
문이다. 물론 시원하게 매운 것이 우리나라 사람들이 좋아할 살사이
긴 하지만 매운맛에 그리 익숙하지 않은 사람들에게는 약간 버거울
수 있다.

●치뽀뜰레, 모든 핫소스의 아버지

보통 살사 로하Salsa roja로 불리기도 하는데 살사 로하는 색깔로만
표현된 것으로 붉은 살사가 꽤 많기 때문에 무엇이 진짜 살사 로하
인지는 알기 어렵다. 사실 따꼬를 파는 따께리아마다 저마다의 살사
로하를 갖고 있는 경우가 많다. 치뽀뜰레Chipotle는 나와뜰 언어, 원주
민 언어로 구운 고추, 혹은 훈제된 고추라는 의미이다. 가을을 대표

하는 우리나라 이미지 중 하나는 마당에서 고추를 말리는 것이다. 잘 말린 고추는 검붉은 색을 띠게 되는데 우리나라의 경우는 잘 빻아 가루를 만들어 사용한다. 된장찌개나 기타 탕과 국의 마지막 순간에 들어가는 한 숟가락의 고춧가루는 마술처럼 시원한 맛을 불러온다.

이와 비슷하면서도 다른 것이 바로 치뽀뜰레이다. 보통 할레뻬뇨 고추를 사용하지만 꼭 할레뻬뇨 고추만을 고집할 필요는 없다. 붉게 잘 익은 고추를 겉이 쭈글쭈글해질 때까지 기다린 후 갈고 열을 가하면서 넥타 형태로 즙을 내며 이 과정에 토마토 넥타 혹은 주스 그리고 감칠맛을 내기 위해 약간의 설탕이나 사탕수수 액이 들어가기도 한다. 잘 갈려 진한 액체 상태가 되면 치뽀뜰레가 완성된 것이다. 치뽀뜰레는 우리나라 한 숟가락 고춧가루와 같은 역할을 한다. 우리나라와는 다르게 멕시코에서는 고추가 붉어지면 단맛이 강해지고 매운맛이 덜해진다. 풋고추 같은 푸른 고추가 오히려 더 맵다.

물론 진짜 매운 고추는 모양도 좀 다르고 노랑이거나 주황색이다.[46] 그래서 외국인들, 특히 매운맛에 익숙하지 않은 외국인들에게 치뽀뜰레는 그저 매운 소스이겠지만 우리나라 사람들에게는 물에 갠 고춧가루 같은 느낌일 것이다. 게다가 토마토 즙과 설탕의 감칠맛이 더해져 상당히 매력적인 소스로 인식될 수 있다. 진한 고추의 풍미, 말린 고추를 즙을 낸 그 진한 맛은 특히 육류 및 기타 따꼬의 맛과 향을 진하게 만들어준다. 특히 매운맛만큼이나 매운 향, 고추 향의 풍미는 상당히 매력적이다.

만드는 법은 앞에서 소개한 것처럼 그리 복잡하지 않다. 반 건조된 고추를 가열하면서 갈다가 너무 되면 토마토 즙을 넣어주고 잘 갈린 상태에서 설탕 혹은 사탕수수 액을 넣어 맛을 조절한다. 기호에 따라 소금, 후추 혹은 리몬즙을 곁들일 수도 있다.

치뽀뜰레는 모든 핫소스의 아버지라 할 수 있다. 명칭에서도 알 수 있듯이 원주민들이 먹던 살사이다. 또한 멕시코와 미국 남부에서 핫소스로 사랑받는 살사 발렌띠나Salsa Valentina는 묽은 치뽀뜰레라고 할 수 있으며 고추로 만들어진 모든 핫소스는 반 건조 고추로 넥타를 만들고 여기에 식초, 설탕 등을 넣어 만든 것이다. 오히려 치뽀뜰레보다 그 원료나 제조 과정은 단순하다고 할 수 있다.

치뽀뜰레는 통조림으로 팔기도 하고 현재는 시장 등에서 살 수 있으나 예전에는 좀 힘들었다. 치뽀뜰레는 집에서 만들기도 쉽고 그 재료나 맛도 집집마다 좀 다르다. 하지만 요즘에는 시장에서 사는 경우가 많아졌다. 물론 통조림으로 된 제품은 슈퍼에서 살 수도 있다.

---

46 하바네로 고추이다. 4부 「키워드로 보는 멕시코 음식과 문화」에서 좀 더 자세히 설명할 것이다.

하지만 정말 안타까운 점은 통조림에 그 고추의 풍미, 향이 담기지 못한다는 것이다. 개인적인 의견이지만 향이 없는 치뽀뜰레는 향기 없는 꽃과 같다. 그리고 멕시코 사람들과 우리나라 사람들의 공통점이 있는데 고추의 향, 볶고 갈 때 풍겨오는 고추의 향을 맛있는 향이라 느낀다는 것이다. 입에 침이 고이는 맛있는 냄새, 이 향이 살아 있어야 진짜 치뽀뜰레가 아닐까?

●과까몰레|El guacamole

일반적으로 살사라고 하면 강렬한 맛이 대부분이지만 과까몰레의 경우엔 부드러우면서 담백한 맛이다. 또한 은은하게 상큼하면서도 매워서 잘 질리지 않는 살사이다. 또한 그 자체로 바로 빵에 발라 샌드위치를 만들 수 있다. 물론 국내 대형 슈퍼에서 아과까떼 혹은 아보카도를 구하는 것이 그리 어렵지 않으므로 한번 도전해볼 만한 살사이다.

* 만드는 법(4인 기준)

- 잘 익은 아과까떼 2~3개를 반을 가른 후 씨를 빼고 숟가락으로 으깬다.
- 양파 1개, 고추(청양고추) 3개에 취향에 따라 잘 익은 토마토 1개를 채 썬 후 으깬 아과까떼와 잘 섞어준다. 시원한 맛을 원하면 양파를 더 넣어주고 매운맛을 원하면 고추를 더 넣어준다. 토마토는 필수는 아니지만 넣으면 더 맛있다.
- 취향에 따라 소금, 후추, 설탕 및 실란트로를 곁들여도 된다.

더 쉽게 만드는 방법은 아과까떼 3개의 속을 믹서에 넣은 후 살사 멕히까나, 경우에 따라 살사 베르데 1/2, 1/4컵을 믹서에 넣고 2~3분 정도 갈아주면 먹을 만한 과까몰레를 만들 수 있다. 또한 살사가 준비되어 있을 경우 만드는 시간은 5분 이내가 된다. 이후 상큼한 맛을 위해서 리몬즙을 첨가하고 소금과 후추로 간을 하면 바로 먹을 수 있다.

과까몰레는 그냥 살사라고 부르기엔 약간 부담스러운 느낌인데 실제 아과까떼가 진하며 배도 부른 재료이기 때문이다. 그래서 칩에 찍어 먹거나 그냥 과까몰레만으로 또르띠야에 싸 먹어도 좋다. 또한 빵 사이에 들어가면 웬만한 샌드위치와 비슷한 느낌이다. 하지만 고기 등의 재료와 어울리게 되면 약간 부담스런 느낌이다.

과까몰레와 으깬 감자에 다진 양파와 고추를 곁들이면 아침에 바게트 빵에 발라 샌드위치처럼 먹을 수 있다. 상당히 든든한 아침 메뉴이다. 특히 아과까떼의 양질의 지방(오메가3)은 견과류에 비해도 적지 않은 편으로 수험생, 샐러리맨들의 아침식사로 아주 훌륭하다고 할 것이다. 빵, 바게트, 비스킷, 옥수수 칩 등 다양한 빵, 과자류와 어울린다. 하지만 무엇보다 피부에 좋다고 한다. 항산화, 노화방지에 도움이 되어 팩의 재료로 사용되기도 한다.

PART 02

코스별 멕시코 음식

   2부에서는 코스 요리라는 포맷으로 멕시코 요리를 소개할 것이다. 우리 음식의 특징은 국과 밥 혹은 찌개와 탕을 기본으로, 메인요리라 간주할 수 있는 요리가 있다고 해도 밑반찬이란 개념으로 적게는 3종류 많게는 30종류 이상의 반찬이 있다. 반찬이란 개념은 우리에게는 너무 익숙하지만 사실 중국음식에는 짜차이라고 하는 저린 무가 있고 일본요리에는 단무지 혹은 저린 배추 정도가 있긴 하지만 그 가짓수나 조리의 수준으로 봤을 때 우리의 반찬과 비교할 수 없다. 물론 코스 요리 이야기를 하고 왜 반찬이야기를 하는지 의아해하는 분들이 있을 수 있지만 이 코스 요리의 수직적 순서를 수평적으로 바꾸면 우리의 밥상과 상당히 비슷해진다. 물론 애피타이저의 개념이 우리나라에서 그렇게 일반적이지는 않지만 식사를 하기 전에 호박죽 등의 간단한 먹을거리를 먹는 경우가 없는 것은 아니다. 그다음에 나오는 국 요리, 샐러드, 볶은 밥과 스파게티 그리고 메인 요리를 한 상에 펼쳐놓으면 반찬이 있는 우리의 밥상과 아주 흡사한 느낌이다. 그렇다면 맛을 즐기는 방법이 차이가 있다는 말인데, 밥도 먹고 국도 먹고 반찬도 먹고 이런 방식으로 먹는 것과 순서대로 국을 마시고 샐러드를 먹고 메인 요리를 먹는 것에 어떤 우열관계가 성립된다고 보기는 어렵다.

물론 이런 말은 할 수 있을 것이다. 밥상의 주인이 다르다는 것이다. 우리 밥상의 주인은 밥 그리고 국이라고 할 수 있다. 쉽게 밥이라는 캔버스에 다양한 음식이 물감이 되는 것이다. 캔버스와 어울리지 않는 물감이란 존재하지 않는 것처럼 밥과 어울리지 않는 음식을 찾는 것은 쉽지 않다. 우리 음식은 일반적으로 소박하며 단순하다고 생각하는 경우가 많지만 맛이란 기준으로 보면 상당히 다양한 조합이 밥을 중심으로 성립한다는 것을 어렵지 않게 알 수 있다. 서양식 코스요리가 선명하고 명백하게 순서대로 구별되는 맛을 선보이는 것과 우리 음식은 상당히 달라 보이고, 어떤 관점으로 보면 극단적인 대조가 되는 것 같지만 수직적 코스 요리를 한 상에 함께 올리면, 혹은 수평적인 우리 음식을 특성에 따라 순서를 정해 수직적으로 세우게 되면 같지는 않아도 비슷하게는 보일 것이다. 물론 한 끼 잘 먹는 것에 동서양의 구분이라는 것은 어쩌면 그리 큰 의미가 없을 수도 있다. 서술과 묘사를 통해 어떤 맛이 느껴지기를 바란다.

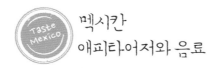
멕시칸
애피타이저와 음료

　　멕시코 요리는 앞에서 언급한 것과 같이 패스트푸
드 형태로 많이 알려져 있으나 일반적인 가정에서 먹는 요리나 일반
혹은 고급 레스토랑에서 즐기는 스타일의 멕시코 음식은 유럽 혹은
서양의 음식과 비슷하게 애피타이저, 본 요리, 디저트 등으로 구성되
어 있고 여기에 다양한 사이드 메뉴가 있어 풍성하게 즐길 수 있다.
어쩌면 라틴아메리카와 유럽의 결정적인 차이는 풍성함과 여유에 있
는지도 모르겠다. 현재 유럽과 우리나라 등 아시아 지역의 패스트푸
드점에서 음료수 리필이 없어진 지 한 10여년 되는 것 같은데 라틴아
메리카에서는 대부분의 패스트푸드점에서 아직도 음료수 리필이 가
능하다. 라틴아메리카의 풍요를 상징적으로 보여주는 예라고 할 수
있을 것이다.

　애피타이저라는 단어에는 우리의 입맛을 당기게 하는 마법이 있
다. 비록 지역적으로 떨어져 있긴 하지만 라틴아메리카의 경우, 애피
타이저로 유명한 안달루시아^{Andalucia} 지역의 타파스^{Tapas}를 포함한 다
른 유럽의 애피타이저들과 비슷하면서 다르다.

　멕시코와 메소아메리카의 전통대로 옥수수 반죽을 주로 사용하는
데 또르띠야의 경우 멕시코와 메소아메리카 어디에서나 쉽게 볼 수
있다. 메소아메리카에서 옥수수 반죽만으로 만든 또르띠야는 빵과
같은 역할을 하는데, 그 자체로 식기가 되기도 하고 본 요리의 주요
한 재료가 되기도 한다. 철판에 구운 또르띠야를 접어서 약간의 치즈

와 에빠소떼^{epazote1} 이파리를 한두 장 얹는 것만으로도 훌륭한 식사가 된다. 따꼬는 또르띠야를 부드럽게 또는 바삭하게 만들어 온갖 식재료를 싸서 먹는 요리이고, 또스따다^{Tostada2}는 또르띠야를 모양 그대로 굽거나 튀겨낸 후 다양한 요리를 얹어 먹는 것이다.

고르디따^{Gordita}, 빠누초^{Panucho}, 소뻬^{Sope}, 뜰라꼬요^{Tlacoyo} 또한 다른 방식으로 조리한 또르띠야에 각종 요리를 넣어서 만든다. 소뻬의 경우 또르띠야 가장자리를 약간 높게 빚어서 구운 다음 토마토가 베이스가 된 살사를 뿌리고 그 위에 다양한 재료를 올린 것이다. 조금 더 손이 많이 가는 엔칠라다^{Enchilada}는 플라우따^{Flauta3}, 빠빠술^{Papadzul4}과 거의 비슷하다. 어찌 보면 같은 음식을 지역에 따라 다르게 부른다고도 할 수 있다.

애피타이저를 서빙하는 장소에서는 늘 탄산수에 과즙을 섞은 음료가 담긴 커다란 항아리를 볼 수 있다. 과실수는 생과일, 물, 설탕을 넣고 만든 것으로, 따마린도^{Tamarindo}와 하마이까^{Jamaica} 음료는 특유의

---

1   중남부 멕시코가 원산지로 잎, 꽃, 익지 않은 과실을 신선한 상태에서 이용하며, 마른 후에는 강한 향을 가지고 있어 향신료로 이용한다. 에빠소떼는 주로 남부 멕시코와 과테말라의 전통요리에 이용되며, 스프, 샐러드, 고기음식에 신선한 상태로 또는 멕시칸 허브소스로 이용한다. 멕시코음식인 타코와 함께 먹는 '살사소스'를 만들 때 고추 및 파프리카와 생으로 혹은 삶아서 함께 넣어 조리한다. 종자에는 약 1% 정도의 에센스 오일이 들어 있으며, 묘사하기 어려운 강한 방향을 가지고 있어 구충제로 이용된다. 주로 감귤류, 꿀풀과 식물, 민트 또는 접착제와 같은 냄새와 비교되는 미묘하고 달콤한 향미를 가지고 있으며, 농업용어 사전에서는 '신선한 감귤류 방향을 지니고 있는 식물이다'라고 되어 있다. 에빠소떼를 콩과 식물 및 고추 등과 함께 먹으면 잠재적으로 장내 가스를 줄이는 효과가 있다.
2   멕시코의 또스따다는 스페인의 따빠^{Tapa}와 흡사한데 차이점은 바로 또르띠야를 사용한다는 것이다. 또스따다는 '구워진'의 의미인데 구운 혹은 튀긴 또르띠야를 사용하는 모든 요리를 가리킨다.
3   시날로아^{Sinaloa} 지역에서 주로 사용한다.
4   유까딴 반도 지역에서 주로 사용한다.

- 고르디따
- 하마이까
- 빠누초
- 소뻬
- 뜰라꼬요
- 엔칠라다
- 따마린도

향과 새콤한 맛이 청량감을 준다. 따마린도 과즙 음료는 마치 땅콩처럼 생긴 따마린도의 속살, 끈적끈적한 섬유질과 과즙을 희석시켜 만든 것이고, 하마이까 음료는 엄밀히 말하면 하마이까 꽃잎으로 만든 루비색의 냉차(冷茶)라고 할 수 있다. 특히 새콤하고 향기로운 하마이카 음료는 여성들이 선호하는 편이다. 잘 만든 하마이카 음료는 어떤 와인보다도 더 아름다운 루비색이 나기도 한다.

전통적으로 특별한 날에 먹는 음식이 따말이었다. 스페인 점령기 이전 원주민 사회에서 신랑 신부가 함께 따말을 먹는 것은 혼인의 상징이었다. 따말은 옥수수 반죽을 옥수수 잎, 토란 잎, 바나나 잎에 싼 후 쪄서 먹었다. 옥수수 반죽 안에 무언가를 넣기도 했고 그냥 옥수수 반죽만으로 쪄서 만들기도 하는데 원래는 신에게 바치는 음식 중 하나였다고 한다. 만드는 방식으로는 우리나라의 찐빵 같은 식감을 연상하기 쉬우나 옥수수를 그렇게 곱게 갈지 않고 또한 옥수수는 그렇게 찰기가 없기 때문에 약간 거친 느낌으로 씹히는 맛이 있다. 어떤 면으로 옥수수 빵과 같은 느낌인데 여러 음식과 어울릴 수 있는 밥과 같은 성격도 있으며 전통적인 방식으로 만들게 되면 꽤 어려운 음식이지만 현재는 가장 흔한 길거리 음식 중 하나이다.[5]

11월 2일 망자(亡者)의 날El día de muertos은 원주민들이 기리던 '선한 귀신의 날'과 날짜가 일치한다. 죽은 조상들은 지상에 남은 가족을 방문할 기회를 가지게 되는데, 이날이 바로 망자의 날이다. 지상에 남은 가족들은 당연히 하늘나라로 간 조상들을 대접해야 하며 천수국으로 집 안에서 제일 좋은 방과 묘지를 장식한다. 우리나라의 차

---

5 따말을 만드는 옥수수를 얼마나 곱게 갈았느냐에 따라 그 맛이 달라지는데 개인적으로는 너무 부드러운 것보다 약간 씹히는 느낌이 있는 따말을 더 선호한다.

례와 흡사하지만 그 방식은 제사와 흡사하다. 죽은 사람이 좋아했던 음식과 초를 놓고 제단을 장식하는데, 이때 빠지지 않고 먹는 음식이 따말과 초콜릿이다. 이때 초콜릿은 우리가 잘 알고 있는 초콜릿과는 사뭇 다르다. 과거에는 카카오의 씨앗을 볶아서 간 후 물에 섞은 다음 꿀로 단맛을 추가하고 고추나 바닐라향을 첨가했다.[6] 원래 이 음료는 일부 특권층에게만 허락되었는데, 에르난 꼬르떼스^{Hernan Cortes}가 아스떼까^{Azteca}의 마지막 황제였던 목떼수마 쇼꼬요친^{Moctezuma Xocoyotzin}이 금으로 된 컵에 마시는 것을 보고 자신도 맛을 본 후 유럽에 전파했다고 한다. 유럽에 도착한 초콜릿은 우유를 비롯한 몇 가지 재료를 가미한 뒤 상류 사회에 급속히 퍼졌다. 이때 초콜릿은 뜨겁고 진한 음료였는데 점점 진해지다가 고체가 되었다. 초기에 초콜릿 음료는 커피와 비슷한 방식으로 카카오를 볶아서 바로 추출하기도 했다. 물론 가까운 미래에 이런 방식으로 추출하는 초콜릿 음료가 유행할 가능성도 충분히 있다.

귀족층이 진한 카카오 음료를 마신 반면 서민들은 아똘레^{Atole}라 부르는 음료를 즐겼는데, 여기에는 옥수수 전분이 들어간다. 초콜릿 아똘레를 참뿌라도^{Champurado}라 부르는데 옥수수 전분에 카카오, 꿀이나 필론시오, 물 혹은 우유를 은은한 불에 오랫동안 저어 만들어 농도가 진하면서도 부드럽다. 취향에 따라 계피, 아니스, 바닐라 등의 향을 첨가하기도 한다. 현재의 쉐이크와 비슷한 형태, 뜨거운 쉐이크라 생각하면 될 것이다.

---

6   전통적인 방식으로 만든 쵸콜라떼는 더 진하고 향이 강하며 마지막에 부드럽게 매운맛이 난다. 약간 쓴 맛이 나므로 커피를 섞은 것 같은 느낌이나 커피의 쓴 맛과는 약간 다르다. 다크 초콜릿의 느낌과 비슷하다고 하면 이해가 빠를 것이다.

뿔께Pulque는 멕시코 전통 발효주이다.[7] 용설란을 가열하여 나온 수액에서 추출한 달짝지근하고 누르스름한 색의 액체를 발효시켜 만드는데 고산지대의 경우 아마릴리스과 식물에서 원액을 추출해서 발효시킨 뿔께도 있다. 스페인 점령기 이전에는 제식의 용도로 주로 사용되었다.

아쓰떼까인들에게 뿔께를 먹고 취하는 것은 노인들의 특권이었고, 젊은이들은 취해서 들킬 경우 심하게 처벌받았다.[8] 멕시코 중앙지역에서 주로 제조되고 소비되는 뿔께는 알코올 도수가 낮은 음료이며, 단백질과 비타민이 풍부하다. 또한 과야바, 샐러리, 파인애플, 뚜나Tuna(선인장 열매)를 첨가한 퓨전 뿔께도 만들어 먹었다. 전체적으로 우리나라의 막걸리와 흡사하며 그 맛도 그리 다르지 않으나 약간 더 신맛과 단맛이 강하다. 곡물을 발효하여 만든 술은 기본적으로 구수한 향이 있으나 식물의 수액, 꿀 등의 당질물을 이용해 발효한 술은 약간 시거나 단 것이 특징이다.

초기 라틴아메리카의 이주민들은 유럽에서 직수입된 와인과 위스키 등의 증류주만을 선호했다. 하지만 가격적인 문제, 가격보다 물량의 문제에 부딪치면서 자체 생산에 눈을 돌리기 시작했다. 원주민들의 술인 뿔께를 증류하여 더 높은 도수의, 좀 더 순도 높은 알코올 음료를 추출하려 했다. 이것이 오늘날의 메스깔 혹은 떼낄라이다. 푸른 용설란Agave Azul 종은 떼낄라 아가베라고도 하는데, 이 푸른 용설란으로 만들어 2회 이상 증류해야 진정한 떼낄라라고 할 수 있다. 떼낄라를 스트레이트로 마실 때는 통상 까바이또Caballito라고 불리는 좁

---

7 최명호, 『테킬라 이야기』, 살림, 2010, pp.48-53
8 최명호, 같은 책, p.63

고 작은 잔에 마시며, 소금과 리몬을 곁들여 먹는다. 이때 먹는 소금과 라임 대신에 상그리따^{Sangrita}라고 하는 토마토 주스, 오렌지 주스, 그리고 리몬 주스 등을 섞어 만든 음료를 안주처럼 마신다. 떼낄라의 명성이 전 세계적이기에 상대적으로 메스깔은 급이 떨어지는 술로 보일 수 있고 실제로 그런 이미지가 있기도 하다. 특히 떼낄라는 두 번 증류하고 메스깔은 한 번만 증류한다는 것이 마치 메스깔을 질이 떨어지는 술로 인식되게 하는데, 전통주의 관점이나 수공(手工)이라는 관점으로 보면 떼낄라는 산업적으로 만들어진 술이고 메스깔은 전통주로 구분할 수 있다. 용설란의 맛과 향이 살아 있어 향과 맛이 진하면서 다른 음식과도 잘 어울리는, 어떤 관점으로 보면 떼낄라보다 우리나라에서 더 인기를 끌 만한 술이 메스깔이다. 물론 이해를 돕기 위해 서로를 구분하여 설명하지만 사실 멕시코의 전통 증류주가 메스깔이고 그 안에 떼낄라가 있는 것이다. 떼낄라는 과달라하라의 떼낄라 시(市)를 비롯한 특정 지역에서 멕시코 법률에 따라 제조된 증류주를 일컫는 것으로 떼낄라가 메스깔과 완벽하게 구분되는 것은 아니다.

● 보통 스트레이트 잔보다 약간 크고 두꺼운 까바이또 잔

멕시코에서는 일반적으로 식당에 들어서면 음식 주문을 받기 전에 음료 주문을 먼저 받는다. 음식을 먹기 전에 음료 한 잔은 이미 전통으로 굳어진 것 같다. 보통 청량음료를 주문하거나 맥주를 주문하기도 한다. 보통 가벼운 음료를 주문하는 것이 일반적이다. 특히 멕시코 전역에 퍼져 있는 300개 이상의 샘에서 얻을 수 있는 탄산수는 미국에서 유행하기 이전부터 멕시코에서는 일상적이었다. 탄산수는 일반적으로 판매하는 청량음료에 비해 탄산 함유량이 아주 높아 예로부터 소화제로 사용되기도 했다. 화산 지형이 발달한 탓인지 우리나라 초정리 광천수와 흡사한 천연 탄산수가 흔한 편이다. 탄산의 함유량이 상당히 높아 우리나라에서 먹던 청량음료와 흡사할 것이라 생각하면 상당한 충격을 느낄 수도 있다. 순간적으로 식도를 타고 폭포처럼 내려가는 탄산의 강력함은 트림으로 확인이 가능하다. 물론 탄산수를 잘 보관하지 못하면 탄산이 보존되기 어렵다. 천연 주스에 섞인 탄산수는 상당히 부드러운 편으로 그리 긴장하고 마실 필요는 없다. 코카콜라와 펩시콜라 등의 시장으로 최고의 규모를 자랑하는 멕시코는 건조한 탓에 청량음료를 많이 마신다고 할 수도 있지만 탄산수를 마시는 것은 멕시코와 중미지역의 전통 중 하나였다. 그런 전통이 없었다면 세계 최고의 청량음료 시장이 되지는 못했을 것이다. 멕시코에서는 여전히 병에 담긴 청량음료가 많은 편이다. 병과 캔의 차이점의 아마도 탄산 충천도가 아닐까 싶다. 입안에서 터져 나오는 탄산의 상쾌함은 확실히 우리나라보다 강한 편이다.

코로나로 대표되는 멕시코의 맥주는 이미 세계적으로 인정받았으며, 내수 소비 규모도 상당한 편이다. 1544년에 처음으로 정부의 허가를 받아 공식적인 맥주가 생산되었는데, 이때 판매된 맥주는 보리, 설탕, 타마린드, 그리고 리마를 섞어 만든 것이었다. 300년 후 맥

●코로나 맥주

주 산업은 멕시코 식품 산업에서 무엇보다 중요한 위치를 차지했으며, 떼낄라와 더불어 전 세계로 수출하는 품목이 되었다. 특히 우리나라처럼 맑고 깔끔한 맛을 선호하는 곳에서는 멕시코산(産) 맥주가 사랑받을 가능성이 더 크다. 사실 맑고 깔끔한 맥주의 전 세계적 유행은 코로나를 통해 이루어졌다고 봐도 무방하다. 코로나 맥주의 특징은 또한 탄산 충전도이다. 코로나 맥주는 입안에서 터지는 탄산의 상쾌함과 리몬 혹은 라임즙 그리고 맑은 맥주가 만들어내는 삼중주이다.

와인은 일반적으로 프랑스와 이탈리아가 유명하다고 알려져 있다. 하지만 칠레를 비롯하여 라틴아메리카에는 유럽과는 다른 맛의 그리고 상당히 높은 수준의 와인이 생산되고 있다. 아르헨티나 우루과이 등이 특색 있는 와인을 생산하는 것으로 유명하며[9] 많은 애호가들의 사랑도 받고 있다. 멕시코의 경우 미국 캘리포니아 지역의 와인 생산 기술과 자본이 들어와 와인 산업은 해를 거듭할수록 더 발전하고 있다. 지역적 특색은 적으나 안정적인 맛이 유지되어 연도별로 맛에 특별한 차이가 없다. 유럽 와인들이 작황과 기후 등의 요소에 의해 해

---

9 말벡 혹은 말벡Malbec 그리고 따낫 혹은 타낫Tannat 등의 품종은 현재 유럽에서 거의 생산되지 않으며 아르헨티나와 우루과이에서 주로 생산된다. 물론 프랑스 보르도에서 말벡과 따낫이 생산되긴 하지만 그 양이 그렇게 많지는 않다. 와인 애호가라면 한두 병 정도 갖고 있을 만한 것이 아르헨티나와 우루과이의 와인일 것이다.

마다 그 맛이 판이하게 차이 나는 것과 달리 멕시코 와인은 일정한 수준을 유지하는 것이 특징이다. 바하깔리포니아$^{baja\ califonia}$, 께레따로 ^{queretaro}, 아구아스깔리엔떼스$^{aguas\ calientes}$ 주에서는 수백만 병의 와인을 생산한다. 멕시코 와인은 특별함보다는 보편성이 담보된 와인으로 어느 수준 이상의 맛을 유지하며 부담 없이 즐길 수 있다. 물론 가끔 굉장히 드라이해서 맵다는 느낌을 주는 와인도 있기는 하다. 아마 고추의 원산지다운 와인이라 할 수 있을 것이다.

한 잔의 맛있는 커피는 기분 좋은 식사를 마무리하는 훌륭한 후식이 된다. 커피의 원산지는 아메리카가 아니지만, 콜롬비아와 브라질, 과테말라 그리고 멕시코의 베라꾸르스와 치아빠스의 산악지대에서 세계적으로 인정받는 원두가 생산된다. 그리 진하지 않게 마시는 것이 보통이지만[10] 에스프레소, 까페라떼로 마시는 것도 훌륭하다.

멕시코에서 커피를 마시는 가장 전통적인 방법은 까페 데 오야^{Café} $^{de\ Olla}$로, 진흙으로 빚은 항아리 혹은 독에 원두를 그냥 넣기도 하고 갈아서 넣기도 한다. 여기에 계피와 사탕수수 시럽, 정제되지 않은 고체형 사탕수수 필론시요^{piloncillo}를 넣어 만드는데 우리나라 쌍화탕의 느낌과 비슷하게 약간 진하게 우러나올 때까지 은은한 불에 달이는 것이 특징이다.[11]

---

10 영화 〈바그다드 카페〉에 이런 장면이 나온다. 유럽에서 온 여주인공이 만든 커피를 맛보고 한 흑인이 너무 써서 물을 넣으려 하자 여주인공은 약간 화를 내며 물을 넣지 말라고 한다. 이해하지 못하겠다는 듯, 의아하다는 표정을 짓는데, 사실 아메리카 대륙에는 특정한 경우를 제외하면 석회질 함유가 높은 물이 많은 편이다. 커피나 맥주나 처음에는 식수대용으로 사용되었다. 그래서 유럽에서 건너온 이들이 만들었으나 농도가 옅은 편이다.
11 4부 「키워드로 보는 멕시코 음식과 문화」에서 좀 더 자세히 언급할 것이다.

멕시코의 또 다른 자랑, 맥주

멕시코에는 수많은 상품들이 수입되고 있으나 의외로 적은 것이 바로 외국 맥주이다. 세계적으로 유명한 하이네켄과 버드와이저 등이 수입되어 있긴 하지만 그렇게 판매량이 높지 않다. 물론 그 이유는 멕시코 국내 맥주의 수준이 높기 때문이다. 멕시코는 크게 두 개의 대형 회사가 시장을 나누어 갖고 있지만 각 지역별로도 다양한 맥주가 존재한다. 자국의 산업이 경쟁력이 있고 그 수준이 전 세계적이라면 외국의 그 어떤 공격에도 시장을 지켜낼 수 있다. 물론 그렇지 않은 경우라면 그 시장은 외국의 기업들에게 뺏길 것이다. 예를 들어 청량음료의 경우 멕시코와 라틴아메리카는 가장 중요하고 비중 높은 시장이다. 멕시코에 청량음료 기업이 없는 것은 아니지만 시장 대부분을 코카콜라와 펩시가 양분하고 있다.

미국의 경우와 마찬가지로 멕시코에서 맥주는 음료, 물 대신으로 음용되었기 때문에 유럽에 비해 도수가 낮았고 지역별로 다양한 맥주가 발달해 있다. 그런 이유로 멕시코에서 맥주는 술이라기보다는 음료와 비슷하게 인식되는 것 같다. 청소년들이 맥주를 마시는 것을 그리 문제시하지도 않으며 식사와 함께 곁들이는 음료로도 맥주는 아주 사랑받는다.

90년대부터 전 세계에 깔끔하고 상큼한 맥주가 유행하기 시작했다. 그 즈음에 우리나라에 등장한 것이 하이트 맥주이며 이후 경쟁자로 등장한 카스 또한 상쾌한 맛을 기본으로 하고 있다. 이런 상쾌함, 깔끔함, 상큼함 등이 맥주의 특징으로 등장하는 데에 상당한 영향을 미친 것이 바로 멕시코의 코로나 맥주이다. 노란 빛깔도 빛깔이지만 입안에서 부서지는 기포와 함께 진하지 않은 호프의 향은 마시는 데 전혀 부담이 없다. 또한 리몬 혹은 레몬, 라임즙 등을 곁들이면 입안에서 새콤한 향과 맛이 주는 청량감은 다른 청량음료 못지않다. 이런 이유로 세계에서 가장 많이 팔리는 맥주 중 하나로 코로나를 꼽을 것이다. 물론 작용 반작용은 항상 동시에 일어나는 현상인지라 상쾌하고 가벼운 느낌의 맥주가 유행하면 곧 유럽 느낌의 짙은 향과 깊은 맛의 맥주가 유행하기 마련이다. 물론 우리나라는 예외적이지만 쌉쌀한 맛의 맥주가 전 세계적으로 유행하고 있고 우리나라에서도 기네스를 비롯한 진한 맛의 맥주가 점점 인기를 얻고 있으므로 멀지 않은 미래에 우리나라에도 쌉쌀한 맛의 맥주가 유행할 가능성이 높다.

가장 큰 맥주 회사는 그루뽀 모델로Grupo modelo이며 코로나를 비롯하여 약간 숙성된 느낌의 코로나 바릴Corona barril, 그리고 코로나보다 조금 더 진한 맛과 짙은 느낌의 모델로 에스뻬시알Modelo especial, 흑맥주인 네그라 모델로Nrgra Modelo, 색이 좀 옅은 흑맥주 혹은 진한 라거 맥주라고 할 수 있는 빠씨삐꼬Pacifico, 레온Leon, 빅토리아Victoria 등이 그루뽀 모델로의 주요 상품인데 코로나가 제일 유명하지만 우리나라 입맛에는 더 진한 맛과 짙은 향이 느껴지는 모델로 에스뻬시알과 조금 더 숙성시켜 상대적으로 더 짙은 향과 색의 코로나 바릴barril 등이 더 어울린다고 할 수 있다. 여기에 비해 2위 자리를 지키고 있는 세르베세리아 꽈우데목 목떼수마Cervecería Cuauhtémoc Moctezuma[12]는 다양한 시

12 2010년 판매량으로 세계 2위이며 세계 3대 맥주회사 중 하나인 하이네켄이 세르베세리아 꽈우데목 목떼수마Cervecería Cuauhtémoc Moctezuma의 한 계열사인 펨사Femsa를 인수했다. 세르베세리아 꽈우데목 목떼수마 자체가 하나의 그룹으로 크게 두 개의 회사로 구성되어 있는데 펨사는 그중 하나로 편의점 체인 옥소Oxxo를 거느리고 있고 9개국에서 청량음료를 팔고 있으며 세계 제2의 코카콜라 병입 업체이기도 하다. 전체 지분에서 하이네켄이 20%를 차지하여 제1주주가 되었으며 이후 하이네켄의

●보헤미아 선물세트

도와 실험으로 점점 시장 점유율을 올리고 있다. 코로나와 비슷한 느낌인 상쾌한 맛의 솔Sol과 흑맥주인 인디오Indio가 주력 상품이나 현재는 다양화를 통해 각 제품의 시장 점유율을 올리고 있다. 무엇보다 눈길을 끄는 것이 바로 보헤미아Bohemia이다. 독일식 필스너German Pilsener 방식으로 만들어졌는데 독일의 대표적인 라거 방식으로 원래 보헤미아 지역에서 즐기던 맥주 스타일이라고 한다. 쌈싸래한 맛이 일품으로 그저 음료로 목 넘김만 좋은 것이 아니라 맛과 향 모든 면에서 아주 돋보이는 맥주이다. 특히 그 향이 마치 화이트 와인을 연상케 하는데 전 세계적으로 상도 꽤 많이 받았다고 한다. 이 보헤미아 맥주와 비슷한 맛의 맥주가 다른 라틴아메리카 국가에도 하나둘 생기기 시작했는데 보헤미아는 라틴아메리카에 고급 맥주 시장을 개척하고 있다고 해도 과언이 아니다.

흑맥주 브랜드도 있는데 비엔나 라거Vienna Lager 방식으로 만들어졌다. 첫맛은 쌈싸래하고 쓴맛이 강하지만 단맛으로 달달하게 마무리되는 매력적

●보헤미아 초콜라떼 스타우트

중남미 진출은 더 강해지고 있다. 또한 하이네켄을 통해 경쟁력 있는 멕시코 맥주가 세계에 소개되기도 쉬울 것이다. 맥주 시장으로서 중남미의 가능성은 상당히 높은 편인데 브라질의 맥주회사도 하이네켄이 인수하면서 시장 점유율 면에서 1위이며 미국 시장 점유율도 점점 올라가고 있다.

인 흑맥주이다. 얼마 전 한정품이긴 하지만 보헤미아 초콜라떼 스타우트Bohemia- Chocolate Stout가 판매되었다. 아메리칸 스타우트American Stout 방식으로 만들어졌으며 중간에 커피 혹은 카카오가 첨가된 것으로 진한 다크 초콜릿의 맛과 향이 느껴지는 맥주였다. 여기에 쌉싸래하면서도 부드러운 맛의 밀로 만든 바이스비어(Weissbier), 보헤미아 바이젠Bohemia Weisen이 판매되었다. 뒷맛이 은은하게 달달한 맥주이다. 이로써 보헤미아라는 브랜드가 지향하는 것이 깊은 맛과 향의 고급 맥주 혹은 유럽식 맥주라는 것이 확실히 증명되었다.

태양을 의미하는 솔은 그 황금빛이 태양빛을 연상케 한다. 얼마 전 새로 나온 솔 리몬이 살Sol limón y sal은 리몬즙과 소금이 들어간 맥주인데 마치 간이 돼 있는 것처럼 안주 없이 먹기에 적당하다. 여기에 고추즙 혹은 고춧가루가 들어가면 미첼라다Michelada라는 맥주 칵테일이 되는데 또한 안주 없이 즐기기 좋은 스타일이다. 대표적인 라거맥주로 도스 엑기스La cerveza dos equis(보통 Dos XX라고 표기한다.)라는 브랜드가 있는데 진하면서도 부드러운 맛을 즐기는 데에 적합하다. 하지만 우리나라 사람들은 현재도 맑고 상쾌한 맥주를 선호하고 그러면서도 뭔가 진하면서 향이 짙은 맥주를 원하기도 한다. 하지만 너무 향이 짙고 맛이 강하면 안주와 궁합이 안 맞고 또한 소위 시원하게 취하도록 마시기 어렵다. 사실 그런 맥주는 맛을 음미하며 한두 병 정도 즐겨야 할 것 같은 느낌도 있으니 말이다. 이런 모순을 해결하는 맥주가 있으니 바로 도스 엑기스 암

●엑기스 암바

바XX ámbar라는 맥주이다. 암바ámbar라고 하면 황갈색 혹은 짙은 호박색(쉽게 주황빛)을 띠는 맥주를 말하는데 햇빛을 받으면 상당히 예쁘게 빛난다. 보헤미아와 마찬가지로 비엔나 라거 방식으로 만들어졌으며, 이런 표현은 좀 애매하긴 하지만 보헤미아와 보헤미아 흑맥주를 섞은 느낌 혹은 솔에 보헤미아 흑맥주를 섞은 느낌이다. 부담 없이 향과 맛을 즐길 수 있어 어쩌면 우리나라 사람들에게 가장 잘 어울릴 만한 맥주라고 할 수 있다. 지금 바로 우리나라 맥주 시장에 출시되어도 상당한 사랑을 받을 것 같다. 현재 이태원의 멕시코 음식점에서는 얼린 마르가리따를 부드럽게 간 후 도스 엑기스 암바를 거꾸로 꼽아 빨대로 먹게 되면 갈린 마르가리따 사이로 은은하게 퍼져 나오는 도스 엑기스 암바를 맛볼 수 있다.

여기에 비해 그루뽀 모델로Grupo modelo는 부동의 1위인 코로나가 대내외적으로 확실한 자리매김을 하고 있다. 우리나라로 치면 하이트와 비슷하다 하겠다. 코로나는 아메리칸 애드전트 라거American Adjunct

●모델로 에스뻬시알

Lager 방식으로 만들어졌다. 이 방식은 호프 외에 기타 옥수수, 쌀 등의 잡곡이 첨가되는 형태로 코로나로 대표되는 가벼움, 깔끔함, 달달한 뒷맛 등이 특징이다. 이 방식으로 만들어지는 맥주는 비단 코로나만이 아니라 모델로 에스뻬시알modelo especial, 떼까떼tecate, 빠시삐꼬pacífico, 솔sol 등 대다수의 맥주들, 특히 음료처럼 마시거나 음식과 곁들여도 부담이 없는 맥주들이다.[13] 물론 다들 약간의 맛 차이가 있지만 보통 모델로 에스뻬시알이 우리나라 카스와 맛이 비슷하다거나 호프의 향이 더 살아 있으면서도 그리 부담이 없다는 평을 받는다. 코로나가 좀 심심하고 밍밍하다는 사람들에게 모델로 에스뻬시알은 어울린다고 하겠다. 좀 더 짙은 향을 원한다면 코로나 바릴^{Corona Barril} 혹은 바리리또^{Barrilito}라고 불리는 맥주가 좋다. 향은 짙으나 도수는 더 낮은 것이 특징이다. 뮌헨 던커 라거 Munich Dunkel Lager 방식으로 만들어진 흑맥주 네그라 모델^{Negra modelo}로 또한 흑맥주를 즐기는 이들에게는 굉장히 매력적이다. 부드럽고 풍부한 맛과 향이 있으나 그리 무겁지 않아 부담 없이 마시기에 적당한 맥주이다.

●네그라 모델

많은 맥주를 소개했지만 역시 부동의 1위 혹은 멕시코를 대표하는 맥주는 코로나이다. 코로나에 리몬, 라임 혹은 레몬을 함께 곁들여 마시면 그 청량감은 다른 맥주와 비교하기 어렵다. 물론 코로나의 맛의 비밀은 사실 충전된 가스에 있는지도 모른다. 보통의 맥주보다 50% 이상 충전된 가스는 입안에서 터지면서 상당한 청량감을 준다. 맥주에서 탄산이 맛에 미치는 영향은 적지 않다. 하지만 개인적으로 우리나라 맥주 마니아들에게 추천할 만한 맥주를 말하라 한다면 일

---

13 미국의 대표적인 맥주인 버드와이져, 밀러 등도 같은 방식으로 만들어진다.
  참조 http://beeradvocate.com

단 보헤미아이다. 보헤미아 흑맥주를 포함해서 말이다. 물론 보헤미아가 부담스럽게 느껴진다면 역시 도스 엑기스 암바이다. 솔직히 개인적으로 일반 맥주와 흑맥주를 적당하게 섞은 느낌으로 그 적당함혹은 적절함이 매력이라 하겠다.

멕시코에서 맥주의 역사는 식민시대 초기로 올라간다. 그만큼 역사도 길고 기술이나 노하우가 다른 나라에 비해 전혀 떨어지지 않는다. 개인적으로 추천하지 않은 맥주들도 상당히 뛰어난 특징들을 갖고 있으며 손색없는 맛을 보인다. 또한 각 지역별로 발달한 맥주들이 있는데 우리나라 소주의 경우와 마찬가지로 지방색이 드러난 맛을 보이는 것이 특징이다. 이 또한 지역을 여행할 때 놓쳐서는 안 될 것이다. 떼낄라에 가려 조금 평가 절하된 면이 없지 않지만 멕시코의 맥주는 멕시코를 여행할 때 혹은 우리나라의 수입맥주 전문점에서라도 한 번 정도 꼭 마셔볼 것을 권하고 싶다. 특히 따꼬 알 빠스또르에 맥주는 우리나라 오징어 땅콩과 맥주보다 더 매력적인 궁합이다.

유럽산이나 칠레산과는 다른 맛과 향, 멕시코 와인

멕시코에서 와인의 역사는 식민지 시대와 더불어 시작한다고 할 정도로 역사가 깊다. 포도주는 사실 어떤 면으로 서구 문화의 상징이라 할 수 있다. 고대 그리스에서부터 포도주는 유럽인들의 친구였으니 당연히 자연스럽게 신대륙으로 들어온 것은 이상한 일이 아니다. 꼬르떼스가 직접 포도를 심어서 와인을 담가 먹었다는 이야기가 있을 정도로 그 역사는 오래되었다. 하지만 현재 와인은 산업이라 부를 수 있을 정도로 대규모화되었으며 일부 지역의 특산물이며 수출품이며 마치 석유의 경우와 비슷하게 전 세계적으로 동일한 제품의 경우 비슷한 가격으로 유통된다. 특히 프랑스와 이탈리아, 스페인 등의 지역과 미국의 캘리포니아 지역에서 수출되는 와인은 전 세계적으로 사랑받고 라틴아메리카에서는 칠레가 유명하다. 특히 프랑스의 보르도가 원산지이나 유럽에서는 거의 자취를 감춘 멜벅malbec 와인을 남미지역 특히 아르헨티나를 중심으로 우루과이, 칠레 등에서 즐길 수 있다. 한때, 우리나라에서도 멜벅은 자두, 체리의 상큼한 향과 은근한 바이올렛 꽃향기에 뒷맛의 달달함 그러면서도 전체적으로 단단한 느낌 때문에 유행한 적이 있다. 어떤 음식과도 잘 어울리고 그냥 마시기도 좋다.

하지만 멕시코의 와인은 그리 알려지지 않은 것 같다. 아구아스깔리엔떼스Aguascalientes, 바하깔리포니아Baja California, 치와와Chihuahua, 꽈윌라Coahuila, 과나후아또Guanajuato, 누에보 레옹Nuevo León, 께레따로Querétaro 그리고 싸까떼까스Zacatecas 주(州)에서 포도를 재배하고 어느 정도 와인이 발달해 있으나 아직 산업이라 부르기엔 약간 모자란 느낌이며 산업화가 덜 되었다는 말은 전체적으로 가격이 좀 비싸다는 의미가 된다. 바하 깔리포니아의 바이예 데 과달루뻬Valle de Guadalupe 지역이 가장 산업화되었다고 할 수 있다.

멕시코 와인 중에서 가장 추천할 만한 와인은 바로 샤토 도멕Chateau Domecq이다. 도멕 품종은 스페인 남부에서 많이 재배되는 것이다. 하지만 맛을 비교해보면 멕시코의 샤토 도멕이 한 수 위일 수도 있다. 2004년 프랑스 브리쉘에서 열린 세계 와인 경연대회

●샤토 도멕

에서 우승한 와인으로 사실 수많은 경연대회에서 수상하면서 세계적으로도 인정받는 와인이다. 특히 2000년 이후 8회 이상 상을 받았으며 2001년산, 2002년산 그리고 2003년산이 금메달, 즉 대상을 수상했다. 짙은 루비색의 아름다운 와인으로 첫맛은 딸기, 혹은 산딸기 향과 은은하게 달콤한 맛이 나고 뒷맛은 짙은 꽃향기와 함께 약간 단단하고 드라이한 느낌으로 마무리되는 와인이다. 전체적으로 과실주의 특징인 달달함으로 인해 와인과 친숙하지 않은 사람들도 어렵지 않게 즐길 수 있으며 다른 음식과 곁들이기보다는 와인 자체만을 즐기는 편이 더 좋다. 다른 음식과 함께할 경우 특유의 향, 베리 계열 과일 향과 짙은 꽃향기를 재대로 느낄 수 없기 때문이다. 사토 도멕은 그 특성상 연인이 아니라 해도 마치 연인처럼 느껴지는 로맨틱함이 있다. 개인적으로 연인들을 위해 추천하는 와인이다.

하지만 멕시코를 상징할 수 있는 와인이 무엇이냐고 물어본다면

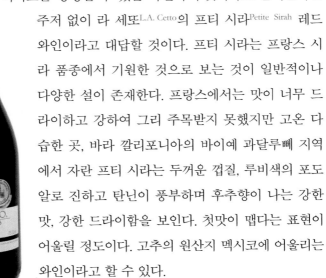

주저 없이 라 세또L.A. Cetto의 프티 시라Petite Sirah 레드 와인이라고 대답할 것이다. 프티 시라는 프랑스 시라 품종에서 기원한 것으로 보는 것이 일반적이나 다양한 설이 존재한다. 프랑스에서는 맛이 너무 드라이하고 강하여 그리 주목받지 못했지만 고온 다습한 곳, 바라 깔리포니아의 바이예 과달루뻬 지역에서 자란 프티 시라는 두꺼운 껍질, 루비색의 포도알로 진하고 탄닌이 풍부하며 후추향이 나는 강한 맛, 강한 드라이함을 보인다. 첫맛이 맵다는 표현이 어울릴 정도이다. 고추의 원산지 멕시코에 어울리는 와인이라고 할 수 있다.

●프티 시라

물론 이렇게만 표현하면 맛이 없는 와인을 설명하

는 것처럼 보일 수 있다. 하지만 라 세또의 프티 시라의 경우 3~5년 정도 숙성시키고 한 시간정도 디캔팅decanting을 하면 맵고 떫은맛이 사라져 부드럽게 변한다. 하지만 진한 맛은 그대로이며 그 안에 은은한 과일 향 혹은 하마이카 향마저 느껴질 정도이다. 라 세또는 강한 맛으로 인해 라틴 스타일 숯불구이와 궁합이 잘 맞는다. 고기의 잡향을 한 번에 잡아주고 고기의 씹는 맛을 좋게 해주며 고기의 육즙이 라 세또의 강렬한 향과 맛을 중화시켜 고기도 와인도 감칠맛을 느낄 수 있게 해준다. 가장 멕시코적인 이미지의 와인이며 또한 동시에 고기 구이와 어울리는 와인이라 할 수 있다. 라 세또는 80년 이상의 역사를 가진 멕시코의 대표적 와인 브랜드이다. 각종 와인 경연대회에서 다양한 상을 수상했으며 프티 시라 또한 1988년부터 현재까지 약 40개 이상의 상을 수상했다. 와인 마니아이며 디캔팅의 마술을 즐기는 사람들이게 라 세또는 반드시 마셔보아야 하는 와인이다. 또한 멕시코를 상징하는 매운 와인이기도 하다.

하지만 멕시코에서 사랑받는 와인은 샤토 도멕도 라 세또도 아니다. 카베르네 소비뇽 품종으로 만들어진 까사 그란데Casa Grande와 비노 데 삐에르다Vino de Pierda이다. 두 와인 모두 탄닌이 풍부하고 후추향도 강한 편이다. 카베르네 소비뇽의 특징이 잘 살아있지만 그렇다고 그렇게 드라이한 느낌은 아니다. 검은 자두 향 혹은 화이트 오크 향이 난다고도 한다. 그렇게 개성이 강한 편은 아니지만 어떤 멕시코 요리와도 잘 어울리며 특히 몰레와 궁합이 좋은 편이다. 너무 기름지거나 향이 강한 경우가 아니라면 어

●까사 그란데

울리지 않는 요리가 없다고 할 수 있을 정도이다. 개인적인 생각이지만 앞에 소개한 두 와인에 비해 무난한 느낌이 강했다. 하지만 멕시코에서 더 대중적으로 사랑받는 와인이 바로 까사 그란데와 비노 데 삐에르다이다. 하지만 카베르네 소비뇽을 마시려 하고 비슷한 가격이라면 역시 프랑스 보르도 지역에서 생산된 와인이 더 나을 수 있다. 물론 이것도 개인적인 의견이다.

멕시코시티의 압구정 혹은 청담동이라 할 수 있는 뽈랑꼬 Polanco 지역에 몇 해 전부터 와인 전문점이 생기고 있다. 대부분 수입 와인을 다루며 간단한 음식 혹은 치즈와 함께하는 경우가 많으나 라틴아메리카에서 즐기는 와인의 이미지는 역시 라틴 스타일 숯불구이, 즉 덩어리 고기를 썰어가며 반주(飯酒)로 와인을 마시는 모습일 것이다. 물론 와인을 공부하며 마시는 사람도 있고 와인을 마시기보다 그 맛을 표현하길 즐기는 사람도 있다. 개개인을 취향을 뭐라 할 수는 없지만 라틴 스타일 숯불구이와 함께 와인을 즐겨본 사람이면 그 완벽한 궁합에 약간의 충격을 받을 수도 있다. 보통 자신이 마시던 와인의 양과 평소에 먹던 고기의 양이 거의 두 배 가까이 늘어난 것을 볼 테니 말이다. 이 이상의 궁합이 있을까?

카페 데 오야

카페 데 오야$^{Café\ de\ olla}$를 만드는 방법은 우리에게 그리 낯설지 않다. 약을 달여본 경험이 있다면 말이다. 하지만 일반 커피에 비해 달달하고 진한 맛이 특징이다.

●카페 데 오야와 필론시요

1. 물 1리터를 자기로 만든 냄비 혹은 약 탕기와 흡사한 자기 주전자에 계피 두 큰 조각과 취향에 따라 흑설탕을 넣어주고 끓인다. 끓어오르면 약한 불에 2분 정도 더 끓여준다.

2. 원두커피를 크게 조각 내거나 그대로 4큰술 넣어준다. 조금 더 진하게 먹고 싶다면 손가락으로 원두를 부숴 넣거나 커피 양을 늘리면 되는데 은은하게 진한 맛을 즐기고 싶다면 커피 양을 늘리는 것이 좋다. 뚜껑을 닫고 약 4분 정도 강한 불로 끓이고, 끓어오르면 약한 불로 5분 이상 달여준다. 취향에 따라 이때 우유를 넣어도 좋다. 우유를 넣은 경우 중간 중간 잘 저어주어야 한다.

3. 취향에 따라 말린 자두 혹은 대추를 넣어주어도 좋다.

※ 흑설탕보다 사탕수수 원액을 건조한 필론시요가 더 좋으나 국내에서 구하기는 쉽지 않다.

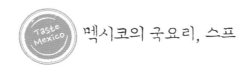
멕시코의 국요리, 스프

       멕시코의 국기는 녹색, 흰색, 빨강 이렇게 세 가지 색으로 구성되어 있다. 재미있게도 이 세 가지 색깔은 멕시코의 대표적 국요리(스프, sopa)인 뽀솔레Pozole에서 볼 수 있는데 물론 하나의 국요리에 이 세 가지 색을 다 볼 수 있는 것은 아니고 세 가지 종류 모두 돼지고기와 옥수수를 기본으로 해 오랫동안 약한 불에 끓여낸다. 재료의 깊은 맛이 우러나므로 먹기 전에 뚝배기로 옮겨 강한 불로 끓여내면 우리나라의 국이나 찌개와 그리 다르지 않다고 할 수 있다.

  뽀솔레 자체가 하나의 특정한 음식이 아니라 국 요리 스타일을 의미하기 때문에[14] 각 주별로 그 지역 특산물을 이용한 다양한 뽀솔레가 있다. 게레로Guerrero 주에서는 목요일에 뽀솔레 베르데, 녹색 뽀솔레를 먹는 전통이 있다. 오후 세 시경, 작은 뽀솔레 식당들은 진흙으로 빚은 질그릇 사발에 뽀솔레를 먹는 사람들로 넘쳐난다. 녹색은 푸른 고추, 간 호박씨와 푸른 토마토로 인해 자연스럽게 우러나온다. 음식이 나오면, 그 위에 다진 양파, 바삭하게 튀긴 돼지 껍데기 치차론Chicharon, 아보카도, 오레가노, 레몬즙을 뿌려 먹는다. 배고픔을 달래기 위해, 뽀솔레가 나오기 전 치즈로 속을 채운 고추, 식초에 절인 족발, 에빠소떼Epazote[15]로 향을 낸 돼지 머릿고기 따꼬를 먹기도 한다.

---

14 우리나라의 설렁탕이나 육개장과 비슷하다. 어떤 형식이 있기는 하지만 각 지역별, 각 가정별로 다양하다는 것이 뽀솔레와 닮아 있다.

15 라틴아메리카가 원산지인 허브로 차로 마시기도 한다. 약간 매운맛이며 헛배 부르

흰 뽀솔레 역시 게레로 지역에서 즐겨 먹는 음식으로 중간에 날달 걀을 풀어서 먹기도 한다. 할리스꼬Jalisco 주도 흰 뽀솔레로 유명하다. 돼지 머릿고기를 일반 고기와 섞어 질그릇에 약한 불로 오랫동안 끓이며, 중간에 옥수수 알갱이를 넣는다. 요리가 완성되면, 말린 삐낀Piquin 고춧가루나, 덜 매운 살사 멕히까나를 얹어 먹기도 한다. 여기에 붉은 무 저민 것과 양상추 채 썬 것을 올린다. 단백질, 탄수화물, 지방, 비타민을 고루 갖춘 훌륭한 음식이다.

붉은 뽀솔레는 미초아깐Michoacan 주가 유명하며, 커다란 솥에 과히요Guajillo 고추와 안초Ancho 고추를 펄펄 끓여 독특한 향을 낸다. 거기에 오레가노만 살짝 곁들이면 붉은 뽀솔레가 완성된다. 보통 얼큰한 맛이 나는데 이것은 우리나라 국밥과 비슷하다. 다진 양념을 곁들여 얼큰한 맛을 즐기는 사람이라면 미초아깐 스타일의 뽀솔레가 입에 맞을 것이다. 과히요 고추와 안초 고추는 상대적으로 크고 우리나라 속담처럼 그렇게 맵지도 않다. 하지만 뒷맛이 약간 매운 편인데 이 매운맛이 점점 커져서 국을 비울 때는 꽤 얼큰한 느낌을 받는다. 현재 멕시코시티에서는 이 세 종류의 뽀졸레를 모두 먹을 수 있고 다른

고 가스 찬 데에 특효라고 한다.

지역에서도 큰 차이는 없다.

꼰소메^{Consomé}(라틴아메리카 스타일 닭국), 몰레국 그리고 내장탕 또한 멕시코의 전통적 국 요리이다. 내장탕은 소의 위장^{menudo}16을 끓여 만든 맛이 강한 스프로, 해장용으로 제격이다. 비타민 B가 풍부하며, 맵게 조리해서 먹으면 해장에 탁월한 효과가 있는 것으로 알려져 있다. 소의 양을 넣어 먹는 양평 해장국에 익숙한 분들이라면 그 맛의 흡사함에 많이 놀랄 것이다.

국은 멕시코 요리 중에서도 비교적 최근에 먹기 시작했다. 스페인 지배기 이전에는 국 요리에 대한 기록이 전혀 없다. 국 요리에 가장 근접한 요리가 오랫동안 은은한 불에 고기 등의 재료를 넣고 끓인 원주민들의 스튜였다. 하지만 국물이 자작한 정도로 국 요리로 보긴 어렵다. 오히려 우리 기준으로 보면 찌개에 가까운 느낌이다. 유럽 혹은 아랍의 문화가 전해지고 나서야 국 요리가 애피타이저로 자리 잡게 되었다. 국의 종류는 다양한데, 간단한 누들 스프^{Sopa de Fideos}, 또르띠야 스프^{Sopa de tortilla}에서, 돼지 머릿고기를 넣고 끓인 스프와 발효 옥수수 스프 등 많은 종류가 있다. 발효 옥수수^{Cuitlacoche}는 나우아뜰에서 기원한 단어로, 꾸이뜰라뜰^{Cuitlatl}은 '배설물'을, 꼬치^{Cochi}는 '잠든'이라는 뜻이다. 잠든 배설물이란 뜻은 그리 입맛 당기지 않는 의미이

---

16 지방질이 거의 없으며 매우 담백한 맛을 낸다. 단백질이 많이 들어 있어 예로부터 몸이 허약한 사람이나 회복기의 환자에게 많이 먹였다. 『본초강목』과 『동의보감』 등의 문헌에서 양은 정력과 기운을 돋우고 비장과 위를 튼튼하게 하며, 당뇨나 알콜 중독 등의 독성을 멈추게 하고 피로회복, 양기부족, 골다공증 등에 효능이 있다고 하였다. 고려사에서도 소의 양을 즐겨 먹었다는 내용이 나오고, 조선시대 유생들은 허약한 몸을 추스르고 원기를 회복하기 위해 양구이, 양탕, 양죽 등을 즐겨 먹었다고 한다. 국에 쓰이는 양과 구이에 쓰는 양깃머리가 있는데 멕시코에서는 주로 양을 많이 먹는다.

긴 하지만 '발효'라는 의미를 원주민식으로 표현한 것이다. 옥수수의 알갱이에 기생하는 곰팡이가 발효된 독특한 풍미로 고급 식당에서만 맛볼 수 있다. 하지만 향과 맛이 그렇게 강한 편이 아니다. 물론 기준의 문제

●발효 옥수수

이겠지만 청국장을 좋아하는 이들에게는 그리 특별한 맛이 아닐 수도 있다. 특유의 씹히는 맛이 국을 더 맛깔스럽게 한다.

쌀은 정복자들이 가져온 선물이었으며 아랍의 영향이었고 보통 볶음밥 형태로 먹는다. 상업적으로 재배를 시작한 곳은 미초아깐 주의 아빠싱간Apatzingán이었고, 점차 다른 지역으로 퍼져나갔다. 하지만 우리가 먹는 쌀과는 다른 소위 안남미(安南米)로 상대적으로 길고 찰기가 떨어지는 쌀이다. 쌀은 고온 다습한 지역에서 잘 자랐으며 초기에는 아프리카 노예들의 주식이 되었는데 이 또한 아랍 문화의 영향이다. 이후 쌀 소비가 점점 높아져 요리사들은 토마토, 고추, 기타 채소를 넣어 볶거나 찌는 형태로 쌀을 조리했다. 현재는 소위 '마른 스프'로 불리며 스프와 메인 요리 사이에 먹는다. 마른 스프라고 불리는 이유는 조리하는 방법에서 유래한다. 먼저 쌀을 물에 물리는 것은 우리나라와 같지만 이후 기름에 볶아 쌀에 기름이 배어들어 약간 투명해지면 물을 부어 중불 정도에서 끓여 물이 적당히 자작해지면 뜸을 들이기도 하고 약한 불에 익혀 수분을 거의 증발시키기도 한다. 수분을 증발시킨다는 의미로 마른 스프라고 부르기도 하는 것이다.

'마른 스프'라는 명칭은 쌀 요리만이 아니라 파스타, 크레이프, 채

소 파이 등에도 사용한다. 여러 가지 방식으로 조리해서 애피타이저,
혹은 가벼운 점심이나 브런치의 메인 요리로, 늦은 저녁의 기본 음식
으로 활용한다. 그리 특색 있는 요리는 아니며 간단한 요기에 어울리
는 음식이라 할 수 있다.

뽀솔레 레시피

뽀솔레는 돼지 육수를 기본으로 만들어진 국이다. 부산의 돼지국밥을 연상케 할 수도 있으나 사실 국물의 깊이에서 약간 차이가 있다. 부산의 돼지국밥만이 아니라 대부분 우리나라의 국은 하루 이상 푹 고아서 진국을 즐기는 경우가 많은데 보통 이렇게 국을 즐기는 경우는 그리 많지 않다. 이런 정성을 국에 들이는 것도 상당히 특이한 일일 것이다. 물론 하루 이상을 고아서 준비된 국이 주문한 지 5분 안에 나온다는 것이 더 특이한 일일지도 모르지만.

재료: 1kg의 옥수수 알갱이, 1.5kg의 돼지고기, 2kg의 사골, 250g의 말린 고추, 마늘, 양파, 커민, 1/2리터의 물, 기호에 따라 토마토

1. 사골은 찬물에 담가 피를 뺀다.
2. 냄비에 물을 넣고 마늘 세 쪽, 양파 하나를 넣고, 사골, 정리한 돼지고기를 넣고 말린 고추를 넣고 40분에서 한 시간 정도 끓여준다. 취향에 따라 진한 국물을 즐기고 싶다면 고기를 빼고 강한 불에 사골과 고추, 마늘, 양파를 넣고 끓어오르면 불을 줄이고 약불에서 40분 이상 고아준다. 중간 중간 거품과 기타 기름을 제거하고 다시 고기를 넣고 20분 이상 강한 불로 끓여준다. 매운 것을 싫어하거나 잘 못 먹는 아이를 위해 요리하는 경우 고추를 반 정도 넣고 토마토를 두 개 정도 넣고 끓여준다. 옥수수 알갱이도 고기와 함께 익혀준다.
3. 중간에 소금 간과 기타 향료를 넣어준다.
4. 취향에 따라 다진 양파, 다진 양배추, 채 썬 무, 리몬즙, 오레가노, 고춧가루 등을 첨가하여 먹으면 된다. 여기에 말린 고추가 빠지고 붉은 빛깔을 내는 재료들이 모두 빠지면 하얀 뽀솔레가 되며 푸른 빛을 내는 아과까떼, 푸른 고추, 푸른 꽈리 토마토 등이 들어가면 푸른 뽀솔레가 된다.

※ 여기에는 소개하지 않았으나 옥수수는 석회수에 담가 속껍질을 제거하고 부드러운 속살의 알갱이를 먹는다. 우리나라에서 뽀솔레를 응용할 수 있는 요리는 아마 육개장일 것이다. 옥수수 알갱이를 넣어 먹기도 하지만 옥수숫대를 3cm에서 5cm 정도로 잘라 넣기도 한다. 옥수수 자체의 단맛과 향이 은은히 흘러나와 국물이 감칠맛이 나며 옥수숫대를 들고 옥수수를 뜯어먹는 것도 묘한 재미를 준다. 특히 매운맛에 익숙지 않은 아이들의 경우 옥수수의 은은한 단맛과 토마토의 시원한 맛, 달달한 맛이 섞여 상대적으로 부담 없이 국물을 즐길 수 있다. 돼지국밥의 경우 국물에 말린 고추를 넣어주면 붉은 빛도 아면서 시원한 매운맛을 즐길 수 있으며 옥수수 알갱이를 국, 밥과 함께 먹으면 옥수수 자체의 씹히는 식감과 달달한 맛으로 인해 더 감칠맛 나게 먹을 수 있다.

매콤한 우리나라 국 요리에 토마토와 옥수수가 사용된다면 상당히 덜 자극적이고 달달한 뒷맛을 즐길 수 있을 것이다. 또한 옥수수 알갱이를 씹어야 하므로 상대적으로 천천히 먹을 수밖에 없다. 토마토의 상큼한 맛을 즐기고 싶다면 살사 멕히까나 형식의 살사를 만들어 먹기 전에 곁들이면 좋다. 토마토는 건강에도 아주 좋은 것으로 알려져 있으나 국으로서도 훌륭한 재료이다.

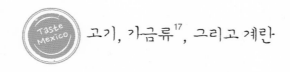 고기, 가금류[17], 그리고 계란

메소아메리카의 전통 음식은 오늘날 다이어트 음식과 비슷하게 섬유질이 많고, 콜레스테롤과 지방이 적었다. 산토끼나, 이구아나, 혹은 아르마디요Armadillo[18]는 덫으로 잡았고, 간혹 멧돼지나 사슴은 창으로 잡았다. 칠면조, 야생 오리, 털 없는 개는 식용으로 집에서 길렀다. 하지만 주식은 옥수수였고 육식은 특정한 날에만 할 수 있었다. 물론 이것은 우리나라의 경우와 비슷하다.

원주민 식습관은 스페인에서 들어온 식재료와 새로운 조리법 등으로 큰 변화를 맞는다. 초기 정복자들은 그들이 데려온 말이나 소 등을 독점적으로 관리했지만 닭, 염소, 돼지는 원주민들도 기를 수 있도록 허락해주었다. 짧은 시간 내에 수입된 가축들은 천적이 없는 환경상의 이유 탓에 기하급수적으로 늘어났다.

그중에 대표적인 것이 돼지와 소였다. 돼지는 다산이 특징이며 기르기가 쉬워 어렵지 않게 라틴아메리카의 대표적 가축으로 자리 잡았다. 돼지는 버릴 것이 없었다.[19] 머리는 잘라서 뽀솔레를 만들었고,

---

17 목축에 있어서 고기·알·깃털을 얻기 위해 상업적 목적으로 또는 길들일 목적으로 기르는 조류(鳥類)를 뜻하는 말로 닭, 오리, 거위, 칠면조, 기러기류 등이 이에 속한다. 메소아메리카지역은 칠면조의 원산지이기도 하며 대규모로 양계가 이루어지는 곳이기도 하다.
18 라틴아메리카가 원산지인 동물로 겉보기는 개미핥기와 비슷하다.
19 이것 또한 우리 식문화와 통하는 것이다. 우리나라와 멕시코 그리고 오끼나와에서 돼지의 거의 모든 부위를 먹는다고 한다.

●께소 데 까베사Queso de cabeza 혹은 까베사 데 하발리(좌)와 멕시코의 순대 모롱가(우)

●순대 따꼬

머릿고기로는 햄을 만들었는데, 스페인의 까베사 데 하발리Cabeza de Jabali[20]와 흡사한 형태이다. 곱창은 다진 고기를 양념해서 채워 초리소를 만들었고, 동물의 피를 채우면 모롱가Moronga[21], 즉 스페인의 모르시야Morcilla가 되었다. 목뼈, 등뼈도 버리지 않고 스프를 만들었다. 내

---

20 머릿고기 치즈Queso de cabeza라는 명칭으로 불리기도 한다. 물론 치즈는 아니다. 머릿고기를 은은한 불에 익히면서 기름과 거품 등을 제거하고 식히면 천연 젤라틴에 의해 마치 치즈처럼 변하는데 그래서 머릿고기 치즈라고 불렀다. 지방으로 혼돈할 수 있지만 순도가 굉장히 높은 젤라틴으로 콜라겐 성분도 꽤 많이 포함되어 있다고 한다. 중세 이전부터 유럽에서 먹었던 것으로 보는데 우리나라 족발과 함께 미용식으로 볼 수도 있다.

21 우리나라의 순대, 정확히는 아바이 순대와 흡사하다. 돼지의 큰창자에 피를 채워 찐 것이 바로 모롱가이다.

장은 튀겨서 따꼬를 만들어 먹었다. 멕시코와 우리나라의 돼지고기 음식 축제를 연다면 아주 흥미로울 것이다.[22]

돼지의 기름 또한 사용했는데, 껍데기는 모자이크 모양으로 칼집을 낸 뒤 말려서 다음 날 커다란 팬에 돼지기름을 녹여 튀긴다. 치차론 Chicharon[23]이라고 불리는 이 요리는 주전부리나 애피타이저로 쓰인다. 스페인에도 꼬르떼사Corteza 라는 비슷한 요리가 있다. 내장 주변의 부드러운 기름은 풍미가 훌륭하지만 요즘에는 건강에 대한 염려로 사용이 줄었다. 하지만 돼지비계 혹

●치차론

은 돼지의 지방은 불포화 지방산에 가까워 몸에 그렇게 해롭지는 않다. 우리나라의 파전, 동래파전 집에서는 식용유 대신 돼지기름을 사용한다. 최근에는 식물성 기름을 더 흔히 쓰지만, 돼지기름은 따말 등의 전통요리를 만드는 데 필수적이다. 응고된 돼지기름 만떼까 Manteca[24]는 일반 슈퍼에서 어렵지 않게 살 수 있다. 또한 이 돼지기름을 전혀 사용하지 않고 콩죽을 만들면, 마치 간을 하지 않은 음식처럼 심심하고 밍밍한 맛이다. 돼지기름의 고소한 맛은 우리에게도 그리 낯설지 않다. 우리나라의 부침개나 전을 부치는 데에도 돼지기름

---

22 멕시코와 우리나라 모두 돼지의 거의 모든 부위를 먹는다는 점이 아주 흡사하지만 조리 방식과 양념이 달라 상당히 재미있는 축제가 될 것이다.

23 돼지껍질 튀김이다. 바삭하게 튀겨내면 스낵 같은 느낌으로 살사 로하 혹은 발렌티나 살사를 곁들여 먹는다. 돼지껍질에는 콜라겐 성분이 다수 포함되어 있어 미용식으로 먹을 수도 있으나 바삭하게 튀겨 기름을 제거한 후 먹어야 덜 느끼하고 살찔 염려도 없다.

24 삼겹살을 굽고 흘러나온 돼지비계가 응고된 것과 비슷한데 조금 더 견고하여 마치 버터나 마가린 같은 느낌이다.

은 일반 식용유보다 더 고소한 맛을 낼 수 있으며 상대적으로 끓는 점이 낮아 두툼한 전을 태우지 않고 바삭하게 부칠 수 있다. 두툼한 동래파전의 고소함의 비밀은 바로 돼지기름에 있다.

북쪽 국경 지역에서 특히 많이 소비되는 고기는 쇠고기이다. 예수회 신부였던 베르나베 꼬보Bernabe cobo에 따르면 17세기 영국인들이 아메리카의 초지를 보고 사막과 다름없다고 생각해서 돌아갔지만 스페인 사람들은 그들의 고향, 스페인의 중부 및 남부와 흡사한 기후와 지형을 보고 목축의 거대한 가능성을 인지할 수 있었다고 한다.[25] 그들은 평원에 소를 방목하기 시작했다. 이것은 다른 라틴아메리카 국가들도 마찬가지다. 소는 라틴아메리카에서 가장 많이 사육되는 가축이다.

특히 멕시코의 북쪽지방에서는 미국과 같은 방식으로 목축업이 이루어지고 있으나 아직 그 규모가 미국에 견줄 것은 아니다. 멕시코의 대부분 지역에서는 인도 혹소가 개량되어 사육되었다. 인도 혹소는 무엇보다 적응력이 높고 전염병에 강한 탓에 초기에는 많이 사육되었지만 현재에는 대규모로 이루어지는 미국의 기업형 목축업의 영향으로 다양한 소들이 사육되고 해외로 수출되기도 한다. 멕시코의 중남부 지역이 돼지고기를 더 많이 먹는 반면 북부지역은 풍부한 쇠고기 탓에 쇠고기를 먹는데 조리하는 방식은 크게 다르지 않다. 물론 질 좋은 쇠고기는 소금 간만 약간 하고 숯불에 구워 먹는 것이 제일 맛있다.

스페인 사람들은 칠면조를 큰 수탉이라고 표현했다. 칠면조는 마야인들도 가정에서 길렀으며, 에르난 꼬르떼스와 같이 온 사람들도

---

25 돈키호테의 배경이 되는 라만차 지방과 멕시코 북부지역은 닮은 구석이 꽤 많다.

굉장히 좋아했다고 한다. 이런 이유로 스페인으로 가는 배에 몇 마리를 실어 보냈다, 크기도 크고 살코기도 많은 칠면조는 유럽에서 선풍적인 인기를 끌었다. 멕시코에서는 칠면조를 자주 먹는 편이나 특히 기념할 일이 있으면 칠면조를 통째로 구워 먹는 경우가 많다. 크리스마스에 빠지지 않은 요리가 바로 칠면조 요리이기도 하다. 스페인어로 칠면조는 빠보Pavo라 하는데 원래는 공작새를 의미하는 단어였다고 한다. 칠면조를 빠보라고 부른 이후 공작새는 진짜 빠보Pavo real이라고 불린다. 사람에게 사용하면 촌스럽거나 허둥지둥 거리는 침착하지 못한 사람 혹은 산만한 사람을 일컫는데 우리나라의 바보라는 말과 된소리 발음의 차이가 있지만 의미는 비슷한 구석이 있다.

닭은 대도시를 벗어나면 들판에서 자유롭게 키우며, 고속도로를 지나다가도 쉽게 만날 수 있다. 방목으로 키워진 닭은 크기가 작고 지방이 적으며 맛이 담백하다. 하지만 약간 질긴 경향이 있어 양계장에서 키운 닭에 비해 더 오래 조리해야 한다. 닭의 가슴살을 잘게 찢어 다른 재료와 섞어 조리하는 것은 멕시코에서 흔하게 볼 수 있다. 하지만 닭 가슴살에 들어가는 살사는 지역마다 다르다. 같은 이름의 요리지만 지역에 따라 그 맛이 다를 수 있다. 멕시코에서 계란은 일반적으로 푸른 고추, 붉은 토마토, 흰 양파를 넣고 조리한 멕시코식 계란요리Huevos a la mexicana로 먹거나, 소시지Chorizo를 넣어 계란과 뒤섞어 만들 수도 있고, 선인장 잎을 넣어서 만들 수도 있다. 이유는 아직까지 모르겠지만 단순하게 삶기만 한 계란과 계란 프라이는 멕시코에서 쉽게 보기 어렵다. 아마 다양한 살사가 발전했기 때문일 것이다.

가장 전형적인 조리법은 우에보스 란체로Huevos rancheros[26]로 계란 프라이를 만들어 살짝 튀긴 또르띠야에 얹고 매운 토마토소스를 뿌린다. 보통은 콩죽Frijoles refritos을 곁들여 먹는다. 유까딴에는 아주 다양한 계란 요리가 있다. 그중 하나가 바로 우에보스 모뚤레뇨스Huevos motulenos라는 음식인데 계란과 콩을 두 장의 또르띠야 사이에 넣고, 다진 햄, 삶은 완두콩, 치즈, 향신료로 맛을 낸 뜨거운 토마토소스를 끼얹는다. 아침 식사로도 아주 훌륭하다. 계란 프라이는 또르따Torta에 넣어 먹기도 하고, 밥에 올려 먹기도 한다. 우에보스 띠라도스Huevos tirados는 베라꾸르스의 대표적인 계란요리인데 계란과 콩죽을 함께 요리한 것으로 걸쭉한 국물에 역시 아침식사로 적당한 음식이다. 특히 계란은 후식에도 자주 활용되는데 뿌에블라의 수녀원에서 만들어진 우에보스 레알레스Huevos reales가 대표적이다. 건포도를 곁들인 약간 딱

딱한 푸딩인데 접시에 시럽을 깔아 위는 딱딱하고 밑은 시럽으로 촉촉하고 부드러워 씹는 맛이 특이하다.

●우에보스 레알레스

---

26 란체로Ranchero라는 말은 목장, 농장을 의미하는 란초Rancho라는 단어에서 유래했다. 이후 시골, 혹은 지역 전통적인 등의 의미를 갖게 되었고 란체라Ranchera라는 여성형으로 쓰이면 민속음악 혹은 춤을 의미하기도 한다. 멕시코 전통적인이란 의미로도 자주 사용된다.

라틴아메리카 최고의 별미, 새끼 돼지 통 바비큐 레촌

　스페인어권에서 가장 많이 알려진 칠레의 여류작가, 전 세계적으로 오천만 권 이상의 판매고를 올린 이사벨 아옌데의 대표작 『영혼의 집』에는 특이한 요리가 등장한다. 레촌Lechón이라 하는데 쉽게 새끼 돼지 바비큐이다. 입에는 파슬리를 물고 있고 내장이 제거된 후 그 자리에 메추라기 고기와 자두[27], 대개 말린 자두를 넣고 봉한 후 토마토 주스가 담긴 큰 쟁반에 재워진 것으로 묘사된다. 특이한 것은 입에 사과[28]가 아니라 파슬리를 물고 있다는 것과 엉덩이에 당근

27　라틴아메리카의 말린 자두는 조금 큰 건포도라고 할 수 있다. 그렇게 크기가 크지 않다. 일반 자두 또한 그렇게 크지 않다. 우리나라 자두가 달콤하다면 라틴아메리카의 자두는 새콤한 맛이 강하다. 특히 노랗게 익는 자두는 새콤하면서 달달한 맛이 아주 개운하여 그 자체로 훌륭한 디저트가 된다.

28　〈헝거게임 : 판엠의 불꽃〉(2012)에서 주인공이 연회장에서 활로 맞힌 사과가 바로 레촌, 새끼 돼지 바비큐에 있던 사과이다.

이 꼽혀 있었다는 것이다. 사실 개인적으로 아직까지 엉덩이에 당근이 꼽힌 레촌은 본 적이 없다. 입에 사과를 물고 있는 모습은 아마 많은 이들에게 익숙할 것이다.

레촌이라는 단어는 우유^{leche}에서 유래했는데 젓을 아직 떼지 않은 어린 돼지라는 뜻이다. 하지만 보통 2년 정도 된 새끼 돼지를 사용한다. 사실 만드는 방법은 특별한 것이 없다. 새끼 돼지를 내장은 제거한 후 장작 혹은 장작을 사용하는 오븐, 혹은 숯불 등에 노릇하게 구워내는 것이다. 구석구석 잘 익도록 돌려준다. 보통 파티, 가족 행사 등에 사용되는 음식이다.

레촌은 그 기원이 로마제국으로까지 올라가는 상당히 역사가 오래된 음식이라고 하지만 새끼 돼지 바비큐 혹은 새끼 돼지 통구이가 어느 한 지역의 전통음식이라고 하는 것은 약간 무리한 일이다. 사실 여기까지의 설명으로는 대체 레촌이 무엇인지 애매하지만 예전 디즈니 만화나 딱따구리 시리즈에서 돼지가 사과를 물고 있는 장면, 가끔은 식인종들이 사람을 잡아다 묶은 후 사과를 입에 물리는 장면이 심심치 않게 등장한 적이 있다. 이 정도 되면 아~! 하는 분들이 있을 것이다. 바로 그것이다. 사실 레촌의 이미지는 통 바비큐의 기본이기도 하다. 유럽을 비롯하여 돼지고기가 금기시되지 않은 많은 지역에서 레촌 혹은 이와 비슷한 요리를 만날 수 있다. 또한 레촌을 미국 등의 지역에서는 pig pickin, rolling a pig, suckling pig 등으로 부르기도 한다. 다시 말하면 라틴아메리카의 전통도 더욱이 멕시코의 전통 음식으로 보기는 어려워 보인다.

하지만 대다수 라틴아메리카 국가들의 마을 잔치에서 빠지지 않는 것이 바로 레촌이다. 마치 우리나라의 동네잔치에 돼지 한 마리, 더 경사일 경우 소 한 마리 잡는 것처럼 라틴아메리카에서도 동네잔치에 돼지를 잡는다. 경우에 따라서 다 자란 돼지를 잡기도 한다. 앞에서 소개한 바르바꼬아의 방식으로 땅속에 묻은 후 하루 정도 기다리는 경우도 있고 장작불에 돌리면서 굽기도 한다. 사실 이 레춘의 백미, 혹은 비밀은 바로 볶음밥이다. 갑자기 볶음밥이라고 하면 의아해하는 분들이 있을 것이다. 라틴아메리카와 다른 지역의 차이는 아마도 내장을 제거한 뱃속에 마치 삼계탕과 비슷하게 쌀과 다진 채소, 가끔은 말린 과일 그리고 때에 따라 베이컨 혹은 잘게 썬 삼겹살, 혹은 이사벨 아옌데의 소설에서처럼 메추라기나 닭고기를 넣기도 한다. 그렇게 하루 정도 은은한 불에 구워지면 피하지방은 밖으로 빠지지만 돼지 몸 전체의 지방이 내장이 사라진 몸속으로 고이게 된다. 90도 이상의 기름이 슬슬 고여오면서 재료를 익히게 된다. 고온에 튀기는 것이 아니라 마치 사우나에 땀이 나듯 서서히 고여 아주 서서히 삶는 듯 볶아지게 되는데 이 볶음밥의 맛, 그 고소하면서도 재료의 맛과 향, 특히 말린 과일의 향이 퍼져 나올 때는 심지어 향기롭다는 생각마저 든다. 사실 만떼까[29], 돼지기름을 이용하여 볶을 수도 있으나 이건 볶음과 삶는 것의 중간이다. 돼지의 체액도 안으로 고이기 때문이다. 은은하게 볶아지면서 삶아진 밥은 별미 중의 별미이다. 또한 함께 익은 고기와 채소들도 그 맛이 다르다. 간을 하지 않아도 짭조름하다. 채소와 고기를 그냥 삶으면 건강에는 좋다고 하는데 심심하여 맛이 없고, 볶거나 튀기면 고소함은 확실하지만 건강에 안 좋을 것 같고, 이런 갈등을 완벽하게 날려버리는 것이 바로 레춘의 볶음밥이다. 적절하게 삶아지고 볶아진 그 맛은 차원이 다르다. 그냥 부침개나 보통 파전과 동래파전의 차이, 아메리카노와 에스프레소 커피

---

29 만떼까Manteca라는 단어에서 버터라는 만떼끼이야Mantequilla가 유래했다.

의 차이라고 할 수 있다. 개인적으로 그 밥을 먹으며 고개를 몇 번이나 갸웃거렸고 몇 번이나 물어보았다. 소금을 넣은 것이냐, 그럼 간을 어떻게 한 것이냐, 이런 질문에 레촌 안의 밥은 그냥 만들어지는 것이라 했다. 새끼 돼지의 수액과 체지방으로 지어진 볶음밥, 사실 이 볶음밥을 먹으면 이런 생각이 든다. '돼지고기가 달라 봐야 거기서 거기지. 언제 이런 밥을 먹어보겠어? 고기는 포기하고 밥을 더 먹자.'

고기를 포기하고 밥을 더 먹자는 생각이 드는 음식, 물론 그렇다고 고기가 맛이 없는 것이 아니다. 그냥 밥이 너무 맛있을 뿐이다. 어린 새끼 돼지를 은은한 불에 노릇하게 구우면 특별한 소스 없이 소금에만 찍어 먹어도 맛있기 마련이다. 하지만 맛이 비교되는 것은 어쩔 수 없다.

꼬치니또 삐빌, 비리아, 까르니따스 그리고
바르바꼬아의 레시피

이 네 요리를 동시에 소개하는 것은 어떤 이들에게는 이상해 보일 수 있는 조합이다. 서로 대표하는 지역도 다르고 어떤 이들에게는 맛도 완전히 다른 음식으로 보일 테니 말이다. 네 요리는 돼지고기 특히 돼지등심을 기본 재료로 하는데 양고기, 염소고기 등으로 대체할 수 있다. 무엇보다 중요한 것은 일단 돼지고기에서는 보통 돼지등심, 지방이 거의 없어 요리하기 어려운 등심 부위 그리고 독특한 향이 강한 양고기, 염소고기를 비롯하여 기타 야생동물 이구아나 등도 여기에 포함된다. 까르니따스는 좀 다른 경우이나 꼬치니또 삐빌, 비리아, 바르바꼬아 모두 원래 뻡에서 조리된 것으로, 그 기본은 굽기, 훈제, 삶기 등이 절묘하게 어우러진 것이다. 불행히도 요새는 땅을 파고 익히는 경우를 잘 보기는 어렵고 오븐에서 굽거나 그냥 삶는 경우가 많다. 마치 우리나라 순대나 머릿고기를 팔 듯 커다란 솥에 은은히 쪄서 약간 두꺼운 비닐을 올려 온도를 유지하는 것과 비슷하게 파는 것은 도시에서 흔하게 볼 수 있다.

꼬치니또 삐빌과 비리아, 바르바꼬아의 공통점은 바로 양념에 있다. 구체적으로는 다르다고 해도 기본적으로 레까도라는 양념이다. 물론 레까도라고 정확하게 말하긴 어려운데 유까딴 지역 마야 음식의 전통에 속하는 양념, 앞에서 설명한 바 있지만 육류에 사용하는 붉은 레까도가 이 요리들의 공통점이다. 붉은 레까도는 일단 고춧가루 그리고 빅사 오렐라나(아치오떼achiote) 열매, 정향, 백리향, 오레가노, 계피, 마늘, 통 후추, 소금 등을 함께 갈아서 만든다. 지역에 따라 약간씩 달라지긴 하지만 이런 향신료가 조합된 양념은 고기의 누린내를 제거하는 데에 상당히 효과적이다. 이 양념과 더불어 꼬치니또 삐빌의 경우 특이한 것은 오렌지 주스에 담가 양념을 한다는 것이다. 파인애플과 더불어 오렌지 주스 또한 고기를 연하게 하는 효과와 양념이 잘 배어들게 하는 효과가 있다. 살코기에 은은히 감도는 오렌지 향은 상당히 매력적이다. 고기가 질기거나 아니면 다른 향을 즐기고 싶을 때는 파인애플 주스 혹은 다진 파인애플을 넣어주는 것도 좋다.

꼬치니또 삐빌과 비리아, 바르바꼬아의 경우 바나나 잎에 싸거나 용설란 잎으로 싸서 익히는 경우가 많은데 우리나라에서는 구하기가 쉽지 않다. 연잎, 한지 등으로 대신할 수 있는데 물론 향은 상당히 다르다.

조리법[30]

● **꼬치니또 삐빌**

1. 고춧가루 그리고 빅사 오렐라나 열매, 정향, 백리향, 오레가노, 계피, 마늘, 통 후추, 소금 등을 취향에 따라 배합한 후 300ml 오렌지 주스에 잘 섞어준다. 경우에 따라 다진 파인애플을 첨가해도 된다. 향신료

---

30 모든 조리법은 4~5인분 기준이다. 또한 지역별로 차이가 있다. 여기서는 가장 보편적이면서도 우리나라에서 조리할 수 있는 방법을 기본으로 했다.

에 익숙하지 않은 경우 마늘, 통후추, 소금, 계피 등만을 사용해도 무방하다. 오렌지 주스의 경우 직접 짜게 되면 향이 더 강해진다. 조금 더 강한 향을 원한다면 녹색 오렌지를 사용하면 된다.

2. 돼지등심, 혹은 결이 살아 있는 살코기 1kg을 잘 다져 먹기 편한 크기로 만든 후에 만들어진 양념과 잘 섞어준다. 이후 덮개를 덮은 후 냉장고에 넣어 하룻밤 정도 재워준다.

3. 바나나 이파리 혹은 한지에 양념된 고기를 넣고 흘러나오지 않게 실이나 끈으로 잘 묶은 후 냄비에 넣어준다. 냄비는 금속 재질보다 자기로 된 것일수록 좋다. 뚜껑을 덮는데 부드러운 고기를 먹고 싶다면 뚜껑을 호일로 밀봉해도 좋다. 구워진 느낌을 더 좋아한다면 뚜껑 없이 준비해도 된다.

4. 예열된 오븐에 냄비를 넣어준다. 원래 뺍에 조리하게 되면 만 하루 이상을 익히지만 중불로 익힐 경우 약 한 시간 정도 익혀주는 것이 좋다. 부드럽게 삶아진 느낌을 더 선호한다면 불을 끄고 약 15분 정도 뜸을 들이는 것도 좋다.

5. 우리나라에서는 잘 익은 김치와 상추, 기타 쌈 그리고 쌈장과 함께 즐길 수 있다. 고기에서 풍겨 나오는 은은한 향을 즐기고 싶다면 간단한 양념장, 삶은 양배추와 즐기는 것도 좋다. 양념에는 빠진 양파를 곁들이는 것도 좋다.

● 비리아

1. 고기를 익히는 것은 꼬치니또 삐빌과 흡사하다. 차이점이 있다면 멕시코 막걸리인 뿔께를 사용하는 것인데 고기가 조금 더 걸쭉한 느낌으로 익는다는 것이 차이점이다. 고기는 4인분의 경우 500g 정도가 적당하나 고기를 좋아한다면 더 준비해도 무방하다.

2. 비리아의 포인트는 바로 고기가 아니라 시원한 국물인데 우리나라 해장국 못지않게 시원하다. 마늘, 후추, 오레가노, 소금 등과 말린 고추, 다양한 고춧가루 등을 넣어주는데 우리나라에서는 고춧가루와 다진 청양고추를 넣어주면 그 맛이 비슷해진다. 또한 멕시코 국 요리의 특징인데 우리나라에서는 거의 사용하지 않는 토마토를 사용한다. 잘 익은 토마토 700g에서 1kg 정도를 껍질을 벗겨 끓는 물에 넣고 다져주면 금세 붉은 국물이 우러나며 토마토 특유의 은은한 단맛이 올라온다. 여기에 준비된 각종 양념을 넣고 은은한 불에서 40분에서 한 시간 정도를 달이듯 끓여준다. 감칠맛을 위해서 파인애플을 다져 넣을 수도 있고 오렌지 주스 등 다른 주스를 첨가할 수도 있다. 레몬즙이나 식초를 넣을 수도 있다. 이후 강한 불에 한 번 더 끓여 거품 등을 제거한 후 고기와 함께 곁들여 내면 된다. 취향에 따라 들깨와 깻잎을 넣어도 좋다.

뜨거운 토마토 국물이 익숙하지 않은 사람들은 토마토 없이 조리해도 상관없다.

3. 요새는 고기와 국물을 따로 준비하지 않고 함께 익히는 것이 추세인데 고기 종류에 상관없이 냄비에 10분 정도 익혀준다. 이후 끓었던 물을 제거하고 차가운 물을 넣어준다. 이리저리 저어준 후 기름과 기타 거품들을 제거한다. 이후 토마토와 각종 양념을 넣고 약불에서 40분에서 한 시간 정도 은은히 익혀준다. 조리가 마무리되기 10분 정도 전에 파인애플 혹은 오렌지 주스 등을 넣는 것이 좋다. 그 양은 취

향에 따라 다르겠지만 티스푼으로 2~3스푼 정도가 적당하다.

4. 국그릇이 아니라 바닥이 약간 깊은 그릇에 담아 내는 것이 비리아의 특징이다. 또한 시원하게 매운맛을 내기 위해 먹기 전에 다진 고추를 넣을 수도 있다. 보통 고기는 또르띠야에 싸서 먹고 국물은 마시거나 숟가락으로 먹는데 우리나라에서는 색다른 국 요리로 밥과 함께 먹어도 손색이 없다. 매운맛이 강하고 약간 싱거운 느낌으로 먹는 것이 보통이나 밥과 함께 먹기 위해 간을 적당하게 해도 큰 문제는 없다.

● 바르바꼬아

바르바꼬아는 집에서 조리하여 먹을 수 있는 음식이라 보기 힘들며 또한 특정 음식을 지칭하는 것이 아니라 조리되는 방식을 말하는 것이다. 집에서 조리하는 방식은 꼬치니또 삐빌과 그리 다르지 않으나 양념은 상대적으로 덜 된

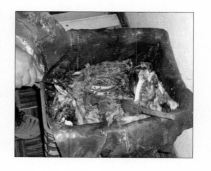

다. 조리되는 시간이 짧지 않아 통마늘 혹은 반으로 자른 양파를 그대로 넣어주는 경우도 있다. 전통적으로 용설란 잎에 싸서 익히게 되는데 그 향을 대신할 만한 재료는 우리나라에 없는 것 같다. 어떤 방법으로도 구덩이 오븐에서 익혀 나오는 오묘한 균형의 맛을 재현하기는 어렵다.

● 까르니따스

까르니따스는 쉽게 튀긴 고기라고 할 수 있다. 보통 돼지의 다양한 부위를 사용하는데 등심, 곱창, 앞다리살 등 거의 부위를 가리지 않는다. 일반 식용유도 괜찮지만 사실 돼지비계 만떼까에 튀기는 것이 제일 맛있다.

1. 고기를 잘 정리한 후 먹기 좋은 크기로 자른 후 냄비에 넣는다. 고기가 잠길 정도로 물을 붓고 소금과 기타 향료, 오렌지 즙 그리고 잘 씻은 오렌지 껍질을 잘라 넣은 다음 물이 졸아 없어질 때까지 졸인다. 귤껍질을 사용해도 무방하다.

2. 수분이 거의 제거된 상태에서 만떼까 혹은 식용유를 고기가 잠길 정도로 넣는다. 은은한 불에 고기가 노릇하게 익을 때까지 익혀준다. 취향에 따라 익어가면서 정향, 백리향, 후추 등을 넣고 상큼한 향이 나게 하기 위해 오렌지 껍질이나 귤껍질을 넣어도 좋으며 향을 강조하기 위해서 유자를 사용해도 좋다.

3. 잘 익은 고기를 체에 받쳐 기름을 제거한 후 쌈을 싸 먹어도 좋고 살사를 곁들여 또르띠야에 싸 먹어도 좋다. 밥반찬으로 먹기 위해서 익은 고기를 잘게 찢은 후에 간장과 레몬즙을 곁들어 먹어도 좋다.

우에보스 란체로스 혹은 란체로 계란찜

멕시코 스타일 계란 프라이라고 할 수 있다. 아주 쉽게 설명하면 계란 프라이에 살사 멕히까나와 과까몰레를 곁들인 것이라 할 수 있다. 어찌 보면 굉장히 간단하지만 아침식사로 그만이다. 바게트 빵에 계란 프라이와 베이컨이나 소시지를 굽고 살사 멕히까나와 과까몰레를 함께 넣어주면 그 자체로 아주 훌륭한 샌드위치가 된다. 또한 살사 멕히까나와 과까몰레를 계란과 잘 섞어준 후 계란말이를 해도 상당히 색다른 음식이 된다. 단 이때 살사의 수분을 제거하고 하는 것이 좋다. 계란말이보다 계란찜이 더 매력적이고 상대적으로 쉬운데 베이컨이나 따꼬 빠스또르 고기를 잘게 썰어 넣어주면 더 좋다. 살사는 한 번 가열하여 수분을 제거하거나 체에 받쳐 수분을 제거한 후 계란과 섞어주는 것이 더 고소한 계란찜을 먹을 수 있는 비결이다. 고소하고 매우면서도 시원하고 담백한 계란찜을 먹을 수 있다.

칠레 레예노

칠레 레예노는 우리에게 그리 낯선 음식이 아니다. 누가 먼저인지는 모르겠지만 멕시코 스타일 고추전이라 생각하면 된다. 차이점이 있다면 고추 안을 채우는 것이 다진 양념 고기만이 아니라 치즈이기도 하다는 것이다. 고추, 매운맛과 치즈의 만남이란 우리나라에서는 상상하기 어렵지만 상당히 매력적이다.

1. 크고 넓은 고추 12개를 준비하고 끓는 물에 살짝 고추를 데친다. 꼭지를 따고 중간 부분을 갈라 씨와 기타 부분들을 모두 제거한다.
2. 치와와 치즈 혹은 와하까 치즈를 채 썰어 고추 안에 채워준다. 물론 다진 고기를 넣어도 상관없다. 이후 이쑤시개 등으로 고추를 고정시킨다.

3. 계란 6개, 밀가루 900g으로 반죽하여 고추에 입힐 옷을 만든다. 고추가 작거나 안에 치즈를 넣은 경우는 반죽을 묽게 하고 고기가 들어간 경우나 고추가 클 경우는 반죽을 진하게 해야 한다. 고기가 들어간 칠레 레예노가 옷이 묽으면 고기가 익기 전에 옷이 타버린다.

4. 팬에 기름을 두르고 고추에 옷을 입힌 후 강한 불에 튀겨낸다. 안에 치즈가 들어간 경우 강한 불로 2~3분 정도 익혀주고 고기가 들어간 경우는 그보다 2배 정도 시간으로 익혀준다.

5. 믹서에 토마토 5개, 양파 1/4개, 마늘 2쪽과 적당량의 소금을 넣어 갈아준다. 취향에 따라 리몬즙을 넣어도 좋고 소금 대신 간장을 넣어도 좋다. 이후 냄비에 넣고 중불에 가열한다.

6. 냄비의 소스가 끓어오르면 튀겨진 고추 위에 뿌린다.

※ 이와 흡사한 칠레 엔 노가다의 경우에는 가장 큰 고추를 사용하는데, 다진 고기와 치즈로 안을 채우고 견과류가 포함된 크림소스로 장식한 후 그 위에 석류 알을 뿌린다. 크리스마스나 연말에 먹는 기념 음식이기도 하다. 고추가 사용되지만 매운맛이 전혀 없고 담백한 것이 특징이다.

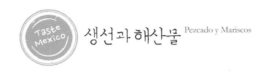
생선과 해산물 Pezcado y Mariscos

　　멕시코는 동서로 약 만 킬로미터가 넘는 해변이 펼쳐져 있다. 동으로는 멕시코 만과 카리브 해가 있으며 서로는 태평양과 캘리포니아 만[31]이 펼쳐져 있다. 반 이상의 주가 바다에 접해 있으므로 각 지역마다 특색 있는 해산물 요리가 발달했다. 물론 육류 음식이 확실히 더 많긴 하지만 해산물 또한 멕시코 식탁에서 빠질 수 없는 식재료이다. 우리나라와 비슷하게 멕시코에서도 연해(緣海)에서 잡히는 어족이나 기타 해산물 수확은 해마다 변화하고 있다. 이런 환경의 변화, 수온의 상승 등은 전 세계적인 현상이므로 가까운 미래에 새로운 해산물이 멕시코의 대표적인 식재료가 될 가능성이 높다. 특히 2010년 멕시코 만 기름 유출 사건은 태안반도의 기름 유출 사고를 연상시키나 그 규모는 비교할 수 없을 정도이다.[32] 이 사고는 멕

31　미국의 캘리포니아 지역에 연결되는 바하 깔리포니아 지역의 바다를 말한다. 대륙 사이의 좁은 바다는 수심이 낮아 북태평양의 바다에 비해 상대적으로 따뜻하다. 또한 인근 지역의 강으로 인해 담수와 염수가 만나는 지역이 많아 다양한 해산물로 유명하다.

32　2010년 4월 석유시추 시설에서 폭발이 있었고 해저에서부터 석유가 솟아오르기 시작했다. 솟아오르는 석유의 압력이 대단하여 특별히 막을 방도가 없었고 두 달이 지난 시점에서도 단 하루에 유출되는 석유의 양이 태안반도에 유출된 석유의 양과 비슷한 실로 상상을 초월하는 대재앙이었다. 어떤 이들은 지구 대재난의 시작이 바로 멕시코 만 석유 유출 사고로 보기도 한다. 2010년 7월 15일 이후 더 이상 석유는 방출되지 않지만 86일 동안 490만 배럴의 석유가 유출되었고 그중에서 약 10% 정도만 수거되었다고 한다. 나머지 석유는 화학 분해제로 인해 바다로 녹아들어 갔다. 이 엄청난 양의 석유 및 석유 화학 분해물이 생태계에 어떤 영향을 미칠지는 아무도

시코 만 생태계에 엄청난 영향을 미쳤다. 무역항에서 어렵지 않게 볼 수 있는 수질 오염의 문제 또한 심각한데 생활하수와 공장폐수의 문제는 매년 더 악화되고 있다고 한다. 식문화의 차이겠지만 멕시코에서 민물고기를 먹는 것은 상당히 드문 일이다. 호수에서 잡힌 물고기는 먹는 경우가 있으나 하천에서 잡힌 물고기는 거의 먹지 않는다. 우리가 한 행동은 우리가 숨쉬는 공기에, 우리가 마시는 물에 그리고 우리가 먹는 식재료 안에 녹아들어 다시 돌아온다는 것을 상기해야 할 것이다.

동서고금을 막론하고 해산물의 생명은 신선함이다. 그러므로 신속하고 간단하게 조리해야 한다. 멕시코의 어느 해변에서도 먹을 수 있는 것이 바로 세비체^{Ceviche}이다. 우리나라의 물회와 흡사한 음식이지만 만드는 방식이나 맛에는 약간 차이가 있다. 세비체는 날생선을 결에 따라 혹은 결과 엇갈려 회를 뜬 후 리몬즙에 재우기도 하고 살짝 데친 해산물에 칠리 소스, 토마토, 아보카도를 다져서 넣는다. 취향에 따라 리몬즙을 더 넣을 수 있고 매운 살사를 추가할 수도 있다. 또한 간장으로 간을 하면 세비체가 색달라진다. 물론 취향에 따라 겨자 혹은 고추냉이를 넣으면 더 감칠맛이 있다. 하지만 역시 해산물 최고의 파트너는 초고추장일 것이다.

세비체의 기원과 유래 그리고 명칭의 의미 등에는 다양한 설이 있다. 멕시코에서는 일반적으로 16세기 아까뿔꼬 지역에서 제일 먼저 세비체를 먹기 시작했다고 한다. 가장 설득력 있는 설은 세비체가 칠

모른다. 현재 DNA 변형 및 변이가 예견되고 있다. 바다에는 국경이 없다. 멕시코 지역의 멕시코 만을 비롯하여 카리브 해 도서지역 그리고 대서양 연안 국가들은 자국의 바다를 철저하게 관리해야 할 것이며 이후 멀어진 재앙의 책임도 확실히 해야 할 것이다.

레와 페루의 해안지역에서 선사시대 때부터 먹었던 음식이며 태평양 연안에서 교역을 하던 선원들에 의해 멕시코까지, 특히 아까뿔꼬 지역으로 전해졌다는 것이다. 페루를 정복한 프란시스꼬 삐사로를 돕기 위해 에르난 꼬르떼스는 아까뿔꼬에 해군용 항구를 설치했고 페루와 멕시코가 태평양 연안을 통해 교역을 했다는 것은 역사적 사실이기도 하다. 마닐라를 오가던 상인들에 의해 불을 사용하지 않고 생선을 조리하는 동방의 요리 기법이 전해졌다는 설도 있다. 이 설은 아마 우리나라와 일본 및 아시아의 도서지역 등에서 날생선, 회를 먹는 문화를 염두에 둔 것일 터이다. 하지만 날생선을 먹는 점을 제외하면 그렇게 공통점을 찾기 어렵고 또한 5세기 이상 이어져온 전통음식인 세비체의 기원과 유래를 밝히는 것은 어쩌면 의미 없는 일일 수도 있다. 어찌 되었건 세비체는 고춧가루가 들어간 김치보다 역사가 오래된 것은 사실이기 때문이다.

살짝 튀긴 도미나 숯불에 구운 농어는 간단히 리몬만 곁들이거나, 마늘이나 고추를 가미하여 조리한다. 특히 고온 다습한 지역에서 튀기는 조리법을 많이 사용하는데 고온에서 튀기는 것은 기후가 반영된 조리법일 것이다. 또한 생선과 해산물의 비린내와 잡향을 제거하고 허브 등으로 새로운 향을 더하기에 좋은 조리법이다. 생선을 튀겨낸 후 말린 허브를 곁들이면 허브 향이 가득한 해산물 요리를 즐길 수 있다. 다른 해물도 비슷한 방법으로 조리되는데 특히 새우와 가재 등을 버터와 마늘로 양념하여 굽거나 튀겨내면 잡향 없이 바삭하고 쫄깃한 식감을 즐길 수 있다. 민물새우가 별미라는 것은 토하(土蝦)젓에 밥을 비벼 먹은 사람이라면 모두 알 것이다. 무엇보다 베라꾸르스 인근 강과 바다가 만나는 지역에서는 맵게 양념한 민물새우와 망고주스를 함께 먹는다. 민물새우의 독특한 향과 껍질째로 먹는 육질 그

리고 매콤한 뒷맛을 달콤한 망고 주스가 깔끔히 씻어주는 별미이다.

　새우를 포함한 해산물은 잘게 썰어 따꼬, 따말, 혹은 파이에 넣고 조리하기도 하는데 시날로아 지방에서는 마치 고추전처럼 고추 안에 해산물을 다져 넣고 부치기도 한다. 멕시코 만에 위치한 땀삐꼬와 베라꾸르스 지역에서는 꽃게의 게살과 케이퍼[33], 양파, 토마토, 고추로 양념을 하여 쪄내는 요리가 유명하며 와하까 해변의 작은 어촌 뿌에르또 앙헬Puerto Angel에서는 은대구에 감자와 양파를 채운 다음 향신료를 섞어 쿠킹 호일에 감싼 후 오븐에 조리하는 요리가 유명하다. 먹기 전 쿠킹 호일을 벗겨내면 대구의 향이 향신료 향과 섞이며 비린내와 잡향이 없는 단백한 향이 입맛을 당긴다. 모렐로스 지방의

33　케이퍼는 지중해가 원산지인 작은 관목의 꽃봉우리를 식초에 절여 만든 초절임이다. 새콤하면서 달지 않아 느끼한 식재료를 상큼하게 바꾸어주는 역할을 한다.

붕어요리는 옥수수 잎에 싸서 요리하며, 남부지역에서는 오하 산따 Hoja Santa[34]를 사용하는 경우도 많은데 후추와 감초를 섞은 것 같은 향이 난다. 옥수수 잎이나 오하 산따를 사용하는 것은 모두 생선의 비린내를 잡기 위한 것이다. 우리나라에서 생선의 비린내를 잡기 위해 마늘, 양파, 파, 생강, 맛술, 미나리 등을 사용하는 것과 비슷하게 멕시코는 다양한 허브를 사용하는 것이 특징이다. 하지만 마늘과 생강 등의 향에 익숙하고 각종 허브의 향에 익숙하지 않은 우리나라 사람들에게는 약간 어색하거나 거북하게 느껴질 수도 있다.

신선한 생선과 해산물은 해변 근처에서 즐길 수 있지만 도시의 대부분이 해발고도 1000미터 이상 고산지대에 위치한 멕시코 내륙지방에서 신선한 해산물을 즐긴다는 것은 그리 쉬운 일이 아니다. 말린 생선을 멕시코 전역에서 볼 수 있는 이유이다. 말린 새우는 동양에서 전해진 것으로, 식민시대 초기부터 이루어진 아까뿔꼬와 마닐라 간의 교역을 통해 전해졌다. 40일이 넘는 항해 중에 선원들은 다양한 방법으로 건조새우를 조리했다. 가장 대표적인 요리법은 로즈마리를 넣은 새우 완자로, 연하고 푸른 로즈메리에 마른 새우로 완자를 만들어 넣고 토마토소스로 마무리하는 조리법이다. 로즈마리의 싱그런 향으로 인해 해산물에서 느껴지는 약간의 비린내마저도 없어지게 된다.

멕시코에서 대구는 우리나라의 명태처럼 염장하기도 하고 건조시켜 먼 내륙지방으로 운반하기도 한다. 이것은 멕시코 요리뿐만 아니라 스페인 요리에서도 사용되는 특징이다. 대구는 염장하거나 건조

---

34 후추와 비슷한 향이 나는 허브로, 여러 가지 이름으로 불리는데 멕시칸 후추잎 Mexican pepper leaf으로 많이 알려져 있다.

시키면 부패되지 않고 오랫동안 보관이 용이하여 바다에서 먼 내륙 지방에서도 생선을 즐길 수 있다. 우리나라의 간고등어나 북어를 연상하면 쉬울 것이다. 오랜 기간 동안 보관하기 위해 사실 멕시코와 유럽의 건조 생선에는 과도하게 소금이 들어가는 경향이 있다. 그래서 대구를 조리할 때는 여러 시간 물에 담가두어 소금기를 제거한다. 짠맛을 싫어하거나 염분을 적게 섭취하기 위해서는 생선살을 마치 빨래하듯 쥐어짜기도 한다. 생선살이 결에 따라 잘게 쪼개져 이후 양념이 더 잘 배어드는 장점도 있다. 올리브유와 고추, 토마토 등을 곁들인 대구포 요리는 멕시코 크리스마스 요리 중 별미에 속한다. 간장으로 마무리하거나 고추장 등을 섞으면 밥반찬으로도 훌륭하다.

멕시코에서 해산물 요리는 일단 조금 매운 것이 특징이다. 물론 매운 살사를 본인이 직접 넣어 먹기에 매운 정도는 조절할 수 있다. 이열치열(以熱治熱)은 비단 우리나라만의 것은 아닌 것 같다. 고추의 고향인 멕시코에서도 통하니 말이다. 땀 흘리며 먹는 해산물 요리는 무더위를 이겨내게 하는 별미이며 그 자체로 단백질과 염분을 보충하는 보양식이다.

세비체 만들기

세비체는 페루에서도 많이 먹고 중앙아메리카 지역에서도 많이 먹는다. 그 원류에 대해서는 논쟁이 있지만 조리법은 간단하고 각 지역별 차이는 거의 없다. 세비체를 만들기 위해서는 무엇보다 신선한 해산물을 준비하는 것이 제일 중요하다. 새우와 오징어, 문어 등의 경우는 살짝 데치고 흰살 생선의 경우는 데치거나 그냥 생으로 먹기도 한다.

1. 1kg 정도의 해산물을 준비한다. 새우와 오징어, 문어, 골뱅이 조개 등은 데친다. 흰살 생선과 굴 등은 잘 씻는다. 모든 해산물은 1cm 혹은 그보다 작게 깍뚝썰기 한다.

2. 손질한 해산물을 한 곳에 넣고 채 썬 양파(1개)와 잘 섞어준다. 양파는 잘게 썰수록 좋다. 리몬은 5~10개 정도 즙을 내고 고추 2개를 다져 넣는다.

3. 냉장고에 45분에서 한 시간 정도 보관하면 리몬즙에 의해 국물은 뽀얗게 변하고 해산물은 부드러워진다.

4. 취향에 따라 매운 살사를 곁들이기도 하는데 초고추장을 곁들여 물회처럼 먹으면 좋다. 조금 더 부드러운 맛을 원한다면 아과까떼를 곁들여도 좋다. 또한 비스킷 등과 함께 먹거나 바게트 사이에 넣고 샌드위치처럼 먹어도 나쁘지 않다. 생선에서 냄새가 날 경우에는 다진 마늘을 넣고 리몬즙을 더 넣은 후 잘 버무려 냉장고에 조금 더 보관하면 된다. 취향에 따라 소금, 실란트로, 민트 등을 첨가하기도 한다. 간장으로 간을 해도 나쁘지 않다.

※ 리몬즙의 산도에 따라 다르지만 생선의 단백질 성분을 리몬즙이 분해하면서 생기는 하얀 액체는 보통 생선 우유 Leche de pescado 혹은 호랑이 우유라고도 불리는데 이를 잘 섞어주면 자극적인 맛을 완화해준다. 물론 단백질 성분으로 몸에도 좋다. 우리나라에선 라임과 레몬을 섞어 뿌려주면 되는데 상대적으로 라임과 레몬의 크기가 크므로 딱 반 정도, 4인분 기준 각 2개 혹은 3개 정도 넣어주면 좋다. 취향에 따라 오렌지를 넣거나 유자, 귤을 넣어도 나쁘지 않다.

멕시코 대구포 조림,
바깔라오 아 라 멕히까나 Bacalao a la mexicana

멕시코의 중앙고원지대와 멕시코시티 주변 지역에서 생선은 염장 형태로 소비된다. 우리나라와 다른 것은, 우리나라의 염장은 염분이 적절하여 바로 요리에 사용할 수 있으나 멕시코의 생선포는 찬물에 담가 여러 번 씻어 염분을 제거해야 한다는 점이다. 씻어내는 과정에서 자연스럽게 으깨지게 된다. 멕시코의 생선포는 염분이 상당히 높다는 것을 기억하자.

준비물: 말린 대구포 1kg, 혹은 북어포도 무방함, 양파 2개, 건포도, 100g, 토마토 1kg, 다진 아몬드 100g, 다진 올리브 혹은 생 올리브 100g, 감자 5개, 500ml의 올리브기름, 피망 3개, 다진 마늘 5쪽, 취향에 따라 절인 할라뻬뇨 고추 혹은 다진 청양고추와 바질 2술.

1. 조리 하루 전에 대구는 차가운 물에 담가 불리면서 염분을 제거한다. 대구가 말랑해지면 손으로 잘게 으깬다.

2. 강불로 한번 끓여 뜨는 거품을 제거하고 자연스럽게 식혀 뜨는 기름과 잡뼈를 제거한다. 물에 한 번 헹군 후 체에 받쳐 물기를 제거한다. 물기가 다 빠지면 올리브기름을 뿌려준다.

3. 프라이팬에 기름을 두르고 양파와 감자를 익히다 채 썬 토마토를 넣는다. 감자와 양파와 토마토가 익으면 약불에 계속 익혀준다. 그 사이 물기를 제거한 으깬 대구포와 다진 고추, 올리브, 아몬드와 건포도를 넣고 다시 중불에 볶아준다.

4. 다 볶은 후 올리브기름을 붓고 취향에 따라 바질을 넣는다. 간이 심심할 경우 간장으로 간을 해도 좋다. 반찬으로 사용하기 위해 조청을 뿌려주어도 좋다.

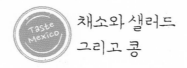

채소와 샐러드
그리고 콩

        에르난 꼬르떼스와 기록전문가였던 베르날 디아스 델 가스띠요Bernal Díaz del Castillo[35]는 뜰랄뗄로꼬Tlalteloco의 시장에서 옥수수, 수십 가지 종류의 콩, 카카오, 고추, 채소, 과일, 고구마[36], 호박을 처음 보고 크게 놀랐다. 베르날이 기술하기를 "이렇게 다양한 물목과, 상인, 상품을 본 적이 없고, 이 모든 것은 조화를 이루며 한 시스템 안에서 바쁘게 움직이고 있었다. 2만에서 2만 5천에 이르는 상인들이 매일 이 시장에 들렀고, 2주마다 그 수는 두 배로 늘었다."고 한다.

  지금도 거의 같은 종류의 채소들이 식용되고 있다. 샐러드나 가니쉬Garnish(음식의 장식)뿐만 아니라 메인 요리도 여러 가지 방법으로 쓰이며, 고구마도 퓨레 형태로 먹었다. 수세기 전부터 호박은 멕시코 음식에서 중요한 역할을 해왔고, 호박씨는 애피타이저로 혹은 그냥 먹거나 갈아서 삐삐안 등의 요리에 양념으로 쓰였다. 호박꽃은 세련된 식재료 중 하나였고 와하까 지역에서는 스프의 재료로 흔히 쓰였다. 호박의 일종인 차요떼Chayote는 모양이 배와 비슷하고 보통 찌거나 삶아서 먹는다. 그냥 먹기에는 심심한 맛이지만, 마늘, 토마토, 고추로 양념을 하면 훌륭한 음식이 된다. 섬유질이 많고 칼로리가 적어 다이

---

35 *Cfr.* Bernal Díaz del Castillo, *Historia Verdadera de la Conquista de la Nueva España,* Madrid, Rosa, 1975

36 고구마의 원산지는 아직 논란의 여지가 있다. 하지만 아메리카 대륙 혹은 남아메리카 지역이라 말하는데 멕시코 요리에 그렇게 많이 사용되지 않는 것으로 봐서는 남아메리카 지역일 가능성도 높다.

어트 음식으로도 사랑받는다. 국에 사용하면 호박과 비슷한 느낌으로 더 시원한 맛이 된다. 실제로 차요떼에 간장 간을 하여 다이어트를 해서 10kg 정도의 체지방을 감소시킨 경우도 있었다.

　세계적으로 멕시코 채소를 이야기할 때, 과까몰레Guacamole를 떠올리는 사람이 많다. 아과꽈떼Aguacuate(아보카도)로 만드는 요리이며, 대부분의 애피타이저에 기본 반찬처럼 함께한다. 선인장 잎Nopal이 해외의 채소시장에서도 찾아볼 수 있게 되었는데 보통 약용으로 많이 사용된다. 펙틴이 풍부하게 포함되어 있어 당뇨병을 비롯한 기타 성인병에 특효하고 한다. 신선하고 아삭한 선인장 잎은 가시를 제거하고 요리하는데, 샐러드, 따꼬 혹은 계란요리에 이용한다. 선인장의 열매인 뚜나Tuna는 멕시코 외에도 여러 나라에서 먹는다. 씨가 많지만 시원하며 달콤한 열대 과일의 느낌이 강하다. 또한 우리나라에서는 백련초 혹은 백련초 열매라고 알려져 있고 건강식으로 유명하다. 그런데 요즘 우리나라에서는 관상용으로 손바닥 선인장이라는 것을 화분으로 키우는 경우도 있다. 이것이 바로 노빨이다. 집에서 키우는 선인장이 식재료가 될 수 있다는 것은 상당히 신선한 충격이 될 것이다.

●선인장과 꽃과 열매

●껍질을 깐 뚜나

고수 혹은 향채, 실란트로^{Cilantro}는 멕시칸 요리에서 빠질 수 없는 식재료이며 향료이다. 유럽에서 전해진 것이나 특이하게 중국요리 대부분에 들어가고 멕시코 요리에도 대부분 들어간다. 멕시코의 남부 지역에서는 세멘시나^{Semen Cina/Artemisia cina}[37]를 많이 사용한다. 남부지역에서 많이 쓰이는 또 하나의 허브는 오하 산따^{Hoja Santa}이며 따말이나 닭요리를 만들 때 쓰이고, 베라꾸르스에서는 생선요리에 쓴다. 향료가 발달했다는 것은 상당히 후각이 발달했다는 말이며 재료의 비린내와 잡향을 잡기 위해 사용했다는 것을 말한다. 사실 우리나라 사람들은 이 음식의 향에 민감하면서도 둔감한데 일단 평소에 느끼지 못하던 향이 느껴지면 거부감을 느끼는 경우가 보통이다. 하지만 우리나라처럼 마늘, 파, 양파, 생강, 등등 향이 강한 식재료를 양념으로, 그것도 일반적으로 사용하는 경우는 드물다. 특히 해외에서 한동안 우리나라 음식과 멀어지게 되면 그 마늘의 강렬한 향이 얼마나 강한지 그리고 자신이 얼마나 그 향을 좋아하는지 알 수 있다. 마늘 냄새가 맛있게 느껴지는 것이 아마 우리나라 사람이 아닐까? 마치 실란트로 향기를 맛있게 느끼는 사람이 바로 멕시코 사람이듯이.

멕시코 요리에서 고추는 그 중심에 있다고 해도 과언이 아니다. 물론 우리 음식에서도 고추는 가장 핵심적인 식재료일 것이다. 고추는 멕시코 지역이 원산지이다.[38] 원주민들의 전통적 식재료이기도 하다.

---

37 초롱꽃목 국화과의 여러해살이풀로 독특한 향이 있고 회충 등의 기생충에 효과가 있다.
38 고추와 옥수수의 경우 원산지가 멕시코 쪽인지 안데스 산맥, 현재의 페루 지역인지는 논란의 여지가 있다. 하지만 음식문화를 보면 멕시코와 중앙아메리카지역에서 압도적으로 고추와 옥수수를 소비하기도 하고 고추 관련 조리법, 고추의 종류 등은 비교할 수 없을 정도로 멕시코 지역이 압도적이다. 사실 더 재미있는 사실은 고추가 굉장히 빠른 기간, 16~17세기에 전 세계로 퍼졌다는 것이며 우리나라를 비롯하여

같은 고추라도 멕시코에서는 재배 지역에 따라 다른 이름으로 불리기도 한다. 고추를 먹을 때 매운 정도는 재배되는 땅과 기후에 따라 달라지며 종류에 따라 그 맛과 향도 서로 다르다. 심지어 약간 느끼한 향을 풍기는 고추마저 있다.[39]

매운 고추의 순위

매운맛은 우리 민족을 상징하는 맛이긴 하지만 우리나라의 고추가 세계에서 최고로 매운 것은 아니다. 물론 고추가 전래되기 이전 우리나라 음식에 매운맛이 없었던 것은 아니다. 전통적으로 우리나라는 마늘을 많이 먹었고 마늘의 매운맛에 익숙한 탓에 고추를 무리없이 우리나라 식재료의 하나로, 현재는 가장 중요한 식재료 중 하나로 받아들였는지도 모른다. 분명히 매운맛은 우리의 자랑이며 우리의 민족적 특징을 상징적으로 나타내기도 한다. 특히 화끈하게 매운 청양고추는 설사 등의 질병에 민간요법으로 사용할 정도로 그 친화도는 상당히 크다고 하겠다.

가장 매운 고추는 고추의 원산지인 멕시코의 고추도 아니다. 특이하게 인도의 고추가 세상에서 가장 맵다고 한다. 그 품종은 부트 졸로키아Bhut Jolokia라고 하는데 이 고추는 매운맛으로 기네스북에도 올

태국 그리고 중국의 일부 지역에서만 즐겨 먹는다는 것이다. 물론 우리나라의 경우 마늘의 매운맛과 고추의 매운맛이 유사해서 더 쉽게 정착하지 않았을까 하는 추측이 있기는 하다.
39 세계에서 네 번째로 맵다고 하는 아바네로 고추이다. 청양고추와 비교도 할 수 없을 정도로 매우나 그 맛이 시원하며 샐러드의 재료로도 가끔 들어간다. 물론 세계에서 가장 화끈한 샐러드일 것이다.

라 있다. 매운맛을 나타내는 스코빌이란 단위로 표현할 때 이 고추는 백만 스코빌 이상으로, 상상을 초월하는 매운맛이라고 한다. 2위는 간발의 차이로 2위를 차지한 방글라데시산 고추 도싯 나가^{Dorset Naga}이다. 최고 97만 스토빌을 기록했다고 한다. 3위 또한 인도산 고추로 나가 졸로키아^{Naga Jolokia}이다. 85만 5천 스코빌을 기록했다고 한다. 4위가 바로 멕시코의 아바네로 고추이다. 특히 붉은 아바네로 고추는 57만 7천 스코빌을 기록했다.

●부트 졸로키아

●나가 졸로키아

얼마 전까지 아바네로 고추는 세계에서 가장 매운 고추로 알려졌으나 인도와 방글라데시의 고추가 발견되면서 순위가 바뀌었다. 하지만 아바네로의 경우 멕시코 음식에 광범위하게 사용되는 반면 순위에 오른 다른 고추들이 어떤 방식으로 음식에 사용되는지는 확실하지 않다. 다시 말해 식용으로

●아바네로 고추

사용되는 고추를 기준으로 보면 아바네로 고추가 여전히 위라고 할 수 있다. 우리에게 엄청난 매운맛과 쥐똥 고추로 알려진 태국 고추의 경우 5만에서 10만 스코빌 사이를 기록하고 있다. 우리나라의 청양 고추는 최대 만 코스빌을 기록했고 보통 4천에서 7천 스코빌이라고 한다. 기록상의 매운 지수는 사실 그렇게 중요하지 않다. 실제 맛은 수치와 상관없이 엄청난 충격으로 느껴지는 경우가 대부분이기 때문이다. 또한 경험상 그런 예감, 이제 곧 닥칠 매운맛에 대한 예감은 경

험해본 사람이라면 분명히 기억할 것이다. 아마 머리가 아니라 혀로, 입으로, 그리고 온몸으로 말이다. 어쩌면 매운맛으로는 우리의 고추가 명함을 내밀기도 어렵지 않을까? 사진에서도 보이듯 외국을 여행하다 약간 통통하고 조금 시든 느낌의 고추가 식탁에 올라왔다면 약간 긴장해야 한다. 지금까지 먹었던 매운맛과는 차원이 다른 매운맛을 느낄 수도 있기 때문이다.

참고적으로 우리나라의 매운맛은 보통 매우면서도 짠 것이 특징이다. 어쩌면 매운맛과 짠맛이 어떻게 조화를 이루는가, 다시 말하면 매운맛과 짠맛이 적절하게 어울려 어떻게 밥반찬이 될 것인가가 중요하다. 멕시코의 매운맛은 시고 맵다. 어쩌면 매운맛이 어떻게 리몬즙 등 산도가 높은 식재료와 어울릴 것인가가 중요한 문제인 것 같고 그 중심에는 어떻게 침을 돌게 하고 입맛을 당길 것인가에 대한 고민이 있는 듯하다. 또한 떡볶이의 경우에는 약간 겹치기도 하겠는데 시고 매우면서 단 경우도 있다. 실제로 고춧가루가 주재료인 사

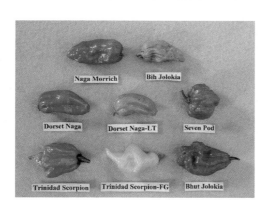

탕이 있을 정도이다.[40] 여기에 약간의 신맛이 가미되는데 이 자체로 멕시코를 상징하는 매운맛이라 할 수 있다. 매운맛도, 같은 고추도 어떤 맛과 결합되는가에 따라 상당히

---

40 우리나라에서도 인기가 있을 만한데 목캔디나 기타 박하 등의 성분이 들어간 사탕류와는 달리 화끈하게 매우면서 비강, 구강을 시원하게 해준다. 수험생들이나 운전기사들의 각성제로도 사랑받을 만하다.

다른 이미지를 준다. 어쩌면 이런 다양성 자체가 어떤 재미가 될 수도 있을 것이다.

또르띠야 만들기

전통적으로 아쓰떼까나 마야에서는 옥수수를 말려서 보관했다. 말린 옥수수를 하루 전에 석회수에 담가 불린 후 껍질을 벗긴다. 말린 옥수수를 석회수에서 불리면 껍질이 쉽게 벗겨지기도 하지만 칼슘, 철분 등의 무기질이 늘어나게 된다. 물론 석회수를 많이 쓰면 몸에 결석이 생기기 쉽기도 하지만 부족한 무기질과 비타민 B를 섭취할 수 있는 방법이기도 하다.[41] 지역에 따라 옥수수를 한 번 삶거나 찐 후 말려서 보관하기도 하는데 생옥수수를 말리는 것보다 한 번 찌거나 삶은 후 말리면 질량이 더 줄어든다. 옥수수 품종에 따라 약간씩 다르지만 한 번 익힌 후 가루로 만들어 반죽하면 더 쫄깃하거나 찰기가 있다.

말린 옥수수를 갈아서 가루로 만들면 이것을 마사masa라고 부르는데 이 마사에 약간의 소금과 올리브유 그리고 미지근한 물 혹은 뜨거운 물을 조금씩만 첨가하면서 반죽을 한다. 생각보다 물이 적게 들어간다. 손에 거의 묻어나지 않을 정도로 반죽을 여러 번 치댄 후

41 펠라그라pellagra라는 비타민 B 부족으로 인해 생기기 쉬운 질환을 예방할 수 있다.

약 35~40g 정도로 떼어내 동그랗게 말아 냉장고에서 2시간 혹은 실온에 1시간 정도 숙성시킨다. 이후 밀대로 동그랗게 밀어 마치 만두 피처럼 모양을 만들면 된다. 이후 굽거나 쪄서 먹는다.

● 여러 색의 또르띠야. 옥수수 종자에 따라, 들어가는 첨가 재료에 따라 색이 달라지기도 한다.

전통적인 방법은 피자 도우를 만드는 것과 비슷하게 마치 박수를 치듯 반죽을 두드리고 손바닥에서 돌리면서 모양을 만드는데 이렇게 만든 또르띠야가 더 고소하다. 고소한 맛을 높이기 위해 계란 노른자를 반죽에 넣기도 한다. 이렇게 만들면 색깔은 더 노랗게 되고 더 고소하다.

조금만 신경 쓰면 그리 어렵지 않게 또르띠야를 만들 수 있으나 대도시에서는 공장에서 만든 또르띠야를 먹는 경우가 많다. 사 먹는 밥과 집에서 먹는 밥이 다르듯 손으로 직접 만든 또르띠야와 공장에서 기계로 만든 또르띠야는 사뭇 맛이 다르다. 또한 어떤 옥수수를 사용했느냐에 따라 고소함, 찰기 그리고 향이 다르다.

밀가루 또르띠야 또한 옥수수 또르띠야와 만드는 방법은 거의 차이가 없다. 물론 어떤 종류의 밀가루를 사용하느냐에 따라 그 맛이 좀 다르긴 하지만 일반 밀가루를 가장 많이 사용한다. 전통적으로 만떼까를 또르띠야 한 개당 5g에서 10g정도를 넣어주는데 돼지비계 기름인 만떼까를 사용하면 더 고소하다.

따말

따말은 또르띠야와 더불어 가장 전통적인 멕시코 음식이며 학자들에 따라서는 그 역사가 5천 년 이상 되었다고 말하는 사람도 있다. 따말은 앞에서도 말한 것과 같이 전통적으로 혼인음식이었으므로 상징적으로 혼인을 의미하기도한다. 따말은 쪄서 만들기에 종종 만두와 비교되기도 하고 반죽을 하여 익히  기 때문에 옥수수 빵 혹은 옥수수 찐빵으로 소개되기도 한다. 바나나 잎이나 옥수수 잎으로 싸고 익히기 때문에 종종 대나무통밥 등과 비교되기도 한다. 따말은 라틴아메리카에서 공통적으로 먹는 음식이긴 하지만 따말이라는 단어 자체가 나와뜰 언어에서 유래했으므로 멕시코 전통 음식으로 봐야 할 것이다.

재료: 옥수수 가루 1kg, 베이킹파우더 1술, 만떼까 6큰술 혹은 식용유, 닭 육수 250~300ml 혹은 물, 아니스 혹은 바질, 소금, 옥수수 잎 혹은 바나나 잎

1. 옥수수 가루와 소금 그리고 만떼까를 넣고 뜨거운 닭 육수 혹은

물을 부어준다. 만떼까를 사용할 경우 약간 달궈 녹여서 사용한다. 반죽을 할 때 아니스 혹은 바질도 함께 넣어준다. 또르띠야의 경우와 같이 약간 되게 반죽하여 치댄다. 입에서 욕이 나올 정도로 치대는 것이 좋다고 농담처럼 말하기도 하지만 약 20분 정도가 적당하다.

2. 옥수수 잎과 바나나 잎을 삶아준다. 물이 한 번 끓어오르면 거품 등을 제거하고 1시간 정도 그대로 둔다. 소독효과도 있으며 조직도 부드러워지고 향도 더 좋아진다.

3. 바나나 잎 혹은 옥수수 잎에 싼 후 잘 접어 굵은 실이나 끈으로 묶어준다. 단, 익으면서 내용물이 팽창하는 경우도 있고 먼저 삶아진 잎은 연하므로 느슨하게 묶어야 한다. 이후 찜통에 넣고 30분 정도 중불에 찐다. 내용물에 따라 한 시간 정도 찌기도 한다.

4. 따꼬와 마찬가지로 따말에 들어가는 재료는 다양하다. 고기를 비롯하여 새우 등의 해산물이 들어가도 무방하다. 보통 고추, 토마토, 양파 등이 기본으로 들어가며 다양한 살사도 함께 곁들인다.

※ 고운 옥수수 가루를 사용하면 따말이 더 견고하며 거친 옥수수 가루를 사용하면 옥수수의 식감이 더하다. 취향에 따라 옥수수 알갱이를 중간에 넣어 씹는 맛을 좋게 하기도 한다.

빵과 후식

　　　　시골에서 가족들이 경영하는 작은 빵집들은 몇 세대를 거쳐 그리 변화가 없는 전통적인 빵을 구워내고 있다. 유럽에서 유입된 밀로 만드는 빵은 멕시코에 들어와 얼마 되지 않아 유럽의 경우와 마찬가지로 저렴한 주식이 되었다. 밀 경작은 소노라, 시날로아, 바하깔리포니아, 과나후아또에서 이루어진다.

　짧은 프랑스 지배기(1864~1867) 동안 빵과 케익은 지배 계층의 음식에서 중요한 자리를 차지하게 된다. 당시 멕시코시티에만 50개의 빵 가게와 128개의 케이크 가게, 그리고 13개의 후식 전문점이 생겨났다. 사실 후식 전문점은 당시의 풍요로움을 단적으로 보여주는 것이다. 이 시기에 만들어진 작고 바삭한 흰빵을 볼리요Bolillo라고 부르며, 이후 멕시코의 식탁에서 기본 빵으로 사용되었다. 볼리요와 비슷한 종류로 뗄레라Telera는 좀 더 납작한 형태이며 일반적으로 말하는 바

● 잘 구워진 볼리요

게트 샌드위치, 스페인의 보까디요^{Bocadillo}와 비슷한 또르따^{Torta}를 만들 때 쓴다.

멕시코 사람들은 본래 단맛의 빵을 좋아한다. 다양한 크기와 종류, 형태를 띤 단 빵은 각자 이름을 가지고 있으며 주로 아침 식탁이나 가벼운 저녁 식탁에 오른다. 추러스^{Churros}는 라임으로 향을 낸 기름에 튀겨내는 것으로 스페인에서 전해졌다. 현재 전 세계에서 즐길 수 있는 과자이긴 하지만 멕시코에선 2~3배로 더 통통한 추러스 안에 초콜릿이나 생과일 잼 혹은 슈크림 등을 넣고 약간 말랑말랑하게 튀겨내기도 한다. 마치 찹쌀 도너츠 같은 느낌으로 뜨거운 잼, 슈크림 등은 색다른 맛을 느끼게 해준다. 단 빵은 파티에서도 많이 먹는데, 와하까의 경우 크리스마스이브에 시럽을 듬뿍 넣은 빵과 과자를 질그릇에 담아낸다. 다 먹고 나면 그릇을 돌길 위에 던져 산산조각 내는 것이 전통이다. 이것은 대보름에 우리나라에서 부럼을 깨무는 것과

●망고는 이대로 바로 얼려도 셔벗이 된다

같은 의미가 있고 러시아에도 차를 마시고 난 뒤 잔을 깨는 풍습이 있다. 이것 또한 우리나라의 부럼처럼 액운을 피하기 위한 것이다.

전통적으로 라틴아메리카에는 꿀을 제외한 감미료가 없었다. 식사 후 아스떼까의 귀족은 빠빠야, 과야바, 파인애플 같은 과일을 후식으로 먹었다. 라틴아메리카에서 사탕수수 재배가 성공적으로 이루어진 후 과일을 설탕에 절이기 시작했다. 그 자체로 훌륭한 후식이

되었고 보관에도 용이했다. 설탕에 절인 과일은 설탕 결정이 보이게 가공하기도 하고 완전히 설탕을 녹여 맑게 절이기도 하며 캐러멜처럼 약간 갈색으로 끓여 가공하기도 한다. 과일을 말리거나 생과일로 만들기도 하는데 멕시코 전역에서 어렵지 않게 볼 수 있다. 여러 색깔의 과일을 갈아 페이스트를 만들어 설탕을 가미하고 건조하기도 한다.[42] 여러 과일로 만들며, 아떼ate라 부른다. 잼처럼 빵에 발라 먹기도 한다. 설탕에 절인 무화과, 파인애플, 망고, 타마린드, 코코넛 채를 채운 라임, 둥근 선인장으로 튀겨낸 과자, 고구마, 파인애플 즙으로 절인 아몬드. 이외에도 땅콩, 호두, 참깨, 호박, 아마란스로 만든 많은 과자류가 있다.

스페인뿐만 아니라 멕시코에서도 달걀노른자는 과자에 두루 사용된다. 특히 스페인과 멕시코의 수녀원에서 개발된 많은 과자는 계란 노른자로 만들어졌다. 노른자의 고소함과 부드러

●쿠키|galletas는 기본적으로 달다.

움이 잘 살아 있는 과자는 일반적으로 쿠키라고 부르는 형태가 대부분이다. 아침식사 대용으로 먹을 수 있을 정도로 몇 개만 먹어도 배가 부른 경우가 많다.

시골에서건 도시에서건 길거리에서 투명한 플라스틱 용기에 담아 파는 젤리는 빨강, 초록, 오렌지, 노랑 등 여러 색으로 만들 수 있고 언제 어디서나 먹을 수 있어서 말하자면 패스트푸드 스타일 간식이

---

42 여러 과일로 만들며, 아떼ate라 부른다.

●롬뽀뻬

다. 럼과 브랜디를 계란에 섞어 만든 롬뽀뻬[Rompope][43]를 얹어서 먹기도 한다. 또한 유리잔에 담아 호두나 술을 얹어 그대로 후식으로 먹기도 한다.

아이스크림과 셔벗이 가장 유명한 곳은 미초아깐이다. 아이스크림을 사려고 사람들은 길게 줄을 선다. 종류도 다양하다. 미초아깐 아이스크림은 멕시코 전국에서 맛볼 수 있다. 직접 만드는 경우가 많아 전통 있는 가게마다 메뉴도 다르고 맛 또한 약간씩 다르다.

멕시코의 후식은 굉장히 발달해 있으나 사탕수수 농업이 발달하고 질 좋은 설탕이 흔한 탓인지 우리나라 사람들의 입맛을 기준으로 보면 약간 달다. 일반 슈퍼에서 살 수 있는 과자류나 기타 주전부리들이 모두 그렇다. 그러므로 일반적으로 모든 후식이 그렇듯, 식사 후 남아 있는 메인 요리의 흔적, 맛과 향을 닦아내고 깔끔하게 마무리하는 정도로만 먹는 것이 좋다. 후식의 칼로리가 메인요리 못지않은 경우가 많기 때문이다. 하지만 피곤한 여행을 했거나 정신적인 스트레스로 힘들 때 달콤한 멕시코 후식은 상당한 피로 회복제 역할을 한다.

●망고 롬뽀뻬

43 노란 빛이 도는 술로 도수는 그리 높지 않고 단맛이 나는 것이 특징이다.

멕시코의 풍성함이 돋보이는 또르따

또르따는 스페인과 유럽에서 케이크나 피자 도우와 흡사한 빵 위에 과일과 기타 잼 등을 얹은 후식을 말한다. 그 종류가 굉장히 다양하여 사실 어떤 것이 진짜 또르따 혹은 토르타인지 애매할 정도이다. 마치 카스타드 케이크 혹은 우리나라의 부침개나 전처럼 각 가정마다 저마다의 방법, 레시피로 만드는 요리의 이름이다. 그 이름 안에 다양성을 포함하고 있는 것이다. 특이하게 필리핀에서는 감자, 고기 등을 넣은 오믈렛으로 토르타라는 명칭을 사용하기도 한다. 하지만 멕시코에서 또르따를 먹게 된다면 다른 모든 또르따 혹은 토르타를 잊게 될 것이다.

빵에 고기와 채소 혹은 샐러드를 넣어 먹는 햄버거는 전 세계적으

로 유명하다. 햄버거의 유래에 대해서는 여러 가지 설이 있으나 사실
그 여러 가지 설은 그리 중요하지 않다. 일반적인 레스토랑에서 스
테이크를 시키면 빵이 나오고 간단한 샐러드가 나온다. 소스를 뿌리
고 빵 사이에 익은 스테이크와 샐러드를 넣으면 햄버거가 된다. 물론
더 중요한 것은, 그냥 스테이크를 먹으면서 빵도 먹고 샐러드도 먹으
면 되는데 왜 햄버거 스타일로 만들었냐는 것이다. 가장 그럴듯한 가
설은 햄버거가 전투식량으로 사용되었다는 것이다. 또한 정크푸드
라는 오명을 쓰고 있는 수많은 패스트푸드점의 주방은 넓게는 함선
에서 사용하는 주방을, 더 정확히는 잠수함에서 사용하는 주방을 모
델로 했다고 한다. 보통 패스트푸드점은 2차 세계대전 이후 발전하
기 시작하는데, 역시 전쟁과 패스트푸드가 무관하다 하기 어려운 점
이 바로 여기에 있다.[44] 어찌 보면 햄버거는 야전 전투식량의 후예인
것이고 그래서 군대에서 햄버거 배급이 나오는 것도 그리 이상한 일
은 아니다. 물론, 샌드위치의 경우 다양한 형태로 그 이전부터 있었
을 것이다.

그 유래가 정확하진 않지만 또르따 또한 비슷한 과정을 거쳐 만들
어지고 형성되었을 것이라 짐작할 수 있다. 또르따와 아주 흡사한 샌
드위치를 파는 곳이 있는데 바로 서브웨이이다. 바게트 빵에 다양한
채소와 고기를 넣어서 뜨겁게도 차갑게도 먹는 서브웨이 샌드위치는
또르따를 닮아 있다. 서브웨이의 샌드위치 스타일이 상당 부분 또르
따를 따라했다고 추정되지만 유럽에도 비슷한 샌드위치가 있었기 때
문에 단언하기는 어렵다.

44 Peter Nowak, *Sex, Bombs and Burgers: How War, Porn and Fast Food Created Technology as We Know It*, New york, Allen & Unwin, 2010, pp.152-163 참조

또르따의 차별성은 사실 그 크기와 다양성에서 있다. 또르따는 볼리요Bolillo, 그리고 조금 더 납작하고 평평한 뗼레라Telera라는 빵으로 만드는데 그 크기가 일반적인 빵과 다르게 두 손으로 잡아도 가득할 정도로 크다. 이 빵을 반으로 갈라 속을 약간 떼어낸 후 콩과 버터 등을 발라 빵을 굽고 각종 채소와 햄, 계란, 초리소 등 다양한 재료를 빈틈없이 채운 후 저린 할레뻬뇨 혹은 치뽀뜰레로 마무리한다. 쉽게 따꼬가 또르띠야 혹은 다양한 재료로 음식을 싸 먹는 방식을 말하는 것이라면, 또르따는 볼리요와 뗼레라 등의 멕시코 스타일 바게트 빵에 다양한 재료를 넣어 먹는 샌드위치 스타일이라고 할 수 있다.

따꼬의 경우와 마찬가지로 또르따도 길거리에서 파는 경우가 많다. 또르따의 매력은 무엇보다 속이 꽉찬 풍성함이며 두 손으로 잡아도 넘쳐나는 넉넉함이다. 특히 배낭여행을 할 때 저렴하면서도 든든하게 먹을 수 있는 아침 겸 점심 혹은 넉넉한 오후를 만들어주는 친구라 할 수 있다. 또한 주목해야 할 것은 또르따의 경우 모든 재료가 신선하다는 것이다. 계란과 햄 등을 비롯하여 지역 시장 근처에서 파는 그 지역 특산물로 만들기에 그 신선함은 굳이 강조할 필요가 없다. 모든 재료를 아낌없이 넣어 속이 꽉 찬, 조금의 빈틈도 없는 그 넉넉한 멕시코 샌드위치, 또르따는 우리나라 사람들, 특히 배낭여행 족들에게 따꼬보다 더 추천하고 싶은 음식이다. 멕시코를 여행한다면 반드시 또르따를 먹어야 한다. 지역별로 다른 재료 다른 맛, 하지만 공통점, 넉넉하고 풍성함을 느낄 수 있기 때문이다. 어쩌면 이런 넉넉함과 풍성함이 멕시코 음식의 기본정서인지도 모르겠다.

낯설면서도 익숙한 디저트, 니에베스와 수제 아이스크림

초등학교 다닐 때였던 것으로 기억난다. 어느 여름 아버지와 무슨 일로 대전역에서 기차를 타게 되었는데 어디를 향해 가던 중이었는지는 확실히 기억나지 않는다. 당시는 동네 제과점에서 과일 빙수라는 것이 팔기 시작하던 때였다. 다시 말해 팥빙수가 점점 진화하던 시기였다. 열대 과일에, 아이스크림에, 생과일까지 그리고 기타 등등의 토핑 재료들이 들어가면서 팥빙수는 일대 변혁의 시대를 겪고 있었다. 기차 시간이 약 한 시간 정도 남았었는데 대전에서 공군 장교로 군복무를 한 아버지는 기억을 더듬어 근처를 두리번거리며 무언가를 찾았다. 두어 평 남짓한 팥빙수 가게였다. 뭐랄까 지금 기준으로 하면 100% 수작업, 핸드 메이드 팥빙수였다. 커다란 얼음이 마치 계피 엿처럼 가게 한 가운데 자리 잡고 있었고 주인 할아버지는 대패로 얼음을 갈아 그릇에 담고 있었다. 그릇도 스테인레스로, 화려한 빙수에 비하면 너무 소박해 보였다. 갈린 얼음에 우유를 넣고 위에 연유와 단팥 고명을 올리면 그게 전부였다. (적어도 내 기억으로는 그렇다.) 투덜거리며, 이게 무슨 팥빙수냐고 불평하면서 숟가락을 들었는데 그 부드러움이란. 대패로 갈아 마치 밤 사이에 내려온 눈처럼 부드럽게 넘어가는 갈린 얼음의 부드러움에 우유가 어우러지고 연유의 달달함과 단팥의 고소함이 어우러지는 한입. 유명한 집이 된 이유가 분명히 있었다. 완벽한 비율로 어우러진 맛의 조합. 현재 기계로 분쇄되듯 갈린 팥빙수, 과일빙수만 먹어본 세대는 분명히 불행한 세대이다. 대패로 간 얼음의 부드러움을 모르기 때문이다.

그런데 이 대패로 간 팥빙수의 기억이 바로 멕시코에서 되살아났다. 부드럽게 갈린 얼음에 우유와 연유 혹은 농축우유를 넣고 각종 생과일 즙을 올려 먹는 니에베스Nieves는 추억을 떠올리기에 아주 적

합했다. 부드럽게 갈린, 대패로 간 얼음을 먹어본 적이 없다면 공감하기 어려울 텐데 사실 니에베스라는 단어가 눈(雪)이란 뜻이다. 누구나 한 번쯤은 하늘에서 내리는 눈을 먹어본 적이 있을 것이다. 사실 먹었다는 표현을 쓰기 어려운 것이 입에 들어가자마자 사르르 녹아 없어지기 때문이다. 그렇게 사르르 녹아 없어지는 얼음과 입에 남아 있는 각종 재료의 맛, 그 달콤함. 상당히 거부할 수 없는 매력의 디저트이다. 니에베스는 최초의 아이스크림을 닮아 있다. 물론 셔벗Sherbet이라 불러야겠지만

말이다.

최초의 아이스크림은 로마 황제와 귀족들이 즐긴 것으로 알려져
있는데 만년설을 마차에 실고 궁전까지 내달려 여기에 꿀과 우유 그
리고 기타 과즙을 넣어 먹었다고 한다. 그때나 지금이나 부드럽게 녹
아 사라지는 시원한 맛은 잊기 어려운 기억이었을 것이다.

니에베스 말고 진짜 아이스크림, 수공 아이스크림도 유명한데 미
초아깐^{Michoacan} 지역이 대표적이다. 얼음에 소금을 섞은 후 그 위에 스
테인레스 그릇을 올리고 그 안에 우유 혹은 농축우유를 넣어 천천히
저으며 생과일이나 생치즈를 첨가하고 계속 저으면 어느새 부드러운
수공 아이스크림이 완성된다. 일반 우유를 사용하면 아주 가벼운 느
낌이고 농축우유를 사용하면 진하고 부드러운 맛이 난다. 보통 커다
란 스테인레스 통에 여러 가지 맛의 아이스크림을 담아 파는 경우가
많은데 가격에 비해 상당히 수준 높은 맛을 느낄 수 있다. 현재는 냉
장 기술이 발달해 약간 공장 형태로 변했지만 그래도 수공의 형태를

● 전통적인 니에베스 가게

유지하고 있는 경우가 많다. 특히 계절별로 나오는 과일과 기타 견과류 생치즈 등을 섞어서 만드는 생아이스크림은 고가의 아이스크림에 견줄 수 있을 정도로 맛있다. 특히 쌀 음료인 오르짜따를 기본 베이스로 하는 쌀 아이스크림은 상당한 미각적 충격과 재미를 준다. 개인적으로 아침햇살을 아이스크림화했다거나 식혜를 아이스크림으로 만들어놓은 것 같았다. 부드러운 아이스크림 속에서 씹히는 쌀알도 상당히 특이하고 맛있었다.

함박눈처럼 부드러운 생과일 맛의 니에베스와 수공 아이스크림은 멕시코에서 반드시 맛보아야 할 디저트이다.

●호두와 땅콩, 생우유로 만든 아이스크림

PART 03

지역별 멕시코 음식

멕시코에는 31개의 주와 1개의 특별주가 있다. 이 지역마다 특색
있는 음식이 있고 맛이 있으나 주별로 소개하는 것보다는 지역적 특
성에 따라 구분하는 것이 더 효과적인 방법이 될 것이다. 지도와 같
이 멕시코는 약간 왼편으로 기울어진 큰 산맥이 있고 두 산맥이 만나
는 중앙고원 지역이 있다. 그리고 이곳에 멕시코의 전통적인 중심이
지며 현재의 수도인 멕시코시티, 혹은 아나왁 지역이 위치하고 있다.
그리고 두 산맥의 사이에 마치 분지와 비슷하게 바히오 지역이 위치
하고 있다. 또한 북아메리카의 마지막 부분이라 할 수 있는 떼완떼뻭
지역, 떼완떼뻭의 오른편으로 마야의 후기고전기 중심지인 유까딴
반도가 위치한다. 마지막으로 산맥 서쪽은 태평양 연안지역이다. 또
한 지형적으로는 광범위하지만 사막지역이라는 동질성이 있는 북부
국경지역이 있다. 이들 지역들은 지형적 특색으로 인해 문화적인 동
질성, 특히 음식을 기준으로 보면 동질성이 유지되고 있는 편이다.

이렇게 6개의 지역으로 구분하여 지역적 음식의 특징을 소개할 것
이다. 다만 유까딴 지역은 이미 1부에서 언급한 마야음식에 포함되
어 있으므로 제외하였다. 사실 지역별 특색 음식은 리스트를 작성하
듯 서술하고 묘사하면 아주 단순하게 끝낼 수 있다. 하지만 지역의
특징, 그곳의 분위기와 대지의 느낌 등을 함께 설명하기 위해 노력했
다. 그 지역의 특산품, 특산물은 그곳의 풍광과 어우러졌을 때 더 빛
을 발하기 때문이다. 또한 멕시코의 지형적 특징으로 지역을 나누는

것은 이 책의 특징이자 멕시코에 관심이 있는 사람들에게도 약간은
낯선 것이다. 행정구역이 확실히 나누어져 있는데 이런 무자비한(?)
구분은 아마도 외국인이기 때문에 가능한 일이었을 것이다. 앞으로
그 지역의 바람과 대지와 그리고 식재료가 어우러지는 맛을, 서술과
묘사를 통해 읽는 이들이 느낄 수 있기를 바란다.

 떼완떼뻭 지협

떼완떼뻭^{Tehuantepec} 지협(地峽)은 멕시코에서 동서가 문화적으로 서로 만나는 가장 좁으면서도 아름다운 곳으로, 해안선 간 거리가 215km에 불과하다. 멕시코 만 쪽의 따바스꼬^{Tabasco} 주와 베라꾸르스^{Veracruz} 주는 연중 강수량이 3,000ml 이상으로 열대기후에 가까우나 태평양 연안 남쪽은 훨씬 건조해서 강을 따라 농경지가 발달하였고 이외의 지역은 거의 사막 혹은 준사막 기후에 가깝다.

●사각형으로 표시된 지역이 바로 떼완떼뻭 지역이다.

지도에서는 마치 삼각형의 꼭짓점 같은 느낌인데 엄밀히 말하면 바로 이 지역이 북아메리카 대륙과 중앙아메리카의 구분점이다. 쉽게 북아메리카의 마지막 부분이라 할 수 있다.[1] 이 지역을 지나면 열대우림이 넓게 펼쳐져 있고 역사적으로도 마야문명 지역이다. 다시 말하면 이 지역은 마치 깔때기처럼 멕시코 만과 카리브 해, 태평양, 중

---

1 참고로 남아메리카 대륙은 파나마 운하를 지나면 시작한다고 보는 것이 일반적이다.

앙고원 지역 그리고 열대우림 지역 등 다양한 문화와 문물이 만나는 지리적, 문화적 거점이라 할 수 있다. 메소아메리카의 최초 문명이라 할 수 있는 올메까Olmeca 문명도 이 지역을 중심으로 발달했다.[2] 이후 펼쳐지는 중앙고원은 동과 서로 이어진 산맥과 만나고 우리나라 강원도와 흡사하게 바다, 산악지형, 분지 그리고 멕시코의 경우 사막 지역까지 다양한 기후와 지역의 스펙트럼을 보인다.

떼우안떼빽 지역에서 십여 년 전 발견된 유전으로 많은 일자리가 생겨났지만 동시에 그로 인해 환경오염이 심해지고 있다. 과거와 현재가 강렬한 대조로 드러나는 곳이 아마 와하까Oaxaca 주의 살리나 끄루스Salina Cruz이다. 거대한 석유 운반선이 줄을 서 있고, 굴뚝에서 검은 연기가 솟구쳐 나오는 산업지대에서 불과 60km가 떨어진 곳에 원주민들이 갈대로 만든 원두막에서 전통적인 방식 그대로 살아가고 있다. 이런 면으로 멕시코에서는 시간이 그리고 시대가 공간에 종속되

●살리나 끄루스의 풍경(좌)과 석유 정유소(우)

2 메소 아메리카에서 가장 오래된 문명으로 우리나라의 고조선과 비슷한 느낌이다.
  최명호, 『신화에서 역사로, 라틴아메리카』, 이른아침, 2012, p.51 참조

어 있다고 할 수도 있다. 우리나라의 기준으로 보면 50년대와 80년대 그리고 21세기가 동시에 존재하는 셈이다.

멕시코 만을 따라 북쪽으로 올라가면 전통적이며 특색 있는 요리를 만나게 된다. 베라꾸르스Veracruz는 카리브 해의 영향과 아프리카적인 요소가 공존하며 오랜 기간 동안 대표적인 항구로 유명했기에 유럽적인 요소를 비롯하여 다양한 이국적 경향이 공존하는 요리가 발달했다. 육류와 생선과 해산물 모두 풍성하게 사용하는 것이 공통점이다. 하지만 가까우면서도 기후적으로 상반되는 건조한 고산지대인 와하까Oaxaca에서는 상대적으로 식재료가 부족했는데 특히 육류 및 생선 해산물은 비교할 수 없을 정도로 모자랐다. 허나 콩을 이용한 요리는 지역에 상관없이 공통된 특징이다.

태평양과 멕시코 만의 바닷물이 산맥에서 흘러내려온 강물과 만나 생선과 해산물이 풍성한 것은 우리나라나 멕시코나 마찬가지이다. 이 지역에서 가장 잘 알려진 어류는 동갈치gar, garpike로 살이 많고 육질이 단단하고 맛이 좋아 여러 가지 요리에 사용된다. 우리나라 갈치에 비해 약간 더 크고 담백하면서 맛은 약간 싱겁다. 싱거워서 그 맛이 더 담백하게 느껴지는지도 모를 일이다.

베라꾸르스 항은 수백 년간 아메리카와 유럽을 잇는 전통 항구였다. 또한 그런 이유로 스페인, 프랑스, 미국 등의 국가로부터 침략을 받았으며 심지어 영국과 네덜란드 해적의 표적이 되기도 했다.[3] 하지만 이런 역사적 상처에도 불구하고 문화적 다양성은 이 지역의 특징이 되었다. 베라꾸르스는 문화적으로 다른 카리브 해 도서 지역과 연

---

3   영화 캐리비안 해적이 바로 카리브 해의 해적을 말하며 보통 베라꾸르스 항에서 유럽으로 떠나는 배를 목표로 한 해적들이었다. 현재 관광지로 유명한 깐꾼Cancun 또한 원래 해적들의 본거지였다.

● 떼완떼뺵에서 즐길 수 있는 갑각류(새우, 게, 가제)

관성이 깊으며 음악적으로도 재즈 혹은 라틴 재즈적 영향이 강한 편
이다. 또한 해안 지역에서는 언제 어디에서나 해산물을 즐기길 수 있
다. 길거리에서 파는, 매운탕을 연상케 하는 매운 해물탕과 통통한
게 다리 몇 개는 훌륭한 아침 식사이다.

간식으로 길거리에서 게살 따꼬를 먹을 수도 있는데 베라꾸르스의
별미 중 하나이다. 보통 일 년 내내 더우며 해변에 인접한 지역은 점
심시간이 길고 약간 과식을 하는 경향이 있다. 아마 더운 날씨에 칼
로리 소비가 많은 탓일 것이다. 하지만 점심이 오후 2시부터이므로
점심 먹다가 해가 넘어가는 경우가 많고 음식을 쌓아두고 수다와 함
께 여유 있게 식사하는 모습은 아주 흔하게 볼 수 있다. 먹다가 하루
해가 저물었는데 배가 채 꺼지기도 전에 저녁 먹자는 말을 들을 수
있는, 어떤 면으로 미식가들의 천국이라 할 수 있는 곳이다. 베라꾸

르스 남쪽에 있는 어업항 보가 데 리오^{Boca de Rio}에서는 일요일 점심때면 주말 파티에 늦잠을 자던 사람들, 함께 외식을 하러 나온 가족들로 거의 모든 식당이 만원이다. 기타와 다른 현악기를 든 거리의 연주자들이 나타나서 식당 손님들의 환호 속에 연주를 시작하기도 한다. 연주가 무르익어갈 무렵이 되면 음악에 맞추어 춤을 추는 모습도 어렵지 않게 볼 수 있다. 주말 파티의 뒤풀이 같은 느낌이다.

식전에 땅콩을 갈아 만든 진하고 부드러운 음료인 또리또^{Torito}를 마시는데 경우에 따라 에스프레소 커피와 떼낄라 블랑꼬, 우유를 섞어 마시기도 한다. 식전 술이라는 느낌보다 해장술의 느낌이 강한 음료이다. 보통 통째로 찐 새우, 허브 잎에 싸서 찐 생선, 빠에야^{paella 4}와 비슷하지만 마늘과 고추 맛이 강해, 어쩌면 우리 입맛에 잘 맞는 해물 볶은밥을 즐겨 먹는다. 치뽀뜰레^{Chipotle}로 조리한 문어에 아주 매운 살사를 곁들여 먹는데, 매운맛을 중화시키기 위해 콩죽과 튀긴 바나나를 곁들인다.

이 지역에서 가장 유명한 요리는 베라꾸르스식 도미 요리이다. 토마토와 고추, 유럽의 올리브와 케이퍼^{caper}가 들어가는데 재료의 조합이 뛰어나다. 어떤 면으로 우리나라의 매운탕이 연상되기도 하지만 국물이 적고 자작한 정도라는 차이가 있다. 밥 위에 올려 덮밥 형태로 즐기면 우리 입맛에 잘 맞을 것이다. 치뽀뜰레 혹은 약간 매운 살사를 곁들여 먹는다. 모든 식사의 마지막에 커피를 마신다. 그 느낌은 달고 우유도 듬뿍 들어간 다방커피 느낌이다.

---

4 스페인 발렌시아 지방의 대표적인 쌀 요리로 일반적인 볶음밥과는 다르다. 빠에야라는 명칭은 후라이팬을 의미하는 것이다. 대개는 야채와 육류, 해산물을 곁들인다. 조리는 크고 얇은 팬으로 하며 사프란이나 토마토, 마늘, 고추 등을 양념으로 첨가하기 때문에 향이 독특한 것이 특징이다.

1858년 현무암을 깎아 만든 거대한 두상이 따바스꼬Tabasco 주에서 발견되었다. 현재까지도 계속 연구 중인 올메까Olmeca 문명이 세상에 밝혀지는 계기가 되는 사건이었다. 올메까 문명은 2천 년 전 이 지역에서 발흥한 문명으로 현재까지 발견된 문명 중 메소아메리카에서 가장 오래된 문명이기도 하다. 특히 곱슬머리에 넓은 입술을 지닌 거대한 두석상은 아메리카와 아프리카가 어떤 관계가 있었음을 확실히 보여주는 증거이다.[5]

또한 이 지역은 메소아메리카의 첫 번째 문명이 싹튼 둥지였을 뿐만 아니라, 스페인 정복자들이 처음 정착한 곳이기도 했다. 에르난 꼬르떼스의 탐사대가 1519년 쿠바를 출발해서 유까딴 반도를 거쳐 따바스꼬에 닻을 내린다. 각종 화기와 철기 방패로 무장하고, 이 지역에서는 볼 수 없는 말을 타고 도착한 정복자들은 처음으로 만난 원주민들을 쉽게 무찌를 수 있었다. 원주민들은 제물로 꼬르떼스에게 스무 명의 여인을 바쳤고 그 부하들은 이들을 몸종으로 삼았다. 이 여인들은 최초로 두 세계의 음식을 결합시켰을 테고 이는 오늘날 멕시코 음식의 시작이었을 것이다.

그중 말린친Malintzin 혹은 말린체Malinche[6]라는 여인이 꼬르떼스의 여자가 되었다. 마야어와 나우아뜰어를 말할 줄 알았기에 나중에 통역으로 쓰이게 되었다. 아스떼까의 목떼수마와 에르난 꼬르떼스가 면담할 때 통역을 담당하기도 했다. 베라꾸르스에서 몇 킬로미터 떨어

5 최명호, 앞의 책, p.43
6 얼마 전까지도 자신의 종족을 배신한 여자. 혹은 창녀의 이미지가 강했다. 하지만 동시에 메스티소 인종의 어머니이기도 하다. 또한 엄밀히 말하면 종족을 배신한 여자가 아니라 종족의 원수를 갚은 여자이다. 사실 당시 아쓰떼까는 메소아메리카의 공공의 적이었다.

지역별 멕시코 음식 185

진 곳에 에르난 꼬르떼스는 비야 리까 데 라 베라꾸르스^{Villa Rica de la} ^{Vera Cruz}를 세웠다. 나중에 베라꾸르스는 현재의 항구가 있는 쪽으로 옮겨갔지만 여전히 이 지역에는 유럽풍의 유적이 남아 있다.

와하까^{Oaxaca}는 에르난 꼬르떼스가 베라꾸르스에 도착하고 불과 삼 년 뒤 정복되었다. 그러나 그보다 훨씬 전에 이 아름다운 골짜기에 살고 있던 사뽀떼까^{Zapoteca}인과 미스떼까^{Mixteca}인은 아스떼까의 지배를 받고 있었다. 그들은 몬떼알반^{Monte Alban}7이라는 아름다운 도시를 세웠고 지역을 호령하는 세력으로 성장했지만 아쓰떼까의 지배하에 들어가기 이전에 붕괴하여 와하까 지역에는 강력한 세력이 부재했다.

와하까는 일곱 가지 몰레의 땅^{La tierra de los 7 moles}이라 불릴 정도로 몰레가 유명하며, 스페인 식민시기 동안 많은 수녀들이 음식의 퓨전을 이끌어왔다. 몰레라는 단어는 나우아뜰어인 물리^{mulli}에서 왔으며, 살사 혹은 요리를 뜻한다. 구운 고추와, 토마토, 호박씨, 호두, 향신

료, 참깨를 넣어 만드는 복잡하고 특이한 살사이다. 검은 몰레와 붉은 몰레는 초콜릿을 넣어 더욱더 독특한 맛과 향이 난다. 채소, 허브, 고추, 푸른 토마토 등이 들어간 녹색 몰레도 싱그러운 맛으로 주재료를 돋보이게 한다. 몰레는 계속 씹어야 특이하고 독특한 맛의 조

●와하까 시장에서 파는 가정식 몰레 네그로

---

7 와하까 지역의 대표적 피라미드 유적지이다.

화를 느낄 수 있는데 우리나라에서는 경험하기 어려운 맛이다. 멕시코 음식의 맛을 알려면 몰레는 반드시 거쳐야 핵심이라고 해도 과언이 아니다. 앞에서 언급한 살사가 쉽게 다가갈 수 있는 멕시코 맛의 시작이라고 하다면 몰레는 멕시코 맛의 마무리라고 할 수 있다. 어쩌면 우리나라 사람이 몰레를 즐긴다는 것은 외국인들이 청국장을 즐기는 것과 비슷하다고 할 수 있다. 그만큼 익숙해지기 어렵고 한 번 익숙해지면 정말 잊을 수 없는 맛이다. 그래서 멕시코 맛의 마지막이 바로 몰레라는 것이다.[8]

육류나 다른 종류의 단백질이 부족했던 와하까의 원주민들은 손쉽게 구할 수 있는 재료로 음식을 만들었으며, 벌레나 굼벵이, 구더기도 요리에 활용했다. 와하까에는 두 개의 큰 시장이 선다. 정교하게 짜서 만든 바구니에 볶거나 양념한 메뚜기를 담아 팔며, 따꼬의 형태로 먹는다. 물론 시골에서 메뚜기를 잡아 짚으로 엮어 구워 먹은 경험이 있는 분들에게 곤충을 먹는 지역적 특색은 그리 특별한 것이 아닐 것이다. 이 지역의 특산주인 메스깔Mezcal은 선인장 벌레를 말려 병에 같이 담는다. 벌레를 갈아 소금과 섞어 메스깔이나 떼낄라와 섞으면 뭔가 특별하고 이국적이며 이색적인 술을 마신다고 생각할 수 있지만 실제로는 그저 이벤트일 뿐이다. 술에 절여진 벌레, 구더기는 특별한 맛이나 향도 없고 식감도 번데기에 비하면 없다고 할 수 있다. 약간의 프로테인을 섭취한다는 것 외에 실질적 의미는 없다.

8 더 자세한 내용은 2부 「코스별 멕시코 음식」 참조

와하까 음식점 정보

와하까는 와하까 치즈와 몰레로 대표되는, 어떤 면으로 멕시코 맛의 중심이라 할 수 있다. 원주민의 문화와 콜로니얼 문화가 살아 있는 도시도 아름답다. 가까운 거리에 있는 피라미드 유적지 몬떼 알반 Monte albán은 미적인 면에서 최고로 꼽히는 유적지로, 와하까를 여행할 때 반드시 들러야 하는 곳이다.

●메르까도 베인떼 데 노비엠브레Mercado 20 de Noviembre
쏘깔로에서 남쪽으로 두 블록, 까브레라Cabrera와 까이예 베인떼 데 노비엠브레Calle 20 de Noviembre 사이

쏘깔로Zócalo(중앙광장) 남쪽에 위한 시장으로, 저렴한 가격으로 와하까 스타일 멕시코 요리를 즐길 수 있다. 보통 이런 시장의 경우 오후가 되면 식재료가 떨어져 문을 닫는 경우가 많으나 항상 사람들로 붐비며 이른 저녁까지 영업하는 경우도 많다. 특히 몰레 네그로를 사용한 닭고기 요리가 유명하다. 오전에 들러 아침이나 브런치를 먹는 것이 좋다. 지방 시장의 분위기는 전 세계적으로 비슷한 구석이 있다. 구경도 하면서 바로 조리한 요리를 먹는 맛도 그리 나쁘지 않다.

●쎄나두리아 뜨라유다스 리브레스Cenaduría Tlayudas Libres
Libres #212, 리브레스와 모렐로스가 만나는 모퉁이에서 반 블록 북쪽

와하까의 명물 중 하나로 야시장, 먹을거리 야시장이라 할 수 있다. 저녁 9시에 열어 다음 날 새벽 4시까지 문을 연다. 따끈하게 데운 또르띠야에 콩죽을 넣거나 와하까 께소를 넣어 반으로 접은 께사디야는 꼭 먹어야 하는 메뉴이다. 새벽에 백열등으로 불을 밝히고 소박하게 요리하는 모습은 우리나라 여느 야시장과 그리 다르지 않다. 길거리에 숯불로 멕시코 전통 요리를 조리하는 모습은 그 자체로 관광의 대상이다. 야참의 수준을 넘어 요기를 할 만한 요리도 꽤 많다. 또한 야시장답게 가격도 저렴한 편이다. 세계 어디서나 그렇지만 한 바퀴 돌아보면 사람들이 몰리는 집이 있다. 그런 곳에서 많이들 사먹는 메뉴를 고르면 낭패를 볼 가능성이 적다. 여행 중에 산보 삼아 나와보기도 좋고 야시장을 카메라 담기도 좋다.

● 이따노니Itanoní(Antojería Y Tortillería)
Belisario Domínguez #513, Tel: 951 513 9223[9]
http://www.itanoni.com.mx/

이따노니에서는 가벼운 음식을 판다. 하지만 반드시 들러야 하는데 그 이유는 원주민 전통 옥수수 요리를 먹어볼 수 있는 곳이기 때문이다. 수제 또르띠야의 맛은 기계로 만드는 것과 비교할 수 없을 정도로 고소하고 쫀득하다. 원주민 요리의 소박한 맛과 오후의 출출함을 달래줄 수 있는 곳으로, 여행에 지친 사람들에게는 포근한 느낌도 줄 수 있는 곳이다.

와하까의 중심가 주변, 쏘깔로와 성당 주변으로 많은 식당이 있다. 다들 어느 수준 이상이며 어느 곳에서도 와하까의 자랑인 와하까 치즈와 몰레를 맛볼 수 있다. 쏘깔로 주변의 카페 또한 아주 분위기가

---

9   이 경우 951이 DDD 번호이다. 와하까에서는 513 9223으로 걸고 와하까 외의 지역에서는 951을 눌러야 한다.

좋은 편이다. 와하까는 볼거리, 먹을거리, 들을 거리 등이 많아 여행자들의 오감을 만족시킬 수 있는 곳이다.

베라꾸르스 음식점 정보

베라꾸르스는 무엇보다 해산물 요리이다. 또한 베라꾸르스는 카리브 해의 도서 지역과 연관이 깊으며 전통적으로 유럽과 연결되는 항구였기에 유럽적인 문화도 강한 편이다. 특히 음악이 발달했다. 베라꾸르스 북쪽에 위치한 피라미드 유적지 따힌^{Tajín} [10] 또한 굉장히 아름답다.

● **니에베스 데 말레꼰**Nieves de Malecón
Zamora #20, Veracruz Centro, Tel: 01229 931 3227
http://www.nievesdelmalecon.com/

베라꾸르스의 제방, 방파제를 둘러보면서 빼놓을 수 없는 곳이 바로 니에베스 데 말레꼰이다. 전통적인 방법으로 만들어진 열대 과일 셔벗은 인공 향료로 맛을 낸 아이스크림과 비교할 수 없을 정도로 향기롭고 상큼하다. 물론 음식점이라 할 수는 없지만 맛을 본다면 다들 고개를 끄덕일 것이다. 신선한 열대과일 셔벗과 함께 방파제를 따라 걷다 보면 트로피컬의 느낌이 다가올 것이다.

---

10 365개의 창이 있는 피라미드로 유명하다.

● 엘 미라도르^{El Mirador}

Central Pajaritos, Coatzacoalcos Centro, Tel:921-218-0582
http://www.facebook.com/pages/Restaurant-El-MiRADOR/110791662307158

새로 지어진 축에 속하는 바닷가 전경이 다 보이는 식당이다. 해산물을 즐기기 이상적인 장소로 예약한 단체 손님에게는 정원에 마련된 테이블을 배정해준다. 바닷바람과 바다 냄새가 가득한 곳으로 시원한 맥주와 신선한 해산물, 그리고 주말 저녁마다 연주하는 트로피컬 음악이 어우러지는 파티를 즐길 수 있는 곳이다.

● 울우아 피쉬^{Ulúa Fish}

Ruiz Cortines #2, Costa verde Tel: 229 922 7664
http://www.uluafish.com

여러 권의 요리책도 집필했으며 요리학원도 운영하는 유명한 쉐프 호세 부레라 피카소^{José Burela Picazzo}가 개업한 고급스런 식당이자 카페이다. 특히 호세 부레라는 베라꾸르스 전통 요리에 정통한데 집필한 책도 모두 베라꾸르스 전통 요리에 관한 것이다. 베라꾸르스에서 최고의 베라꾸르스의 음식을 선보이는 곳으로 거의 모든 메뉴가 훌륭하다. 가끔 요리 학원의 학생들이 실습 나오기도 하는데 군기가 바짝 들어간 그들을 보는 것도 소소한 재미이다. 최고의 베라꾸르스 해산물 요리의 맛을 알기 위해선 추천 메뉴를 먹는 것도 좋은 방법이다.

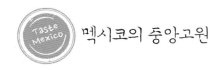 멕시코의 중앙고원

멕시코의 중앙고원^{Anahuac Valley}은 메소아메리카에서 가장 중요한 지역이라 할 수 있다. 아나우악, 멕시카, 멕시코 등등의 명칭이 바로 이 계곡에서 유래하였고 우리나라로 치면 한강유역 같은 곳이다. 역사적으로 이곳을 차지한 세력이 메소아메리카를 장악했다. 거대한 흑요석 산지를 비롯하여 주변의 강을 통해 여러 물류의 운송 또한 용이한 지역이었다. 많은 문명, 국가들이 이 지역을 차지하려 했었고 그중에서 대표적인 것이 거대한 피라미드로 유명한 떼오띠우아깐^{Teotihuacan}이며 스페인 세력과 전쟁을 치렀던 아쓰떼까^{Azteca}이다.[11] 1519년에 벌어진 스페인과 아쓰떼까의 전쟁은 두 개의 세계가 충돌한 사건이었다. 이 충돌은 이후 유럽을 비롯한 전 세계가 변화하게 될 빅뱅이 시작되었다. 그리고 그 중심에 바로 음식이 있고 식재료가 있다. 전에는 없었던 새로운 맛이 탄생하기 시작한 맛의 르네상스 시대가 열린 것이다.

기원전 1,000년경, 유목민들은 소규모로 고원을 누볐으며, 사냥, 낚시, 수렵 등을 했고 일부 지역에서 농경이 시작되었다. 처음 수확한 옥수수는 크기가 작았으나 계속적인 노력과 실험을 통해 수확은 점점 나아지고 옥수수 알갱이도 커졌다. 원주민들은 옥수수를 여러 가지 방식으로 조리하여 먹었는데, 생으로 먹거나 돌에 구워 먹었

11 마야와 함께 가장 널리 알려진 라틴아메리카 문명이다.

다. 말린 옥수수 알갱이를 석회 탄 물에 적시면 껍질이 부드럽게 된다는 걸 깨닫게 되고 나서 옥수수 알갱이를 맷돌에 갈아 반죽을 만들 수 있었다. 동그랗게 만든 또르띠야를 구워서 사냥해 온 고기나, 생선, 간 콩을 넣고 소금과 고추로 양념한 원주민 요리에서 멕시코 전통 요리가 시작한 것으로 본다. 물론 지금의 또르띠야에 비해 약간 더 두꺼웠고 거칠었을 것이다. 재미있는 것은 북쪽으로 갈수록 또르띠야가 얇아지고 남쪽으로 갈수록 두꺼워진다는 점이다. 엘살바도르의 또르띠야는 커다란 호떡 같은 느낌이 들 정도로 두꺼워진다.

라틴아메리카의 대도시, 현대적 의미의 대도시라고 할 수 있는 떼오띠우아깐의 근간은 바로 옥수수 농사였다. 지금의 멕시코시티 북쪽에 위치한 이곳은 상업이 왕성한 도시였다. 면적은 18km²에 이르렀고 AD 500년경에는 인구가 십만 명 이상이었다. AD 600년경 이 도시는 붕괴하고 말았는데 구체적 원인을 알 수는 없지만 아마도 기후 변화에 의해서였을 것이다. 약 천년 후 목떼수마가 멕시코 중앙고원지대를 지배하던 시기에 이 지역은 거대한 피라미드들만 남긴 폐허였다. 하지만 거대한 이 도시는 현재의 관점으로도 또한 당시 아쓰떼까인들의 관점으로도 상상을 초월하는 규모의 대도시였고 엄청난 경외감을 주었다. 그래서 그들은 신들이 거주했던 곳(떼오띠우아깐의 의미가 바로 신들이 거주하는 곳이다), 혹은 신들이 이 세상을 창조한 곳으로 생각하고 신성하게 여겼다. 또한 이곳의 유적들은 이후 만들어질 아쓰떼까의 모든 건축물의 원형이 되기도 했다.

수세기 동안 북쪽 지역을 떠돌며 '아스떼까'로 불리던 야만인들이 멕시코 중앙고원에 도착한 초기에는 다른 부족과 국가들을 위해 용병 역할을 했다. 다양한 전쟁에 용병으로 출정하면서 아쓰떼까는 점점 부유해지기 시작했고 무력으로는 주변에 견줄 대상이 없었다.

그들의 신 우이칠로뽁뜰리^{Huitzilopochtli}는 아스떼까인들에게 선인장 위에서 독수리가 뱀을 먹고 있는 장소에 도읍을 정하라고 계시를 내렸고 그 계시의 장소가 바로 호수 한가운데 있던 두 개의 무인도였다. 1325년경에 이 섬들은 멕시까^{Mexica}라는 이름으로 불리다가, 떼노차스^{Tenochcas}로 이름이 바뀌었다. 후에 다시 떼노치뜰란^{Tenochtitlan}이라 불린다. 이후 제국이 발전해나가는 속도에 비례하듯 도시도 점점 더 발전하기 시작했다. 1519년 떼노치뜰란은 당시 런던의 다섯 배가 넘는 크기였고 인구 수는 스페인 최고의 도시 세비야^{Sevilla}의 두 배 이상이었다. 16세기 최고의 대도시 중 하나였던 것이다. 그 많은 인구를 먹여 살린 것은 섬 주위에 통나무를 엮은 후 갈대 잎과 옥수수 잎으로 매듭을 짓고 그 위로 진흙을 덮고 말뚝을 박아 고정한 인공섬 치남빠스^{Chinampas}였다. 그곳에 옥수수와 고추를 포함한 여러 채소와 꽃을 키웠다. 호수 바닥에 가라앉은 유기물과 도시의 생활하수 등을 거름으로 주었고 1년에 최대 6모작이 가능했다고 한다. 치남빠스를 통해 대도시 떼노치뜰란은 풍족하게 먹고도 남을 만한 곡식을 확보했던 것이다.

아쓰떼까 시절부터 멕시코시티는 다른 지역의 재화와 식료품이 모이던 교통의 요지였다. 주요 산업은 상업이었으며, 여러 종족이 모여든 만큼 다양한 음식을 맛볼 수 있었다. 우리나라 서울이 그런 것처럼 멕시코시티에서도 멕시코 각 지방의 별미를 즐길 수 있다. 이것은 아쓰떼까 문명이 한참 전성기를 누릴 때에도 그랬고 현재에도 마찬가지다.

멕시코시티 근교의 똘루까^{Toluca}는 해발고도 2,800미터의 거친 산지이며 소나무 숲이 넓게 퍼져 있다. 그래서 목축이 이루어진다. 무엇보다 이 지역은 돼지고기 가공으로 유명한데 이곳의 돼지들은 옥수수를 먹고 자란다. 스페인식 소시지인 초리소Chorizo가 유명한데 붉은 초리소와 녹색 초리소가 특산품이다. 시장의 육류코너에 마치 크리스마스 화환처럼 걸려 있다. 금요일에 장이 서는데 이 지역의 까르니따Carnitas[12]는 별미로 수많은 사람들이 간단한 간식 혹은 식사로 즐긴다.

●스페인식
소시지 초리소

멕시코 음식의 요람이라고 할 수 있는 도시는 뿌에블라Puebla이다. 16세기 스페인 정복자들이 세운 도시이며, 여행객들에게는 멕시코시티와 베라꾸르스를 잇는 중요 거점이다. 뿌에블라 수도원에서는 수녀들에 의해 많은 음식이 태어났다. 아마도 전도하고 교화(敎化)하는 과정에서 자연스럽게 이루어진 것으로 본다. 가장 유명한 것이 몰레

---

12 비계에서 추출한 기름으로 튀긴 돼지고기를 의미한다. 보통 다릿살 혹은 등심으로 만드는 경우가 많다. 고급 레스토랑에서는 보통 다릿살을 많이 사용하고 길거리에서는 등심 부위를 사용하는 것으로 알려져 있다. 멕시코 전역에서 어렵지 않게 만날 수 있으며 먹어보면 퍽퍽할 수 있는 돼지 등심이 아주 부드럽게 익을 수 있다는 것을 느끼게 될 것이다.

와 칠레스 엔 노가다^{Chiles en Nogada}13이다. 넓적하고 큰 고추에 다진 고기, 과일, 호두를 넣고 호두와 크림을 섞은 아이보리색 소스를 끼얹은 후 석류를 몇 알 뿌린다. 색감, 맛, 식감의 조화가 절묘한 요리이다. 크리스마스 요리 중 하나로 연말에 자주 먹는다. 어떤 면으로 크고 화려한 고추전이라 생각하면 될 것이다.

원주민 전설에 의하면 7개의 부족이 북쪽으로부터 멕시코의 중앙 고원 지역에 도착했다고 한다. 6개의 부족은 호수 옆에 자리 잡았고, 일곱 번째 부족은 옥수수의 고장인 동쪽 뜰라스깔라^{Tlaxcala}에 자리 잡았다고 한다. 그곳에서 아쓰떼까의 지배로부터 자유롭게 살았다. 에르난 꼬르떼스는 베라꾸르스를 떠나 만년설이 뒤덮인 오리사바^{Orizaba}를 지나 계속 진군했다. 이윽고 땅이 비옥하여, 옥수수와 선인장^{Maguey}이 풍성한 뜰라스깔라에 도착한다. 첫 번째 결전에서 패한 뜰라스깔라 사람들은 에르난 꼬르떼스가 아쓰떼까를 정벌하려 한다는 사실을 알게 된 후 연대하여 숙적이었던 아쓰떼까 제국을 무너트리는데 함께했다. 뜰라스깔라만이 아니라 아쓰떼까의 지배를 받던 많은 도시 국가와 부족들은 무엇보다 인신공양을 위한 인간 사냥의 대상이 되었다. 아쓰떼까의 인신공양 대상은 제국의 영향권에 있던 거의 모든 국가와 도시들이었다. 아쓰떼까의 인신공양이 이루어지면 질수록 아쓰떼까에 대한 반감은 점점 깊어졌다. 스페인 세력이 없었다고 해도 아쓰떼까는 주변의 반란으로 인해 무너졌을 가능성이 높다. 다시 말하면 아쓰떼까에 대한 독립운동에 스페인 세력이 개입한 것이었

13 우리나라 사람들에게 가장 친숙한 요리가 될 것이다. 우리나라 고추전과 그렇게 다르지 않다. 확실한 자료가 없으나 멕시코의 방식이 우리나라에 전달되었을 가능성이 높다.

다. 어떤 면으로 원주민들의 구세주[14]였다고 할 수 있으나 이후 식민 지배는 원주민들이 예상하지 못했던 것이었다.

뜰라스깔라와 이달고[Hidalgo]에서는 풍경에서도 음식에서도 선인장 일색이다. 이 지역에서는 수많은 농장[Hacienda]들이 선인장 재배와 뿔께 생산에 종사했다. 고속도로 옆길로 아마란쓰로 양념한 바르바꼬아[Barbacoa][15]를 파는 매점이 줄지어 있다. 바르바꼬아는 양, 닭, 토끼 고기를 고추로 양념하고, 투명하고 튼튼한 선인장 껍질에 싸서 구덩이를 파고 숯과 장작 등을 넣어 조리한다. 보통 여기에 뿔께를 함께 마신다. 우기[16]가 시작되면 먹을 수 있는 고급 요리가 바로 선인장 애벌레로 만든 따꼬이다. 선인장 애벌레는 선인장 줄기에 사는 나비의 애벌레이다. 이달고 지방에서는 에스까몰레[Escamole]가 유명한데, 개미 알로 알려져 있지만 실은 개미 애벌레이며 튀긴 쌀알처럼 생겼다. 역시 따꼬로 만들어 먹는다. 번데기 등의 먹을거리에 익숙한 사람들에게는 그리 특이하지 않겠지만 처음 보게 되면 약간 혐오감을 느낄 수도 있다. 하지만 애벌레는 훌륭한 단백질 공급원이 되었던 것으로 보인다.[17]

모렐로스[Morelos] 주는 수도인 꾸에르나바까[Cuernavaca]로 유명하다. 아열대 기후로 수도권지역 주민의 주말 여행지로 각광받고 있다. 전통적인 휴양지로 아쓰떼까의 통치자들뿐만 아니라 에르난 꼬르떼스가

---

14 께짤꼬아뜰 전설이 바로 재림 구원자에 대한 내용이다.
15 바르바꼬아는 스페인어로 바비큐라는 뜻이나 일반적으로 알려진 바비큐와는 구별된다.
16 멕시코 전체가 그런 것은 아니지만 멕시코의 절기는 크게 두 가지로 구분된다. 우기와 건기 그리고 그 사이의 기간이다. 보통 우기에 씨를 뿌려 건기에 수확하므로 건기가 더 풍료롭다.
17 4부 「키워드로 보는 멕시코 음식과 문화」 참조

좋아했던 곳이기도 하다. 그는 뜰라우이까스^{Tlahuicas} 유적 위에 호화

로운 궁전을 세웠다. 현재는 시청 건물과 박물관으로 사용되고 있다.
수세기 동안 지배자들의 휴양지였던 만큼 꾸에르나바까는 멕시코시
티보다 훨씬 뛰어난 음식문화를 발달시켰다. 따뜻한 기후로 풍부한
과일과 채소, 특히 우기 때 수확할 수 있는 버섯이 주요 식재료이다.

멕시코의 중앙고원은 현재까지 멕시코의 중심지이며 약 이천만 명
이상이 멕시코시티를 중심으로 경제활동을 하고 있는 것으로 알려져
있다. 멕시코 각지에서 사람들이 모이는 곳이며 현재에도 다양한 음
식문화를 즐길 수 있는 곳이다. 물론 새로운 음식이 만들어지고 여러
가지 실험이 이루어지고 있지는 않지만 멀지 않은 미래에 동양적인

요소가 많이 가미될 것이라 짐작할 수 있다.[18]

꾸에르나바까 음식점 정보

멕시코시티의 음식점 정보는 1부에서 이미 소개했으므로 여기서는 꾸에르나바까의 음식점만 소개한다. 꾸에르나바까는 멕시코시티에서 가깝지만 전혀 다른 분위기의 고풍스런 콜로니얼 도시이다. 사실 꾸에르나바까는 정복자 에르난 꼬르떼스를 위한 도시이다. 특히 피라미드를 허물고 건설한 그의 궁전은 여전히 그 위용을 자랑하고 있다. 현재는 멕시코시티에서 가장 가까운 휴양지로 유명하다.

● 레스타우란떼 아시엔다 데 꼬르떼스 Restaurante Hacienda de Cortés

Plaza Kennedy #90, Tel: 777 315 8844

http://www.hotelhaciendadecortes.com

호텔과 함께 운영된다. 아늑하면서도 고풍스럽고 고급스런 분위기, 화려하게 늘어선 샹들리에, 벽에 가득한 담쟁이 넝쿨 등, 유럽의 고성을 연상케 하는 분위기는 아시엔다 데 꼬르떼스의 매력 중의 매력이다. 거의 모든 메뉴가 어느 수준 이상의 맛을 선보이며 코스 메뉴, 그날의 메뉴를 먹는 것도 그리 나쁘지 않다. 멕시코 전통 메뉴에서 스테이크까지 그 어느 것을 선택해도 후회하지 않을 것이다.

---

18 현재 멕시코에 중국 이주민들이 기하급수적으로 늘고 있다. 이민국의 대부분 사람들이 중국인일 정도인데 현재 세계 2위의 경제규모이므로 물론 이것은 당연하다고 할 수 있다. 또한 이것은 자연스럽게 문화적 교류와 연결될 것이며 이후 간장 등의 소스는 멕시코 가정의 필수품이 될 가능성이 높다.

●까사 이달고^{Casa Hidalgo}

Jardín de los Héroes #6, 꼬르떼스 궁전 맞은편 Tel: 777 312 7033
http://www.casahidalgo.com/

꼬르떼스 궁전을 완전히 마주보고 있는 곳으로 입지가 아주 좋
다. 쏘깔로가 내려다보이는 발코니에서 식사하는 것이 좋으며 야경
도 좋아 식사와 함께 간단한 와인이나 칵테일을 즐기는 것도 좋다.
메뉴가 특별하지는 않지만 모두 어느 수준 이상이다. 꾸에르나바까
의 지역 사교 모임도 자주 열리는 곳으로 관광객만이 아니라 그 지역
사람들에게도 아주 인기 있는 곳이다. 개인적으로 세 종류의 살사로
양념이 되어 치즈와 함께 구운 닭 가슴살을 추천한다. 퍽퍽한 느낌이
거의 없으면서도 완벽하게 익혀 아주 섬세하게 조리되었던 것으로
기억한다.

 태평양 연안

　　　할리스꼬^{Jalisco} 주는 가장 멕시코적인 지역이라 할
수 있는데 특히 세계적으로 가장 많이 알려진 멕시코의 상징적인 문
화, 마리아치 음악, 떼낄라 등의 문화가 바로 할리스코 지역에서 시
작되었다. 이 지역의 해변들은 오랫동안 멕시코를 대표하는 오랜 휴
양지였다. 일 년 내내 고온 다습한 열대기후가 펼쳐져 해변에서는 언
제나 여름을 즐길 수 있다. 물론 그냥 여름이 아니다. 여름, 휴가, 방
학의 이미지가 이 지역에는 가득하다. 특히 아카뿔꼬는 교역 항으로
도 유명했지만 휴양지로도 아주 유명하다. 꼴리마^{Colima} 주에는 멕시
코의 유일한 활화산이 있어, 해변의 모래가 회색과 검은색을 띤다.
꼴리마 해변에서는 청새치가 잡히는데, 훌륭한 세비체 재료가 되며,
토마토 살사로 간을 하여 따꼬로 만들기도 한다. 물론 새치 중에서
가장 고급으로 알려진 청새치를 우리나라에서는 고급 횟감이나 구
이로 사용하기 때문에 따꼬로 즐기는 모습을 보면 왠지 아까운 느
낌이 들기도 한다. 그래서 보통 세비체로 즐기거나 연어처럼 훈제로
즐기는 것이 좋다.

　　바라 데 나비닷^{Barra de Navidad}은 멘도사^{Mendoza} 총독이 1540년 12월
25일 닻을 내린 데서 그 이름이 기원하며, 1564년 이곳에서 미겔 로
뻬스 데 레가스삐^{Miguel Lopez de Legazpi}가 필리핀을 향해 출항한다. 남쪽
에 있는 만사니요와 아까뿔꼬^{Acapulco}가 항구로서 더 중요해졌고, 바
라 데 나비닷은 최근에 도로가 건설되기까지 고립되어 있었다. 그래

●바라 데 나비닷Barra de Navidad

서 독특하고 전통적인 분위기를 유지할 수 있었고 현재는 많은 관광객이 찾는 명소 중 하나이다. 꼴리마^{Colima} 지역의 해변이며 근처에 담수호가 있는 바라 데 나비닷은 전통적인 분위기와 호반의 낭만적인 분위기 그리고 요리로 유명한 지역이다. 호숫가의 식당들은 보통 야자수 잎으로 지붕을 만들고 벽과 담 모두 갈대와 나뭇가지로 엮어 전통적인 분위기를 자아낸다. 녹색 보가 덮인 식탁과 밝은 노란색을 칠한 의자들은 화사한 느낌으로 전통적인 원주민 옷감을 연상케 한다. 갈매기가 물고기를 잡고 조그만 배에서 어부들도 그물로 물고기를 잡고 있으며 보기 어려운 펠리컨이 유유히 물가를 노니는 곳으로, 이 광경에 매료되면 사진 찍는 것을 멈추기 쉽지 않다.

보통 애피타이저로 피조개가 나오는데 육질이 쫄깃하고 날로 먹을 수 있다. 우리나라에서는 회로도 먹고 구이로도 즐기는데 이 지역에서는 리몬즙을 약간 뿌려 날로 먹는다. 그 다음으로는 까마로네스 아 라 디아블라Camarones a la diabla가 흰 쌀밥과 함께 나온다. 왕새우를 고추와 마늘을 넣어 맵게 요리한 것으로 맥주 안주로도 훌륭하다. 양념이 약간 다르긴 하지만 우리나라 떡볶이와 비슷한 느낌도 있다. 둘을 섞어도 훌륭할 것이다. 우리나라 물회와 비슷한 세비체는 리몬즙과 매운 살사 혹은 그냥 리몬즙과 소금만으로 간을 해 먹기도 한다. 메인요리인 생선 숯불구이Pescado zarandeado는 시간이 약간 걸린다. 보통 농어를 은은한 숯불에 굽는 요리로 고추와 마늘을 양념으로 사

●생선 숯불구이Pescado zarandeado

용해 얼큰한 맛이 강하여 입맛을 잃은 사람들에게 좋다. 우리나라의 농어보다 크고 살이 많은데 농어의 결마다 양념이 잘 배어들면 그냥 손으로 뜯어먹을 수 있을 정도로 입맛을 당긴다. 접시 바닥에 남은 마지막 양념까지 또르띠야로 닦아 먹을 만큼 감칠맛이 도는 요리이다.

마사뜰란Mazatlan에서 아까뿔꼬Acapulco 사이의 1,500km에 이르는 해안선을 따라 비슷한 풍의 음식을 맛볼 수 있다. 생선과 해산물은 이 지역에 분포한 6개의 주에서 주식으로 삼고 있으며 해마다 백만 명에 이르는 관광객이 이곳을 찾는다. 관광객들은 익스따빠Ixtapa, 뿌에르또 바야르따Puerto vallarta, 만사니요Manzanillo 같은 해변의 거대한 관광단지를 선호하지만, 전통적인 음식을 맛보기에는 적합하지 않다. 태평양 연안의 최고의 지역음식은 작고 멀리 떨어진 어촌마을이나, 바다와 강이 교차하는 도시에서 만날 수 있다. 강과 바다가 만나는 지역에서는 담수와 염수가 교차하므로 동서양을 막론하고 항상 해산물이 풍부하다.

필리핀 요리의 영향은 만사니요 지역에서 많이 보이는데, 이는 250년 동안이나 마닐라와 교역이 있었기 때문이다. 필리핀과 마찬가지로 육류로는 돼지고기를 주로 소비하며 아도보 필리삐노[Adobo Filipino 19]와 꼴리마 지역의 잔치 음식인 따떼마도[Tatemado]는 비슷한 점이 많다. 필리핀 음식이 멕시코에 영향을 미쳤던 증거일 것이다. 마늘과 식초를 주요 양념으로 쓰고, 월계수 잎과 생강을 사용한다. 차이가 있다면 멕시코 음식은 고추와 커민[20]을 쓴다는 것이다.

해변을 따라 야자수가 자라고, 먼지가 날리는 고속도로를 달리다 보면 푸른 야자수 열매가 쌓여 있다. 여자와 아이들이 야자수 잎으로 만든 파라솔 아래서 껍질을 까고 있다. 코코넛은 이 지역에서 만드는 주전부리의 주재료이기도 하다. 파라솔 아래에 앉아 브랜디, 럼, 혹은 진을 섞은 코코넛 주스[Coco loco]를 마시는 것도 별미이다. 코코넛으로 술을 만들기도 하고, 코코넛 크림, 갓 짜낸 오렌지 주스를 섞은 펀치, 또는 코코넛 속살과 야자수를 발효해 알코올 도수가 낮은 음료인 뚜바[Tuba]를 만든다. 멕시코의 해안가에서 농장, 야자수, 바나나 나무, 그리고 열대 채소만 볼 수 있는 것은 아니다. 할리스꼬, 미초아깐 외 기타 지역에서는 강수량이 적어 메마른 소나무 숲과 목마른 떡갈나무 숲만 보인다. 약간 황량한 느낌을 받을 수 있다. 중간중간 사막 같은 지역이 꽤 있다.

시날로아[Sinaloa] 주의 경우 토마토, 쌀, 밀, 사탕수수 등이 풍부하다.

---

19 필리핀에서 유래된 조리방식으로, 중국식 볶음 및 조림이라 할 수 있다. 마리네이드 marinade라고 하는 식초, 레몬주스, 마늘 및 기타 과일 주스에 재료를 재워둔 후 간장으로 간으로 하고 기름에 볶는 요리 방식을 말한다.
20 세계에서 후추 다음으로 많이 쓰이는 향신료로 약간 쓰고 매우면서 머스크향도 느낄 수 있다. 미나리과의 식물인데 어떤 면으로 미나리의 향과 흡사한 면이 있다.

이곳에서는 밀가루 또르띠야를 먹으며, 칠로리오^{Chilorio}로 따꼬로 먹는다. 칠로리오는 돼지고기를 고추와 마늘 그리고 커민 오레가노와 함께 튀겨낸 것이다. 앞에서 소개한 까르니따스와 흡사하지만 양념이 돼 있는 것이 차이점이다. 내장탕은 소의 위 중에 가장 부드러운 부위로 만드는데, 이 지역에서 특히 유명하다. 소노라^{Sonora} 주 외 북쪽 지역에서도 많이 먹지만, 고추를 넣지 않고 맑은 탕 형태로 즐기는 것이 차이점이다. 얼큰한 양평해장국 스타일의 국밥을 좋아하는 이들에게는 약간 실망스러울 수 있다. 하지만 국물은 시원하고 개운한 편이다.

시날로아와 나야릿^{Nayarit} 주에는 강과 바다가 만나는 지역이 있어서 새우가 많이 잡힌다. 그래서 마사뜰란이 세계 최대의 새우 교역 항이 되었고 우리나라에도 이 지역에서 생산된 건조 새우를 구입할 수 있다. 이 지역에서는 다양한 방법으로 새우를 조리하는데, 스프, 세비체, 따말, 또르따, 식초 절임을 만들거나 그냥 쪄서 먹기도 한다. 이 지역은 조개의 관자인 패주와 굴도 많아 생으로 먹거나 초절임을 해 먹는다. 하지만 우리나라 서해에서 먹을 수 있는 조개구이나 굴보다 간이 덜 된 느낌이다. 처음 먹는 이들에게는 약간 밍숭한 맛일 수

●가열 후 분쇄
하여 발효주를
만든다.

도 있다. 하지만 살사를 넣으면 그 맛이 달라진다. 우리나라 서해안 굴 등의 해산물에서 느껴지는 향은 부족해서 처음 맛을 보면 무언가 빠진 것 같은 심심한 느낌이 들지만 살은 오히려 더 통통한 편이다.

이 지역은 열대기후로 인해 열대과일이 풍부해서 생으로 먹거나 음료로 만들어 먹는다. 파인애플 주스를 발효시켜 설탕을 첨가한, 도수 낮은 과일 막걸리라 할 수 있는 떼빠체Tepache[21]가 좋은 예이다. 망고의 육질은 탱탱하고 당도가 높아 이 지역에서 인기 높은 과일이며, 12가지 종류 이상을 재배한다. 붉은색을 띠며 크기가 큰 종류도 있고, 작고 타원형이며 노란색을 띠는 종류도 있다. 무더위에 지쳐 있다면 망고 껍질을 살짝 벗겨내고 그 즙을 마시는 것만으로도 훌륭한 청량음료가 된다. 또한 섬유질이 많아 변비에 좋으며 다이어트용으로 사랑받는다.

게레로Guerrero 주에는 2개의 비교적 큰 도시가 있다. 은으로 유명한 따스꼬Taxco와 멕시코시티를 제외하고 가장 대도시라고 할 수 있는 전통적인 휴양지 아까뿔꼬Acapulco이다. 스페인 탐험선들의 기지였고, 1530년부터는 필리핀이나 극동지방과의 교역 항이었다. 갈레온 데 마닐라Galeón de Manila 혹은 나오 데 라 치나Nao de la China라고 부르던 배는 당시 가장 큰 무역선 중 하나로, 마닐라에 오고 갔으며, 은을 동양으로 가져가고, 비단, 향신료, 상아, 백단향목, 고급 도자기를 들여왔다.[22] 보통 3개월에서 6개월이 걸리는 여행은 당시로서도 가장 길고

---

21 파인애플과 흑설탕, 시나몬 등이 들어간 음료이며 자연발효하거나 맥주를 넣기도 하는 도수가 그리 높지 않은 칵테일이다. 약 1% 정도의 도수이다. 파인애플 맛이 강하며 달콤해서 열대지역에 잘 어울리는 음료이다.

22 식민시대 초기에는 라틴아메리카의 은이 유럽으로 들어가고 그 은으로 중국의 고급 도자기를 사는 경우가 많았다. 이런 삼각 무역으로 인해 중국 도자기는 '본 차이나'라는 명칭으로 유럽에 명성을 쌓게 되었다. 물론 더 중요한 포인트는 바로 세계 최

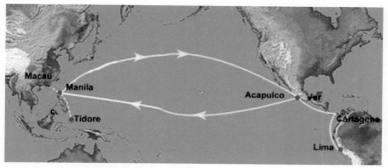

●아까뿔꼬와 마닐라를 연결했던 갤리온 선 무역

도 힘든 여정이었다. 돌아오는 길에는 캘리포니아의 멘도시노^{Mendocino}나 까보 산 루까스^{Cabo San Lucas}를 거쳐 왔는데, 예수회 수도사들은 그곳에서 감귤류, 리몬, 오렌지 등으로 승객들과 선원의 괴혈병을 치료하기도 했다. 하지만 베라꾸르스에서 유럽과 연결되었고 아까뿔꼬와 마닐라 혹은 아시아와 연결되면서 아메리카를 중심으로 진정한 세계화가 처음으로 이루어졌다.

아까뿔꼬와 멕시코시티 사이에는 산길을 타고 나귀들이 지날 수 있는 길이 만들어졌다. 갤리온 선이 도착하면, 각지에서 상인들이 이 길을 통해 왔고, 아까뿔꼬 주민의 3배에 달하는 약 만 2천 명 정도가 도시에 머물렀다. 또한 중미지역과 콜롬비아의 까르따헤나 페루의 리마와 연결되는 무역루트가 되었고 이 시대부터 아까뿔꼬는 무역항만이 아닌 관광지역으로 변모하게 되었다. 주민들은 음식, 숙소, 놀 거리를 제공해 많은 돈을 벌었다. 스페인과의 교역이 독립전

초의 세계화라는 것이다. 물론 실크로드의 예를 들 수 있으나 실크로드는 그저 유라시아 대륙 안의 문제였고 아메리카 대륙이 포함되어 있지 않았다. 하지만 이 경우는 횡적으로 확실하게 전 세계가 하나로 묶였다. 과거나 현재나 극동과 유럽 사이에 이슬람 세력이 있었기 때문에 대륙 간 교역은 중세 이후 점점 줄어왔고 어려웠던 것이 사실이다.

쟁(1810~1821) 이후로 전면 중단되었지만, 아까뿔꼬는 그동안 받아들인 다양한 음식 문화와 서비스 정신을 유지했다.

다른 지역과 마찬가지로 다양한 해산물이 이 지역의 별미이다. 게레로 주에도 전통적인 요리는 무엇보다 다양한 해산물로 만든 세비체, 녹색 뽀솔레, 이구아나 스튜는 따스꼬Taxco 주변의 산간 지역에서 어렵지 않게 볼 수 있는 요리이다. 두 개를 쌍으로 먹는 따말은 이 지역이 원조이다. 하나는 자두로 만들고, 다른 하나는 매미로 만든다. 이 곤충을 좋아하는 사람들은 살아 있는 매미를 또르띠야에 싸서 살사 베르데와 살사 로하를 뿌려 먹는다. 때로는 살짝 구워 먹기도 하는데, 이때는 살사 베르데를 곁들여 부숴 섞어 먹는다. 보통 음식 문화를 다루는 다큐멘터리에 이국적이고 특이한 식문화로 소개되는 경우가 많은데 현재의 관점으로는 특이하나 곤충을 먹는 것은 동서양의 역사에서 그리 특별한 것이 아니다. 이구아나 혹은 랍스터, 떼마체tepache 혹은 코코넛 크림 등은 태평양 인근 해안지방에서 어렵지 않게 볼 수 있는 음식이다. 대형 휴양지만이 아니라 시골 장터에서도 볼 수 있으며 어떤 면으로 재료의 신선함이나 전통적인 맛인 시골 장터가 더 뛰어나다. 물론 대형 휴양지의 음식은 모던하고 깔끔하며 보기에도 훌륭하다. 대형 휴양지에서 휴가를 보내더라도 지역 장터는 놓치기 아까운 여행 테마이다.

아카뿔꼬 음식점 정보

● 엘 아미고 미겔El Amigo Miguel

Juárez #16, Juárez 31, Acapulco viejo, Tel: 483 6981

http://www.elamigomiguel.com

엘 아미고 미겔은 아카뿔꼬에 지점이 4개나 있는 대중적인 해산물 집이며 어느 곳이든 사람으로 붐빈다. 그래서 매일같이 신선한 해산물이 들어오고 오후 늦게는 거의 재료가 떨어지는 경우가 많다. 아카뿔꼬 스타일의 해산물을 상대적으로 저렴하게 즐길 수 있다. 기분 좋게 식사를 즐길 수 있는 모던하고 밝은 식당이다. 거의 모든 메뉴가 맛있으나 새우 요리가 특히 뛰어나다.

● 레스따우란떼 삐뽀스Restaurant Pipo's

Costera Miguel Aleman #105, Fracc. Costa Azul, Tel: 01800 712 4044(수신자 부담)

1950년에 처음으로 문을 연 해산물 식당으로 전통적인 아카뿔꼬 스타일 해산물 요리를 약간 변형하여 자신들만의 스타일을 만들었다고 한다. 해변에서도 그리 멀지 않으며 아카뿔꼬 신시가지 중심에 있어 관광객들과 아카뿔꼬에 사는 사람들도 자주 들르는 곳이다. 갯가재 구이와 갓 잡은 생선으로 만든 세비체도 아주 훌륭하다. 5~6명이 함께 가서 서로 다른 메뉴를 시키면 그 자리가 해산물 뷔페로 바뀌기도 한다. 아카뿔꼬 신시가지로 관광을 간 분들이 아카뿔꼬 스타일 해산물 요리를 먹고 싶다면 반드시 들러야 하는 곳이다.

● 바이칼^{Baikal}

AV. Escénica #22, Tel: (744) 446-6867 y 446-6845

http://www.baikal.com.mx/

바이칼은 아카뿔꼬에서 가장 환상적인 식당 중 하나이다. 입구부터 내부 장식 그리고 아늑한 노랑 빛깔의 조명이 고급스런 느낌이지만 무엇보다 중요한 것은 커다란 창으로 보이는 전망이다. 아카뿔꼬의 전경이 보이는 환상적인 광경이다. 특히 야경은 아름답기로 정평이 나있다. 특이한 각도로 꺾인 나선형 계단과 은은히 흘러나오는 재즈 음악은 환상적인 느낌을 로맨틱하게 바꿔준다. 로맨틱한 저녁을 보내기에 아주 좋은 곳이다. 특별하고 환상적이며 로맨틱한 저녁, 그저 맛있는 음식이 아닌 눈과 코와 입과 귀 모두가 즐거울 수 있는 곳이 바로 바이칼이다.

● 팔라디움^{Palladium}

Carretera Escénica Las Brisas, Playa Guitarrón, Tel: 744 446 5490

http://www.palladium.com.mx

원래 팔라디움 혹은 팔라듐은 백금과 성격이 비슷한 금속으로, 액세서리에 쓰인다. 또한 뉴욕에 있던 유명한 살사클럽의 이름이기도 하고 아카뿔꼬에 있는 최고의 나이트클럽 이름이기도 하다. 절벽 위에 만들어졌으며 한쪽 면이 모두 유리재질로 되어 있어 야경 또한 환상적이다. 아카뿔꼬가 모두 내려다보이는 위치에 자리 잡고 있다. 우리나라 나이트클럽과는 약간 다르게 수준 있는 쇼도 볼 수 있고 조금 더 자유롭게 즐기는 스타일이다. 입장료에 술이 뷔페스타일로 포함되어 있어 여러 종류의 주류를 계속 즐길 수도 있다. 주당들에게도 매력적인 곳이 바로 팔라디움이다. 아카뿔꼬의 밤의 진가를 알고 싶다면 들러야 할 곳은 바로 팔라디움일 것이다.

마사뜰란의 음식점 정보

●마차도 피쉬 따꼬 Machado Fish Taco

Sixto Osuna #34, Centro, Tel : 669 981 1375

마사뜰란 센뜨로에 위치한 저렴한 가격의 해산물 따꼬 식당이다. 특히 생선과 새우로 만든 따꼬가 유명하다. 광장이 내려다보이는 전경도 좋고 태평양에서 불어오는 바닷바람 또한 상쾌하다. 항상 사람이 붐비는 곳으로 저녁 시간이면 해산물 따꼬와 맥주를 즐기는 사람으로 가득하다. 식사를 위해 가는 것도 나쁘지 않지만 저녁에 해산물 따꼬를 안주로 맥주 한 잔 하기 좋은 곳이다.

● 또뽈로 Topolo

Constitución #629, Centro, Tel: 669 136 0600

http://www.topolomaz.com/

붉은색 벽과 조명이 어우러진 아름다운 콜로니얼 스타일의 식당으로 주방에서 요리가 준비될 동안 웨이터가 직접 살사를 만드는 것이 이 식당의 특징이다. 몰까헤떼에 각종 재료를 넣고 직접 갈아서 만드는데 해산물 요리가 많은 탓인지 고추는 상대적으로 조금 덜 매운 아바네로 고추를 사용하고 마늘도 다른 지역의 살사보다 많이 들어간다. 상대적으로 매운맛의 살사이다. 리몬과 실란트로에 재운 생선요리, 떼낄라에 재운 새우요리, 망고 소스에 재운 연어구이 등 퓨전 멕시코 요리와 전통적인 방법으로 즉석에서 만들어진 살사가 생각보다 조화롭게 어울린다. 또뽈로에는 와인바가 따로 마련되어 있기도 하다. 보통 맛이 강한 해산물 요리에는 화이트 와인이나 스파클링 와인을 곁들이는 경우가 많은데 잘 모르는 경우 웨이터의 추천을 받아 멕시코 스타일 해산물 요리와 레드 와인이 어떻게 잘 어울리는지도 느껴볼 수 있다. 의외로 단단하게 드라이한 느낌의 와인이 해산물, 그리고 매운맛의 살사와 묘한 조화를 이룬다. 마사뜰란에서 멋진 저녁을 즐기기에 좋은 곳이다.

● **빠초스**Pancho's Restaurant

Av Playa Gaviotas #408, Tel: 669 914 09 11
http://www.restoranpanchos.com/

가보이따스Gaviotas 해변이 전망 좋은 자리에 자리 잡은 빠초스는 마사뜰란을 여행한 사람들에게 가장 많이 추천을 받는 식당이다. 특히 해가 지는 석양의 해변을 즐길 수 있는 곳이다. 가재, 새우, 문어 등의 해산물과 생선이 멕시코 스타일을 기본으로 상당히 독특한 스타일로 발전된 요리를 선보인다. 예를 들면 왕새우를 베이컨으로 싼 후 기름에 볶아주고 체다 치즈를 그 위에 뿌려준 후 치즈가 살짝 녹아 들어갈 때 각종 살사를 곁들여 먹거나 돔을 토마토와 고추와 양파 등과 함께 은은한 불에 쪄내 자신의 수액으로 익어 특별한 간을 하지 않아도 간이 잘 맞는 요리 등 독특한 메뉴들을 선보인다. 독특함과 특별함에 도전하고픈 사람들에게 어울리는 식당이다.

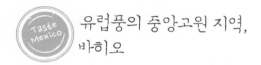

유럽풍의 중앙고원 지역, 바히오

　　바히오^{El bajío} 지역은 아래라는 의미의 형용사 바호
^{Bajo}에서 유래한 것으로 고산지역이 아닌 평지를 뜻한다. 과나후아또
^{Guanajuato} 주와 께레따로^{Querétaro} 주 그리고 미초아깐^{Michoacán} 주와 할리
스코^{Jalisco} 주가 만나는 평원지역이 바로 바히오 지역이다. 이 지역의
도시들은 소위 콜로니얼 도시라고 부르는 식민지 시대 유럽풍으로,
그 자체로 하나의 박물관 같은 느낌도 주며 도시 자체로 관광의 대
상이 된다.

●모렐리아의 수로, 스페인적이기도 하고 로마 스타일이기도 하다.

중요한 도시 중 하나인 모렐리아^{Morelia}와 께레따로에서는 스페인 건축에 영향을 받은 아치 모양의 수로를 볼 수 있다. 과나후아또에서는 돌로 바닥을 깔고 미로처럼 얽힌 골목길에 흙으로 빚은 화분으로 장식한 발코니와 창문을 볼 수 있다. 중앙광장에는 사이프러스 나무 그늘 아래로 사람들이 모여 있고 그 옆으로 중세 혹은 바로크풍의 성당이 자리하고 있다. 은광을 비롯한 광산으로 유명했던 사까떼까스^{Zacatecas}에는 으리으리한 저택이 들어서 있고 핑크빛 돌로 지어진 성당을 볼 수도 있다. 아구아스 깔리엔떼스^{Aguas Calientes}와 께레따로를 둘러싼 언덕은 포도나무로 덮여 있고, 소가 밭을 갈고 있는 광경도 어렵지 않게 볼 수 있다. 마치 유럽의 농촌지역을 연상케 한다.

이 지역은 멕시코시티와 과달라하라 중간에 위치하여 대도시 인접성이 높으면서도 문화적으로는 대도시권에서 벗어나 있다. 또한 전통적인 축제와 지역 이벤트가 현재까지 이어지고 있어 가끔 스페인보다 더 스페인적이라는 평을 받는다. 카우보이들의 우아한 복장은 시골풍을 가미하여 개조되었지만 매주 일요일 투우경기가 열릴 때 보여주는 말 타기 시연은 전통적인 카우보이의 모습이다. 아마 미국식 카우보이가 아닌 멕시코의 카우보이를 보는 것은 문화적으로 상당히 재미있는 경험이 될 것이다.

이 지역의 음식은 카우보이 문화 탓인지 약간 거친 경향이 있다. 할리스꼬와 아구아스깔리엔떼스에서는 비리아^{Birria}도 많이 즐긴다. 비리아는 양, 염소 혹은 돼지 등의 덩어리 살코기로 조리한 걸쭉한 스튜이다. 국물이 걸쭉하여 또르띠야에 바로 싸 먹거나 빵 사이에 넣어 먹기도 한다.

과달라하라 근교의 떼낄라^{Tequila} 시(市)와 떼빠띠뜰란^{Tepatitlan}에서는 용설란 즙을 증류해 떼낄라를 만든다. 떼낄라는 과달라하라만이 아니라 멕시코 전체를 대표하는 멕시코 국민주라고 할 수 있다. 이 지역은 떼낄라의 원산지로, 많은 떼낄라 제조사가 집중해 있기도 하다. 떼낄라의 제조과정과 용설란 농장을 돌아보고 갓 증류된 떼낄라도 즐길 수 있는 떼낄라 투어는 우리나라 주당들에게는 피할 수 없는 치명적인 유혹이기도 하다. 아마 술을 어느 정도 즐기는 우리나라 사람이라면 떼낄라 투어 이후 멕시코를 사랑하게 될 가능성이 상당히 높다.[23]

식민시대 이전 멕시코 북부와 미국 남부 사막지역에는 사람은 물론 동물도 그리 많지 않았다. 멕시코 중부와 해변지역, 남부 정글지역과 비교해본다면 이 지역은 그저 황량한 사막이라 할 수 있다. 물론 치치메까Chichimeca[24]로 불린 유목민족이 이 지역에 거주하였다. 그들은 사냥으로 잡은 작은 짐승과 사막지역에서 자라는 과일 그리고 선인장 이파리와 다양한 곤충을 주식으로 삼았다.

할리스꼬와 미초아깐에는 호수가 많은데 물고기도 많이 잡힌다. 휴화산 지역인 빠츠꾸아로Pátzcuaro 호숫가에서 17세기부터 정착해 호수에서 잡히는 물고기를 주식으로 하는 부족이 있는데, 뿌레뻬차Purepechas 혹은 따라스꼬Tarascos라고 불렸다. 뿌레뻬차인들은 아쓰떼까 제국의 공격을 여러 차례 막아내었고 이후 에르난 꼬르떼스와 연합하여 아쓰떼까의 떼노치뜰란 공격에 합세하기도 하였다. 하지만 승리의 영광이 이들에게 돌아온 것은 아니었다. 1530년 스페인 정복자

---

23 최명호, 『데킬라 이야기』, 살림, 2010 참조
24 치치메까는 원래 젖이 흐르는 땅이란 의미이다. 하지만 이 지역은 척박한 오지에 가까우며 원래 미국 남부와 멕시코 북부에서 유목하는 민족이다. 야키Yaqui족의 경우와 흡사하게 이들의 삶을 연구하는 것이 인류학에서 근대적이며 상대적/객관적 관점의 민족학Ethnology의 시작으로 본다. 그 이전의 민족학은 상당히 주관적이고 많은 선입견이 있었으며 무리하게 성경과 연관시키곤 하였다.

중에서도 가장 잔인했던 누뇨 벨뜨란 데 구스만^{Nuño Beltran de Guzman}이
뿌레뻬차의 왕을 고문하고 죽인 후 다수의 부족민을 노예로 만들어
팔아버렸다. 또한 가장 아름다운 여인들을 골라 성적으로 착취했으
며, 많은 보물을 약탈했다. 누뇨 데 구스만은 여인들의 왕국인 아마
조네스를 찾아 현재의 할리스꼬와 꼴리마 주를 탐험했다. 하지만 그
에게 탐험이란 말은 파괴란 말과 같은 의미였다. 그가 지나간 길은
황량한 황무지가 되었다. 물론 그런 왕국은 존재하지 않았기에 탐험
은 실패로 끝났다. 하지만 그는 새로운 도시를 개척했다. 그 도시가
바로 과달라하라이다. 그는 라틴아메리카에 자신의 고향을 재현하
고 싶어 했던 것 같다. 과달라하라라는 지명은 그의 고향 이름이었기
때문이다.

  누뇨 데 구스만은 그 후 누에바 에스빠냐로 보내져 정복자들의 약
탈을 견제하는 역할을 수행했으나, 타고난 천성인 야망과 잔인성은
끝까지 버리지 못했다. 스페인에서 새로운 감시단이 도착해 그를 체
포하고 스페인으로 추방했다. 이 감사단의 한 명이었던 바스꼬 데 끼
로가^{Vasco de Quiroga}는 미초아깐 사람들을 설득해서 교화시키려고 했으
며 학교와 병원을 세우고 새로운 수공 기법을 전수하기도 했다. 이
지역의 구리세공, 도자기(요업), 목조, 칠기, 섬유 공예에 당시 전해진
기술이 남아 있다.

요즘에도 빠스꾸아로의 어부들은 아침이면 천천히 노를 저어 강으로 나가 그물을 치고 물고기를 잡는다. 빵가루를 입혀 튀긴 민물고기를 파는 식당들이 줄지어 있고, 멸치 종류는 통째로 말리거나 튀겨 먹는데 우리나라의 빙어 튀김과 비슷하다. 고온에 바짝 튀긴 민물고기는 비린내가 거의 없고 맛이 아주 담백하다. 빠스꾸아로에서는 아침이면 여인네들이 모여 성당 옆 수녀원이 문을 열기를 기다려서 수녀들이 만든 초콜릿을 사 먹는다. 이 초콜릿은 카카오, 계피, 바닐라로 만든다. 계피를 넣은 탓인지 약간 매운맛이 감돌고 일반적으로 먹는 초콜릿보다 맛이 진하고 덜 달다.

미초아깐 지역에는 다양한 따말이 있는데 꼬루나다Coronadas는 특이하게 삼각뿔 형태로 옥수수 생잎에 싸서 만든다. 우체뽀스Uchepos는 생옥수수로 만든 것으로 속을 넣지 않고 크림과 살사를 곁들여 먹는다. 분홍 혹은 초록빛이 도는 달콤

● 우체뽀스

한 따말을 만들기도 하는데 멕시코의 전통 초콜릿 음료와 함께 즐긴다. 따말은 옥수수로 만들었지만 갈아서 만들었기에 약간의 옥수수 향을 제외하면 특별한 향이 느껴지지 않는다. 그래서 다양한 식재료와 결합하여 여러 가지 맛으로 변신할 수 있다. 또한 쪄서 만들기 때문에 소화 흡수가 쉬운 편이다.

멕시코의 최대 성당은 미초아깐의 주도(州都) 모렐리아에 있다. 성당 근처에는 해질녘이 되면 뽀요 데 쁠라사Pollo de Plaza를 파는 상인들이 모인다. 매운 닭요리로, 엔칠라다, 당근, 감자와 곁들여 먹는다. 겉보기에 붉은 빛이 돌아 고추장 양념 통닭으로 생각하기 쉬운데 약간

●총고

붉은 고추 양념이 된 것으로, 우리나라 고추장 양념과는 달리 첫맛은 맵게 느껴지지만 닭고기 육질에 스며들어 마지막 맛은 그리 맵지 않다. 미초아깐 사람들은 단 것을 좋아한다. 그래서인지 모렐리아 시장은 과자를 파는 가판대로 가득하다. 총고Chongos는 농축 우유를 계피 맛 시럽과 섞은 것으로, 북쪽 사모라Zamora 지역 특산품이다. 농축 우유가 굳어져 마치 부드러운 호박엿처럼 입안에서 녹는 맛은 친숙하면서도 색다르다. 물론 약간 차갑게 먹으면 더 맛있다.

과나후아또 주는 미초아깐과 마찬가지로 시련의 역사를 가지고 있다. 16세기 중반 이 지역에 은 광산이 발견되었고 현재의 사까떼까스, 산 루이스 뽀또시, 과나후아또 주가 위치한 곳에 은광 개발이 시작되었다. 스페인 통치기 동안 과나후아또의 광산에서 전 세계 은 생산량의 4분의 1이 생산되기도 할 정도로 은광사업은 이 지역을 대표하는 사업이었다. 과나후아또라는 지명은 스페인 사람들을 모시던 원주민들이 '산과 개구리의 땅'이라는 뜻으로 지은 것이다. 광산이 생겨나고 머지않아 과나후아또 시가 개발되었다. 산으로 둘러싸인 분지에 생긴 도시이고 채굴한 은이 이동되는 길을 기본으로 하여 시가 발전하면서 건물이 불규칙하게 지어져 도로와 골목길이 복잡하게 얽혀 있으나 굉장히 아름답고 예쁜 골목길이 많고 특이 야경은 빼놓지 말아야 할 관광 코스이기도 하다.

과나후아또 거주민들은 광산개발로 어마어마한 돈을 벌어들였지만 언제나 그렇듯 원주민들은 비인간적인 노동에 시달려야 했다.

1810년 돌로레스 마을에서, 이달고 신부는 스페인 총독 정부에 불만을 가진 신진 세력을 모아 독립항쟁의 불꽃을 피웠다. 이로부터 11년 후 멕시코는 스페인에서 독립하게 된다. 다시 말하면 과나후아또 지역이 바로 우리나라로 치면 파고다 공원인 셈이다. 이달고 신부의 외침은 신민지 지배에 항거한 첫 번째 외침으로 종교의 역할을 다시 한 번 생각하게 하는 역사적 사건이다. 과나후아또는 역사적 사건으로 여러 번 황폐해졌지만 아직도 과거의 영광을 엿볼 수 있는 유적들이 많다. 멕시코에서 건축학적으로 가장 뛰어난 이달고^{Hidalgo} 시장은 1910년에 알렉산드르 에이펠^{Alexandre Eiffel}의 도면을 근거로 건설되었으며, 강철과 유리를 사용한 구조물은 옛날 기차역을 떠올리게 한다. 아치형 지붕 아래 2층 건물에는 음식, 옷, 장신구와 기타 민속공예품을 팔기도 한다. 또한 쁘리^{PRI}의 70여 년 독재를 뒤집었던 빈센떼 폭스^{Vincente Fox} 대통령이 이 지역 출신이며 과나후아또 주는 현재 전통적으로 PAN(Partido Acción Nacional), 국민행동당을 지지한다.

닭튀김, 감자, 당근을 넣은 엔칠라다는 광부들의 음식이었으나 현재는 아주 대중적인 음식이다. 도심을 벗어나면 고속도로 양옆으로 갓 따낸 딸기나 시럽을 씌운 딸기를 파는 가판대가 가득하다. 이 지역은 세계적인 딸기 재배지이기도 하다. 멕시코는 연중 봄가을 같은 날씨 탓에 언제나 딸기를 먹을 수 있는데 당도와 향은 우리나라의 딸기와 약간 차이가 있다. 겨울을 지나 열매를 맺는 우리나라의 딸기가 더 당도가 높고 향도 진하다. 물론 하우스 딸기의 경우는 비슷할 것 같다.

과나후아또에서 가까운 도시인 셀라야^{Celaya}는 양젖으로 만드는 카라멜인 까헤따^{Cajeta}로 유명하다. 나무로 만든 작은 상자^{Caja}에 포장해서 판매되는 데서 그 이름이 유래한다. 과나후아또와 산 루이스 뽀또시의 또 다른 특산품은 피암브레^{Fiambre}인데, 소고기, 돼지 족발, 닭,

●피암브레

소의 혀를 채소와 섞어 피 클처럼 절여서 차갑게 먹는 요리이다. 보통 샐러드처럼 보이는데 일반 샐러드처럼 가볍게 먹기에는 약간 부담 스럽다. 마치 메인요리와 샐 러드를 섞은 듯한 느낌으 로, 빵에 넣으면 바로 샌드

위치처럼 먹을 수도 있다.

아구아스 깔리엔떼스에서는 투우에 사용되는 소를 넓은 목장에 방목해 기른다. 이런 이유로 이 지역은 고기를 주식으로 하며, 심지 어 아침부터 고기를 먹기도 한다. 구두 산업이 발달한 레온^{León}의 경 우에는 고기에 호두, 오렌지 주스, 레드와인을 곁들여 먹는다. 배와 아 보카도 농장, 옥수수 밭, 마늘과 양파 농장이 아구아스 깔리엔떼스 주 에 넓게 퍼져 있지만 이 지역은 무엇보다 포도 농장으로 유명하다. 또 한 이 지역 포도로 담근 와인 또한 멕시코 안에서는 상당히 유명하다.

과나후아또 식당 정보

과나후아또는 중앙고원의 콜로니얼 도시들 중에서도 가장 아름 다운 도시이며 과나후아또 대학 또한 시가지 중앙에 자리 잡고 있어 다른 콜러니얼 도시들이 미국에서 은퇴한 노인계층이 많은 반면 상 대적으로 과나후아또에는 젊은이들이 많아 젊은 콜로니얼 도시라는 이미지가 있다. 특히 하르딘 우니온^{El Jardín Unión}을 중심으로 들어선 노

천카페와 식당들은 모두 훌륭하며 큰 차이는 없다. 또한 주말 저녁이면 가로등 아래에 마리아치들의 연주와 함께 로맨틱한 저녁을 즐길 수도 있다. 하르딘 우니온의 식당 등은 호텔과 함께 운영되는 경우가 많다. 특히 전망대에서 바라본 과나후아또의 야경은 상당히 아름답다.

● 뚜르꼬 시에떼 Turco 7

Calle del Truco #7, Centro Histórico, Tel: 473 732 8374
http://hospederiadeltruco7.com/restaurante.htm

뚜루꼬 시에떼는 식당이라기보다는 카페에 가까운 곳으로 상당히 엔틱한 분위가 매력인 곳이다. 2~30년대 사용되었을 것 같은 각종 장식구들이 카페의 벽을 가득 메우고 있다. 오후에 커피나 차를 즐기기 위해서 혹은 점심으로 그날의 메뉴를 먹기 위해 들르기 좋은 곳이다. 상대적은 젊은 사람들이 많으며 가끔 이런 저런 주제로 토론을 하는 모습도 볼 수 있다. 여행에 지친 오후에 뚜르꼬는 색다른 재미를 줄 수 있는 곳이다.

● 가이요 삐따고리꼬 Gallo Pitagórico

Callejón de la Constancia #10, 산디에고 성당 뒤편, Tel: 473 732 9489

하르딘 우니온의 남쪽으로 한 블럭 정도 내려가면 가이요 삐따고리꼬를 만날 수 있다. 마치 카리브 해를 연상케 하는 밝은 파랑 건물에서 바라보면 하르딘 우니온과 과나후아또 중심가가 전부 내려다보인다. 특히 과나후아또의 야경을 조금 가까이에서 즐기고 싶을 때 들르면 좋다. 허나 약간 오르막인 것을 감안해야 한다. 무엇보다 가이요 삐따고리꼬는 박물관 같은 느낌도 있다. 식당 한편에 원주민들의 전통 수공예품이나 민예품을 비롯하여 사진과 그림 그리고 각종 조각과 장신구들이 늘어서 개인 박물관에 온 듯한 느낌을 준다. 음식은 이탈리아 스타일인데 무난하다.

● **까사 발데스**Casa Valadez

Jardín Unión #3, 후아레스 극장 건너편, Tel: 473 732 0397

http://www.casavaladez.com

개인적으로 좋아하는 식당으로 후아레스 극장 바로 건너편에 있다. 노천에도 자리가 있고 내부도 모던하고 깔끔한 분위기이다. 음식도 깔끔하고 모던하며 디저트도 아주 훌륭하다. 개인적으로는 고기요리를 까사 발데스에서 자주 먹었는데 여행에 지쳤을 때, 뭔가 든든한 영양분이 필요하다고 느껴질 때 정말 한 끼 잘 먹을 수 있는 곳이며 야경을 즐기기에도 좋은 곳이다. 후아레스 극장과 까사 발데스 샛길로 올라가면 좌우로 분위기 있고 맛있는 식당들이 꽤 있고 까사 발데스와 하르딘 우니온 샛길, 하르딘 우니온 주변에 있는 식당들은 어떤 식당을 들어가도 수준급이다.

모렐리아 식당 정보

● **라 까사 델 뽀르딸**La Casa del Portal

Guillermo Prieto #30, Centro, Tel: 443 317 4217

미초아깐 스타일의 음식을 즐길 수 있는 아름다운 식당으로 특히 2층에서는 중심가의 성당과 광장의 광경을 즐길 수도 있다. 모렐리아 중심가의 야경과 라이브 음악 그리고 전통 음식을 즐길 수 있으

며, 미초아깐의 전통문화, 민예품, 미술품, 골동품 그리고 티셔츠와
간단한 기념품도 살 수 있는 복합문화 공간이다. 모렐리아에서 하루
만 보내야 한다면 개인적으로 라 까사 델 뽀르딸에서 식사를 하라고
추천하고 싶다.

●라스 뜨로헤스 Las Trojes

Juan Sebastian Bach #51 Morelia, Tel: 443 314 7344

라스 뜨로헤스는 약 30년 전통의 식당으로, 그저 식당이 아니라
모렐리아의 상징이라는 평을 들을 정도로 전통적인 곳이다. 뜨로헤
troje 곡물창고 혹은 저장고라는 의미인데 원래 원주민들의 집이 있던
곳을 개조하여 만든 대규모의 목조 및 석재 건물은 그 자체로 고풍
스러운 느낌이다. 멕시코시티의 안띠구아 아시엔다 데 뜨랄빤을 연
상케도 하지만 규모는 좀 작은 편이고 더 소박한 느낌이다. 자타가
공인하는 모렐리아의 최고의 식당이며 미초아깐 스타일의 전통 요리
도 훌륭하지만 쇠고기 등심과 갈비구이가 좋다.

과달라하라 음식점 정보

과달라하라는 멕시코 제2의 도시로 떼낄라, 마리아치 등 멕시코를
대표하는 문화의 고향이며 또한 멕시코 음식의 한 축을 담당하는 곳
이다. 상당히 훌륭한 식당이 많은데 예를 들어 우리나라 부산의 맛집
을 외국인이 추천하기란 쉬운 일이 아니다. 과달라하라에는 맛있는
식당들이 많으나 할리스코 전통 스타일을 기본으로 두 군데만 소개
함을 안타깝게 생각한다.

● 폰도 데 산 미겔 Fonda de San Miguel

Donato Guerra 25, Centro Histórico, Tel: 33 613 0809

http://www.fondasanmiguel.com/

1690년에 지어진 수도원을 개조한 곳으로 멕시코 전통 문양으로 디자인된 옷감과 기타 전통 예술품, 민예품들로 장식된 아름다운 식당이다. 요리와 문화가 적절하게 결합되어 있는 곳으로 건물 안의 빠띠오의 분수대 근처에서 상당히 로맨틱한 분위기로 식사할 수 있다. 과달라하라 중심가에 머물게 되었다면 폰도 데 산 미겔에서의 식사로 잊지 못할 추억을 만들 수도 있을 것이다. 칠레 엔노가다도 훌륭하며 딸기 소스를 곁들인 연어 요리는 특이하면서도 훌륭하다. 고풍스럽고 로맨틱하며 문화와 음식의 복합적인 만족을 누릴 수 있는 곳이다.

● 라 차따 La Chata

Corona 126, Centro & AV. Terranova #405, Tel: 33 613 1315 & 33 641 3489

http://www.lachata.com.mx/

과달라하라에서 음식의 명성만으로 본다면 라 차따를 넘어설 만한 곳은 그리 많지 않다. 거의 모든 요리에서 멕시코의 전통적인 맛을 느낄 수 있는데 가장 단순하고 전통적이라고 하는 뽀솔레와 엔칠라다에서도 뭔가 다른 맛이 느껴진다. 메뉴 선택이 어렵고 4인 이상이라면 라 차따의 코스 요리를 시키는 것도 좋다. 또한 고기 요리도 훌륭하다. 보통 센뜨로에 있는 라 차따가 본점으로 아는 경우가 많지만 사실은 지점이다. 음식으로 과달라하라를 느끼고 싶다면 개인적으로 라 차따를 추천한다.

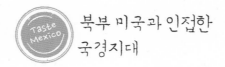

북부 미국과 인접한 국경지대

목이 긴 말굽구두, 먼지가 가득한 청바지, 카우보이모자. 쇠고기, 거친 강남콩, 그리고 옥수수 또르띠야와는 다른 하얀 밀가루 또르띠야. 멕시코 북쪽의 모습은 어찌 보면 미국의 텍사스를 묘사하는 것과 그리 다르지 않은 것 같다. 텍사스는 원래 멕시코의 땅이었다. 다시 말하면 미국적 이미지의 대표 중 하나인 카우보이는 멕시코에서 유래한 것이다. 캘리포니아와 뉴멕시코 또한 멕시코 땅이었으며 현재도 문화적으로 서로 겹치는 부분이 많다. 그래서 어쩌면 멕시코 북부 국경지역은 우리나라 사람들에게는 미국처럼 보일 수도 있을 것이다. 아니면 미국 남부 지역이 멕시코처럼 보이던가.

● 캘리포니아 텍사스 그리고 플로리다 지역이 멕시코와 직간접적으로 연관되어 있다.

멕시코 북부 지역은 2개의 거대한 산맥이 동서로 놓여 있는데 마치 우리나라의 태백산맥과 동해 인근 주변과 흡사하다. 산맥을 지난 바닷가는 넓은 초지이고 산맥을 넘어선, 정확이 말하면 산맥과 산맥 사이의 분지형 평원은 해발고도 약 500~1000미터 정도이며 협곡 등의 지형 변화가 있지만 대체적으로 넓은 사막, 혹은 사막형 초지에 가깝다. 우기 이후에는 작물을 심어 농사를 지을 수도 있다. 예전 서부극에 자주 등장했던 말 타고 여행하다 바위 뒤에서 총알이 날아오고 했던 그 광경을 멕시코 북부 지역에서 다시 만날 수 있다. 황량한 곳이기에 관광지로 그리 매력적이지 않지만 웨스턴 무비를 좋아하는 사람들에게는 추억에 빠질 만한 광경이다.

스페인의 군사와 성직자들이 금과 영혼을 찾아 북쪽으로 갔을 때 만났던 것은 황량한 사막과 원시적인 생활을 하고 있던 원주민들뿐이었다. 비교적 최근인 18세기 예수회 신부가 쓴 기록물에도 북부 원주민들은 야만인이며 원시인이어서 음식에 양념을 할 줄 모르고 생고기나 말린 고기를 그대로 먹는다고 기술하고 있다. 또한 음식의 범주에서 벗어나는 선인장 뿌리, 벌레, 가재, 거미, 뱀, 고양이, 마른 가죽까지 먹는다고 했다. 하지만 현재는 그런 모습을 찾아보기 어렵다.

스페인 사람들은 먹을 가축을 데리고 다녔는데 이 넓은 초지 위에서 그 수는 빠르게 몇 배로 늘어났다. 앞에서도 말했듯 무엇보다 넓은 초지와 천적이 없는 상태 때문에 빠른 속도로 늘어날 수 있었다. 이런 이유로 멕시코와 텍사스에 거대한 축산업이 탄생했다. 오늘날 목축업은 앵거스Angus, 홀스테인Holstein, 히어포드Hereford 종 중심으로 이루어지고 있으며[25], 지금도 여전히 지역 경제의 중심이 되고 있다.

스페인 사람들은 전통적으로 고기를 오래 보관하기 위해 육포를 만들곤 했는데 멕시코의 목축업자들 또한 그런 스페인의 전통에 따라 고기를 길게 잘라서 말렸다. 냉장고가 발명되고 도축된 고기를 냉장 보관하게 되면서 더 이상 고기를 오래 보관하기 위해 육포를 만들 필요가 없어졌으나 양념된 말린 고기의 식감과 그 특유의 씹는 맛 때문에 여러 종류의 육포가 지역 전통 음식으로 여전히 사랑받고 있다.

북쪽지역에는 목축업만이 아니라 미국 수출을 목표로 하는 산업지대도 여러 곳에 들어서 있고 관개시설을 설치해 드넓은 토지를 개간했으며 농업도 어느 수준 이상으로 발달해 있다. 특히 몬떼레이는 멕시코 제3의 도시이다.

유제품으로는 소노라, 치와와, 꽈우일라Coahuila, 두랑고 지역이 유명하다. 치와와에서는 요구르트와 비슷한 호꼬께Jocoque[26]를 애피타이저에 뿌려 먹는다. 때에 따라서는 유까딴 반도에서 나는 아마란스를 첨가하기도 한다. 이 지역에서 생산되는 치즈 중 전 세계적으로 광범위하게 알려진 것으로 치와와 치즈가 있다. 재세례파[27] 사람들이 모여

---

25 전통적으로는 병충해에 강한 인도 혹소를 키웠으나 현재는 미국 목축업의 영향으로 다양한 종이 사육되고 있다.

26 요구르트와 화이트 치즈의 중간 형태라고 할 수 있다. 생우유를 살짝 끓여 유지방과 잡균을 제거하고 유산균 등을 추가하여 발효시키는 것까지는 요구르트 제조법과 다르지 않은데 이것은 걸러 수분을 제거하고 살짝 굳게 하는 것은 치즈 제조법과 비슷하다. 다만 발효 기간의 차이가 있을 뿐이다. 우리가 먹는 떠 먹는 요구르트보다 더 진한 요구르트라고 생각하면 이해가 빠를 것이다.

27 재침례교, 아나뱁티스트를 말한다. 16세기 종교개혁 당시 급진적 개혁을 따른 개신교 종파를 가리킨다. 그 사상을 이어받고 있는 현대의 교파들로는 아미시파, 후터라이트, 메노나이트 등이 있다. 재세례파 혹은 재침례파라는 명칭은 다른 기독교 종파

사는 마을에서 만들며, 바퀴처럼 크게 만드는 것이 특징이다. 녹는 성질이 있어서 께사디야나 고추에 채워서 먹을 때 많이 쓰인다. 만체고 치즈, 와하까 치즈와 함께 멕시코에서 가장 사랑받는 치즈 중 하나이다.

꽈우일라나 누에보 레온^{Nuevo León} 주는 덥고 건조한 날씨로 인해 초지가 충분치 않아 목축이 불가능하다. 하지만 크기가 작은 염소는 목축지가 넓지 않아도 충분히 키울 수 있다. 그래서 염소고기는 이 지역에서 가장 풍부하고 또한 사랑받는다. 누에보 레온의 주도인 몬떼레이는 멕시코 전역에 염소고기를 공급한다. 까브리또 알 빠스또르^{Cabrito al pastor}는 염소고기 따꼬로 밀가루로 만든 또르띠야에 맥주로 양념한 콩을 곁들여 먹는다.

북부 지방에서는 멕시코의 전통 증류주인 메스깔^{Mezcal}을 애피타이저로 마시며, 대체로 가볍게 먹는 점심은 맥주와 함께한다. 떼낄라 칵테일 중 가장 유명한 마르가리따는 1942년 치와와 지방의 한 바텐더가 고안한 것이란 설이 있다. 하지만 멕시코 사람들은 사실 떼낄라를 그냥 마시는 것을 더 좋아한다. 마르가리따는 미국에서 사랑받는 칵테일이다. 마르가리따가 유행했을 때 미국 내 떼낄라 소비량이 두 배 이상 증가했다고 한다.

20세기 초반, 당시만 해도 작은 도시였던 띠후아나^{Tijuana}에서 알렉스^{Alex}와 세사르 까르디니^{Caesar Cardini}는 전 세계 식당의 메뉴에 이름을

들이 이들을 부른 명칭으로, 이들은 자유의지에 의한 회개와 신앙고백을 통해 성인이 되어 스스로 받은 세례만이 진정한 세례라고 믿었다. 어떤 면에서 성경에서 언급된 거듭남의 퍼포먼스를 세계에 도입한 것이 바로 이들이다. 하지만 자연스럽게 유아 세례를 비롯하여 기타 현재의 기준으로는 비본질적인 요소들을 거부했으나 16세기에는 이것이 사형에 해당하는 중죄였다.

올릴 샐러드를 개발한다. 마늘, 안초비, 우스터소스, 계란, 파마산 치즈를 넣은 샐러드 드레싱을 개발하는데, 이것이 바로 시저 샐러드이다. 길쭉한 양상추에 드레싱을 얹고 바삭하게 튀긴 빵을 얹는다. 시저 샐러드를 좋아하는 사람들은 많겠지만 멕시코의 한 도시 띠후아나에서 시저 샐러드가 태어났다는 것을 아는 이들을 그리 많지 않을 것이다.[28]

●시저 샐러드

치와와 주에서는 시에라 마드레 옥시덴탈Sierra Madre Occidental이 만들어낸 협곡 사이로 따라우마라Tarahumara 부족[29]이 산다. 따라우마라 부족은 치아빠스의 라깐돈lacandon[30] 부족과 마찬가지로 현대의 생활 방식을 거부하고 동굴과 원두막에서 옛날 방식을 고수하며 살고 있다. 따라우마라는 '발로 달리는 사람들'이라는 뜻이며, 아직도 높은 고산

---

28 여기에는 약간의 논란이 있을 수 있는데 사실 1919년 금주령 등 미국 내에서 정상적인 영업이 어려워진 음식점들이 멕시코 및 기타 라틴아메리카 국가로 이주하는 경우가 적지 않았고 세사르의 경우 미국과 인접한 띠후아나로 이주했으며 거기서 시저 샐러드를 개발했다고 한다.
29 치와와 지역에 넓게 분포하고 있는 원주민들로 산간지역에서 전통적인 방식으로 살고 있다. 그런 이유로 인류학자 특히 민족학자들이 관심을 갖는 부족이기도 하다. 우리에게는 오메가3가 많이 들어간 곡식인 치아chía를 먹는 부족으로 알려져 있다. 치아는 몸 안의 오메가6를 줄여주고 좋은 콜레스테롤 비율을 높여주는 것으로 알려져 있다. 들깨 또한 치아와 비슷한 역할을 한다고 한다.
30 네오사빠띠스따의 라깐돈 선언으로 유명해진 치아빠스의 정글 이름이면서 그 정글에 사는 부족의 명칭이기도 하다. 이들이 궁극적으로 원하는 것은 지역 자치이다. 하지만 여기에는 역사·정치·경제적 문제들이 복잡하게 얽혀 있어 쉽게 해결될 문제는 아니다.

●바란까 델 꼬브레

지대의 험준한 산을 3일 동안 달리는 대회를 연다.[31] 한때는 종족의 멸종 위기를 겪었으며 1980년 진행된 인구조사에 의하면 약 62,000명이 생존해 있는 것으로 밝혀졌다. 이 부족은 치와와에서 출발하는 열차를 타고 바란까 델 꼬브레Barranca del Cobre 협곡으로 들어가면 볼 수 있다. 이 협곡은 길이가 1,500km에 달하고 깊이는 1,000~1,400m나 된다. 애리조나의 그랜드 캐년은 이에 비하면 소규모라고 할 수 있다. 물론 협곡의 미적인 면은 약간 차이가 있다. 바란까 델 꼬브레는 그리 황량하지만은 않다. 황량하고 거대한 협곡을 기대한 이들에게는 약간 실망스러울 수도 있다. 특이하게도 굽이굽이 이어진 계곡과 산들은 마치 동양화에서 튀어나온 것 같은 느낌이다.

따마울리빠스Tamaulipas는 멕시코의 북동쪽의 주이다. 이 지역은 마치 우리나라의 강원도와 비슷하게 양면성을 갖고 있다. 동해의 접하

31 이들의 에어지원이 치아chia이다. 4부 「키워드로 보는 멕시코 음식과 문화」 참조

고 있지만 바로 태백산맥의 산악지역이 위치하고 있는 것과 마찬가지로 말이다. 시에라 마드레 옥시덴탈의 험준한 산맥과 멕시코 만의 뜨거운 해변, 열대 우림 공존하고 있다. 따마울리빠스의 음식은 지리적 특색만큼이나 대조를 이룬다.

● 까르네 아사다 아라 땀삐께뇨

고기와 치즈에 기반을 둔 내륙지역의 전통 요리와 베라꾸르스 해변 지역의 음식 같은 해산물 요리가 공존한다. 따마울리빠스에서 가장 유명한 요리는 까르네 아사다 아라 땀삐께뇨carne asada a la tampiqueña(땀삐꼬 스타일 고기구이)이다. 고기를 넓고 얇게 저며 구운 것으로, 엔칠라다, 고추, 콩을 곁들인다. 비교적 최근에 개발된 요리로, 돈 호세 이네스 로레도Don José Inés Loredo라는 멕시코시티의 조리사가 고안하였다. 땀삐꼬를 대표하는 친숙한 음식과 리몬즙에 재워 상큼한 느낌이 나는 고기구이가 함께 한 것으로, 지방색이 드러나는 음식이다.

바하 깔리포니아Baja California 북부는 멕시코 최대의 포도주 산지이다. 1888년 엔세나다Ensenada[32] 근교에 설립된 산또 또마스Santo Tomas는 멕시코 최대의 포도주 저장 창고이다. 남쪽으로 반도를 타고 뻗어 있는 산맥을 중심으로 황량한 바위투성이의 풍경에 이 지방에서만 볼 수 있는 긴 선인장은 참으로 이색적이다. 이 지역의 얼마 안 되는 녹지

---

32 미국에 가까운 아름다운 항구 도시이다. 관광으로 그리고 상업적인 면에서도 발달해 있다. 특히 미국으로 수출되거나 수입되는 물류가 이곳에서 출발하거나 들어오는 경우가 많으며 와인이 수출되기도 한다. 띠후아나와 더불어 멕시코 북서쪽의 중심 지역이다.

대는 물레헤Mulege 강 주위에 있으며 길이가 1.5km도 안 된다. 아라비아 사막의 오아시스와 비슷하게 대추야자수 숲 근처에 오아시스 같은 샘이 있다는 것이며 이 지역에는 대추야자를 이용한 요리도 많다. 멕시코의 가장 아름다운 해변 중의 하나인 바하 깔리포니아 남부는 선인장으로 가득한 산등성이와 산맥에서 꺾어지 듯 위치한 작은 만들과 해변이 특징이다. 까보 산 루까스Cabo San Lucas와 산 호세 델 까보 San Jose del Cabo는 국제적인 휴양 도시로 이 지역의 전형적 모습을 보여준다. 또한 이 지역에 유명한 팝송「호텔 캘리포니아」의 진짜 배경인 호텔 캘리포니아가 있다고 한다. 이 호텔을 보고 하룻밤 묶기 위해 이 지역을 여행하는 배낭족들도 적지 않다. 하지만 확실한 사실인지는 확인되지 않았다.

●까보 산 루까스(좌)와 산 호세 델 까보(우)

꼬르떼스 해는 캘리포니아 만으로도 불리며 250여 가지의 어종이 있다. 은대구와 메로가 대표적이며 기타 해산물도 풍부하다. 하지만 조리법은 간단한 편인데 리몬즙이나 식초에 절이거나 해산물로 스프를 만드는 것이 일반적 조리법이다. 생선, 가재, 새우도 소금 간을 한 후 철판에 굽거나 마늘 혹은 토마토소스로 양념한 후 철판에 굽는 것이 전부이다. 이 지역의 바다거북은 최근 보호 동물로 지정되어 식당의 메뉴에서 사라졌다. 아마존의 악어 고기와 비슷하게 한때 이 지역에 많은 바다거북이 서식했고 자연스럽게 식재료가 되었던 것이다. 현재는 맛볼 수 없으나 상당한 별미였다고 한다.

멕시코 북부 지역은 그 문화적 다양성에 비해 역사는 그리 길지 않은 편이다. 또한 카우보이 스타일 문화가 그 중심에 있다고 할 수 있는데 이 카우보이 스타일 문화는 쉽게 간단히 먹을 수 있는 음식문화를 예로 들 수 있다. 여성적인 섬세한 면이 모자라며 남성적인 거친 문화라고 할 수 있다. 물론 1년에 몇 번 되지 않는 축제기간에는 전혀 다른 모습으로 변하기도 한다. 하지만 대체적으로 거칠고 투박한 문화가 바로 멕시코 북부의 문화이다.

※ 멕시코 북부, 국경지역까지 넓게 하나로 묶은 이유는 이 지역이 인구 밀도가 상대적으로 낮으며 사막지역도 꽤 넓게 분포하기 때문이다. 재미있는 것은 북쪽으로 갈수록 또르띠야는 더 얇아지고 밀 또르띠야도 상대적으로 많이 먹으며 또한 돼지고기에 비해 쇠고기를 더 많이 먹는다는 것이다. 개인적으로 멕시코 북부지역을 다른 지역에 비해 꼼꼼하게 여행해보지 못했고 또한 현재는 치안에 문제가 있는 곳도 많다. 일반적으로 텍스멕스 스타일이라 하는 텍사스 지역의 음식과 그리 큰 차이가 없다고 하나 이 지역의 음식문화를 그렇게 단순하게 판단하기는 어렵다. 항간의 소문에 의하면 멕시코 북부 지역에 미국 자본이 투입되어 목축업 단지가 새롭게 들어설 가능성도 높다고 한다. 물론 현지의 치안상태가 가장 중요한 문제가 될 것이다.

몬떼레이 지역 식당 정보

● 라 엔꼬미엔다la encomienda

Av. Lázaro Cárdenas #2500, Col. Valle Oriente, Tel: 81 8363 7026

http://laencomienda.com.mx/

앞에서 소개한 26시간 라틴 스타일 고기구이를 먹을 수 있는 곳으로 미디움으로 익혀 스테이크 중간이 벌겋게 보이는 고기를 싫어하는 우리나라 사람들도 좋아할 만한 곳이다. 또한 참치, 연어, 농어구이도 훌륭하고 훈제로 익힌 굴 구이도 훌륭하지만 역시 최고의 메뉴는 고기구이이다. 등심과 갈비구이 모두 훌륭하지만 고기 양이 한정되어 있어 예약을 하지 않거나 저녁 늦게 가면 고기가 다 떨어질 수도 있다.

● 바리오 안띠구오Barrio Antiguo

중심가에서 약간 남동쪽으로 치우친 바리오 안띠구오 지역에서 몬떼레이의 전통 음식을 먹을 수 있다. 많은 식당들이 분포하고 있고 또한 몬떼레이에서 놓쳐서는 안 되는 것이 바로 육포이다. 한번 맛을 본다면 바로 기념품 대신 육포를 사게 될 것이다. 또한 소나로사la zona rosa 지역에 약간 더 고급스런 식당이 있으나 음식은 그리 다르지 않다.

식당은 아니지만 멕시코 맥주업계에서 2위이며 몬떼레이의 상징이기도 한 세르베체리아 꽈우떼목Cervechería Cuauhtémoc을 견학할 수 있다. 맥주 공장의 견학은 역시 시음을 빼고 이야기할 수 없다. 맥주 마니아들이라면 놓치기 어려운 이벤트일 것이다.

띠후아나 지역 정보

● 레스따우란떼 리까르도스Restaurant Ricardo's

Av Madero #1410, Tel: 664 685 4031

http://www.restaurantricardos.com

거의 모든 메뉴가 훌륭한 식당 겸 카페로 차를 마시며 이야기 나누기도 좋은 아름다운 곳이다. 아침 뷔페 혹은 점심을 즐기기에 좋다. 띠후아나는 미국의 샌 디에고와 인접한 곳으로 자동차로 국경을 넘나드는 경우도 많고 또한 물류의 흐름도 많은 편이다. 한나절 띠후아나에 있어야 한다면 레스따우란떼 리까르도스를 추천한다.

PART 04

키워드로 보는
멕시코 음식과 문화

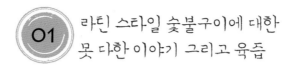

01 라틴 스타일 숯불구이에 대한 못 다한 이야기 그리고 육즙

아라체라, 멕시코 쇠고기 안창살

●아라체라

멕시코에서 가장 흔하게 먹는 스테이크 거리 중에 하나가 바로 아라체라 Arrachera이다. 지방이 거의 없으며 따꼬를 비롯하여 많은 요리에 사용되는 부위인데 멕시코 사람들도 실제로 어떤 부위인지 아는 이가 드물다. 일부에서는 마치 우리나라에서 갈비를 만드는 것과 비슷하게 여러 부위의 쇠고기 중에서 남는 잡고기를 모아서 만든 것이라는 말이 있을 정도로 흔하면서 상대적으로 값이 싸고 마블링도 거의 없어 숯불구이용으로는 어울리지 않지만 프라이팬으로 기름을 둘러 익혀 먹기에는 적당한 부위이다.

우리나라에서 로스구이로 즐기기에 쇠고기 안창살은 아주 좋은 부위이다. 사실 쇠고기의 특수부위에 속하기에 가장 비싼 부위로 꼽히기도 한다. 쇠고기의 안창살에 해당하는 돼지고기 부위가 갈매기살인데 마찬가지로 횡격막 부위이며 갈매기살이 가끔 쇠고기로 오해

받는 것과 비슷하게 안창살 또한 쇠고기 등심이나 갈비와는 다른 맛이다. 원래 기름이 적어야 하지만 곡류나 사료를 먹으며 비육한 소라면 꽤 선명하고 아름다운 지방 마블링이 있는 경우도 있다. 조리하는 방법에 따라 맛은 좀 다르긴 하지만 고소하며 씹을수록 더 맛있는 부위이다. 또한 단백질 함유가 높고 다이어트 식품으로도 적합하다.

멕시코에서는 상대적으로 싼 가격으로 그리고 좀 더 다양한 방식으로 안창살을 즐길 수 있다. 또한 고기 자체에 결이 살아 있어 마치 불고기처럼 양념을 하여 먹기도 한다. 물론 양념에 재워서 먹기 보다는 살사라고 부르는 양념을 얹어 먹는 경우가 많아 우리나라의 불고기와는 좀 다른 느낌이다. 요새는 특이하게 리몬즙과 간장으로 간을 하기도 한다. 쉽게 우리나라의 재운 고기들은 이미 양념과 하나가 된 상태라고 한다면 멕시코 스타일의 조리법은 각각의 재료가 따로 익혀지고 먹기 전에 양념을 넣어 먹기 때문에 입에서 씹는 매순간 맛이 약간씩 달라지는, 마치 파노라마 같은 느낌이 있다. 물론 음식을 대강 씹어 빨리 먹는 것이 익숙한 이들은 쉽사리 느끼기 어려운 맛이다. 하지만 음식을 천천히 씹어 먹는 사람이라면 그 다양한 맛의 파노라마를 느낄 수 있을 것이다.

팔다 혹은 바시요, 치맛살

쇠고기 희귀부위의 메카, 서울의 마장동에 가면 정말 다양한 부위의 쇠고기를 먹을 수 있다. 사실 전 세계적으로 108부위 혹은 그 이상으로 다양하게 부위별 쇠고기를 즐기는 민족은 우리 한민족을 제외하면 거의 없다고 봐도 무방하다. 어쩌면 이것이야말로 우리나라의 기본적인 문화가 유목과 농경의 중간 혹은 혼합이라 볼 수 있는 증거일지도 모른다.

하지만 덩어리 고기를 숯불에 익혀 먹는 것은 사실 우리에게 낯선 것이다. 만일 우리 조상님들은 숯을 고기 굽는 데 쓴다는 것을 아시면 바로 볼기를 때리려 할 수도 있다. 철을 제련할 때 써야 하는 중요한 재료인데 그걸 그저 먹는 데 쓴다니 말이다.

라틴 스타일 아사도, 숯불구이로 아니 전 세계적으로 구이로 유명한 것이 바로 갈비이다. 그 외에 단시간에 구워 먹을 수 있는, 그것도 30분에서 1시간 정도에 구워 먹을 수 있는 부위들, 안심과 등심 등의 부위가 있다. 허나 이 부위들은 마블링이 그리 아름답지 않은 쉽게 말하면 그리 지방이 적당한 곳이 아니고 살코기가 상대적으로 많기에 살짝 익혀 먹을 수 있는 부위이기도 하다.

갈비 이외에 라틴 스타일 아사도에 어울리는 부위가 있는데 그것이 바로 치맛살이다. 마블링이 치마를 두른 것 같다 하여 치맛살이라 부른다고 하는데 이것은 우리나라와 멕시코 공통이다. 아르헨티나에서는 바시오라고 부른다. 이 부위는 소의 아랫배 하복부 부위의 살을 말하는데 결이 살아 있으며 마블링이 짙어 지방이 풍부하기 때문에 오랜 시간 구워도 괜찮은 부위이다. 지방이 녹아 결 따라 흐르면서 빠지기도 하고 고기에도 스며들기도 하여 결이 살아 있는 부드러운 맛이 특징이다. 물론 치맛살은 로스구이로도 그리 나쁘지 않지만 그렇게 먹기에는 지방이 좀 많은 느낌이다. 강한 불에 빠르게 굽는 것보다 은은한 불에 오래 굽는 것이 치맛살의 풍미를 살리는 조리법인 것 같다.

치마를 두른 것 같은 마블링은 구워지면서 지방은 녹아내리고 그 자체가 고기의 결로 변한다. 녹아 흐르는 기름으로 쇠고기의 수액들이 안으로 안으로 몰리며 익어간다. 쇠고기 맛 다시다보다 몇 배는 더 진한 쇠고기의 맛과 향이, 우리가 육즙이라 부르는 것이 안에서 익어간다. 녹아내리는 지방과 수액으로 삶아지면서 구워진 쇠고기의 맛은 어떨까? 그 보드랍고 진한 맛은 육수에 맛이 다 빠져나간 수육과 비교할 것이 아니다. 마치 장조림이 연상되는, 결이 살아 있는 고기를 씹다 보면 녹아내린 지방으로 삶아진 속살이 나온다. 정말 다시다 백 개를 농축한 듯한 진한 쇠고기의 맛, 강한 기름에 튀겨낸 것이 아닌, 녹아내린 지방으로 은은하게 삶아진 고기 맛은 설명과 묘사의 한계를 느끼게 한다. 쉽게, 오직 고기만으로 충분한, 썰어 먹는 고기, 취향에 따라 약간의 소금과 후추로 충분한, 더 이상 아무것도 필요하지 않은 고기 맛을 즐기는 순간이 펼쳐진다.

세계에서 가장 쇠고기를 많이 먹는다는 아르헨티나 사람들이 구이로 가장 선호하는 것이 바로 이 치맛살과 갈비이다. 덩어리 치맛살의 라틴 스타일 아사도, 우리나라 많은 분들에게 추천하고 싶은 메뉴이며 실제로 많은 분들이 차원이 다른 고기 맛을 느낀다고도 하였다.

● 팔다Falda 혹은
바시요Vacio, 치맛살

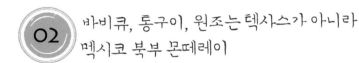

02 바비큐, 통구이, 원조는 텍사스가 아니라 멕시코 북부 몬떼레이

　　달콤한 바비큐 소스, 결 따라 잘 스며든 소스에 잘 익은 갈비, 잘 익은 고기. 요즘에는 그리 어렵지 않게 살 수 있는 것이 바비큐 소스 혹은 BBQ 소스이고 우리에게는 그저 양념 고기구이가 바비큐이다. 하지만 바비큐라는 말은 원래 라틴아메리카 원주민의 고기구이를 의미했다. 통으로 익혀 먹는 조리법은 바베아큐라고 불렸는데 이것이 후에 바르바꼬아, 바비큐가 되었다.

　우리가 먼저 생각해봐야 하는 것은 바비큐라는 방식으로 고기를 조리한 이유이다. 보통 바비큐로는 현재 쇠고기와 돼지고기를 가장 많이 먹지만 라틴 아메리카 특히 멕시코 지역의 원주민들에게는 먹기 위해 키우는 가축은 존재하지 않았다. 그러므로 같은 종류의 고기라고 해도 현재 우리가 생각하는 고기와는 약간 달랐다. 쉽게 야생동물이었다는 것이다. 야생에서 자란 짐승의 고기가 더 맛있다는 말도 있지만 보통 특유의 냄새가 나는 경우가 많으며 원주민들은 생존을 위해, 양질의 단백질을 섭취하기 위해 먹었던 것이지 더 맛있는 식재료로 사용한 것은 아닌 듯하다. 또한 양, 염소, 민물생선을 포함한 각종 생선, 사슴 등등 다양한 종류의 고기를 조리하였는데 특유의 냄새를 잡아 잡향을 없애고 고기를 부드럽게 하여 먹기에 그리고 소화하는 데 용이하도록 하는 것이 바로 바비큐의 목적이었다.

　이 조리법은 멕시코 북부에 널리 퍼져 있었는데 여기서 말하는 멕시코 북부는 19세기까지의 멕시코를 말한다. 당시에는 캘리포니아,

텍사스 그리고 루이지애나 지역과 플로리다 지역도 프랑스, 스페인 어권 지역이었다. 다시 말하면 이 지역에 약간의 세부적인 면은 다르지만 바르바꼬아 조리법이 퍼져 있었다. 이 조리법이 텍사스가 독립하고 미국에 편입되는 과정에서 변형되고 또한 패스트푸드화하면서 현재의 바비큐 소스가 된 것이다.

이 바비큐 소스의 형제 혹은 다른 버전이 바로 스테이크 소스이기도 한데 두 경우 모두 고기의 잡향을 잡아주기 위해 강한 향이 사용되었고 감칠맛을 주기 위해 단맛이 강조되었다. 물론 바비큐 소스와 패스트푸드가 과연 무슨 관계이냐고 물어볼 수 있으나 햄버거는 기본적으로 스테이크와 빵 그리고 샐러드가 하나로 합쳐진 형태이다. 그리고 햄버거 소스 또한 스테이크 소스가 기본이고 케첩과 기타 소스가 부수적으로 들어간다. 멕시코의 다양한 전통요리가 텍스멕스 스타일이란 이름으로 단순화되고 패스트푸드화되어 전 세계에 퍼진 것과 마찬가지로 바비큐 또한 멕시코 북부 지역의 전통 요리에서 현재 전 세계에 알려진 바비큐 요리로 바뀐 것이다.

물론 여전히 바비큐는 돼지가 사과 하나 물고 있는 모습으로 장작불에 구워지는 장면을 연상케 하는 경우도 있다.[1] 다시 말하면 여전히 통구이를 연상시키기도 한다. 하지만 진짜 바비큐는 비단 이것만이 아니다. 이제부터 진짜 오리지널 바비큐에 대해 알아보자.

사실 바비큐의 어원은 카리브 해에서 유래했으나 고기를 조리하는 방식으로의 바비큐는 멕시코 북부, 몬떼레이Monterrey 지역을 중심으로 발달했다. 먼저 땅에 구덩이를 판 후 한 번 불이 사그러들어 불기를 담고 있는 장작이나 숯을 구덩이 제일 밑에 깔고 약간 거리를 두

---

1 정확히는 앞에서 소개한 레촌을 의미한다.

고 손질한 고기와 월계수 잎 등의 허브를 넣고 마게이 선인장 이파리로 감싼 후 넣는다. 구덩이 입구를 거적으로 막은 후 하루 정도를 익힌 것이 바로 전통 바비큐이다. 쉽게 은은한 불과 지열을 이용한 조리법으로, 고기의 잡향은 월계수 잎 등의 허브와 마게이 선인장 이파리에 의해 사라진다. 마게이 수액과 은은한 불로 인하여 구웠다기보다는 삶은 고기와 훈제 고기 중간 정도가 되며 수분을 잃지 않아 촉촉하고 부드러우면서도 결이 살아 있다. 우리나라 사람들에게는 수육으로 보일 수 있으나 삶은 것이 아니다. 이렇게 익힌 고기를 또르띠야에 싸서 살사와 함께 먹는다.

사실 텍사스의 패스트푸드화된 바비큐에 익숙한 사람들에게 이런 바비큐는 약간 넌센스로 보일 수 있다. 또한 달달한 맛에 익숙한 이들에게는 이게 왜 바비큐인지 의문을 가질 수도 있다. 하지만 낙농업이 발달하여 사람들이 일상적으로 고기를 먹고, 가축을 오로지 먹기 위해 키우기 시작한 역사는 그리 오래 되지 않았다. 그 또한 이 라틴 아메리카 대륙에서 대규모 낙농업이 이루어지면서 가능했던 것이다. 이 말은 앞에서 말한 것처럼 예전에는 야생동물을 사냥하여 먹었다는 것을 의미한다. 사람의 양식이 되기 위해 키워지는 가축은 굉장히 과학적으로 비육된다. 적당한 지방 함유를 비롯하여 더 좋은 육질을 위해 다양한 연구가 시도되고 이런 방식으로 마치 공장에서 찍어내는 상품처럼 거의 차이가 없는 고기가 공급되는 것이 현재의 상황이다. 다시 말하면 예전과는 비교할 수 없는 정도로 맛있는 고기가 공급되고 있다. 물론 나쁜 의미로 말하는 것은 아니다.

야생동물의 경우 상대적으로 지방이 적으며 종류와 부위에 따라 다르지만 독특한 향, 소위 누린내라고 간주되는 향이 나는 경우가 많다. 다시 말하면 그냥 굽거나 삶아 먹기에 좀 역한 경우가 많다. 쉬

● 26시간 바비큐, 장작이 뒤에서 타다가 은은해지면 불판 밑에 오게 되는데 직화, 훈제, 대류열 등 거의 모든 방식으로 익혀지며 겉은 바삭하며 속은 쫀득한 수육과 비슷하다.

운 예로 비린내가 많이 나는 생선이라 생각하면 될 것이다. 비린 생선을 조리하는 방법의 포인트는 바로 이 비린 맛을 잡는 것이다. 고기를 은은한 불에 오래 익히면 상대적으로 육질이 부드러우며 허브와 용설란, 마게이 이파리에서 나온 수액과 향 또한 천천히 배어들어 먹기 편하면서도 더 맛있는 요리가 된다. 불이 한 번 사그라진 장작을 구덩이에 넣기 때문에 달궈진 땅의 복사열로 은근히 구워지고 연기에 의해 자연스레 훈제가 되며 용설란 즙과 고기 자체의 수분에 의하여 삶는 것과 비슷하게 익어가는 이 세 가지 방법이 적절하게 섞여 오묘한 맛이 난다. 향과 육질 등에서 모두 말이다. 개인적인 생각이지만 멕시코 스타일 바비큐는 먹는 순간 머리를 갸웃하게 된다. 이 고기는 돼지인가 소인가 아니면 양인가 염소인가. 이 향은 무엇인가 등의 의문이 이어진다. 그만큼 특이한 맛과 향을 느낄 수 있다.

꼬치니또 삐빌에서 설명한 적이 있지만 지역에 따라 바비큐에 과일을 함께 넣어 조리하는 경우가 있다. 특히 오렌지 과즙이 들어가 달달한 뒷맛을 즐기기도 하는데 이것이 텍사스 지역에서 미국으로 전해지면서 현재 우리에게 알려진 바비큐 소스가 된 것 같다.

이후 유럽식 오븐과 그 원형인 화덕이 전해지면서 구워 먹는 방식은 다양하게 발전한다. 하지만 작게는 서너 시간, 길게는 하루 정도 조리하는 방식은 라틴아메리카의 전통에서 유래한 것으로 볼 수 있다. 환경에서 유래한 최고의 조리법이기 때문이다. 사실 로스구이로 고기를 구워 먹을 경우 참숯에 구워 먹건 가스 불에 구워 먹건 돌불판에 구워 먹건 큰 차이는 없다. 하지만 서너 시간 참숯에 구워 그 향이 충분히 배인 고기와 장작으로 구운 고기, 땅속에서 은은히 익은 고기는 확연하게 다른 맛이다. 어떤 맛이 더 좋은지는 개개인의 판단에 따라 다르겠지만 이런 맛도 있다는 것을 아는 것은, 특히 맛있는 음식, 맛집을 찾는 것이 유행인 요즘에 정말 해보아야 할 미각의 여행일 것이다.

　바로 만들어, 금방, 급하게 먹어야 하는 사람들에게 맛있는 음식이란 그저 화학조미료와 인공 감미료가 가득한 음식일 것이다. 자연과 환경이 낳은 조리법, 하루 정도의 시간을 기다려야 하는 음식은 어쩌면 인간이 환경을 극복한 역사를 함께 먹는 것이다. 이런 이야기가 바비큐에 숨어 있다. 그리고 그 이야기는 멕시코 북부 몬떼레이 지역에서 시작되었다. 우리가 알고 있는 맛과는 전혀 다른 맛이 있다. 바로 멕시코 북부 몬떼레이 지역에.

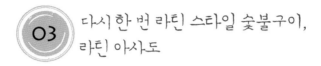

03 다시 한 번 라틴 스타일 숯불구이,
라틴 아사도

　　탄 음식이 건강에 좋지 않다, 탄 음식이 암을 유발할 수 있다는 사실은 이미 많이 알려져 있다. 그런데 사실 이것은 사실이면서도 거짓이다. 육류를 익혔을 때 발생하는 아크릴아미드가 발암물질인 것은 사실이나 그 양이 미미하며 사실 암에 걸릴 정도의 아크릴아미드를 섭취하려면 1톤에서 2톤 정도의 새까맣게 태운 고기를 먹어야 한다고 한다. 다시 말해서 약간 탄 음식을 먹는 것이 건강에 좋다고 할 수는 없겠지만 그렇다고 기타 환경 호르몬, 공해 등에 비해 그렇게 나쁘다고 하기도 어렵다.

　　이런 이야기로 시작하는 이유는 바로 26시간 구운 라틴 아사도Latin asado를 설명하기 위해서이다. 물론 아무리 덩어리 고기라고 해도 26시간 동안 굽는다는 것은 쉬운 일이 아니다.[2] 적정한 온도와 열기, 연기 등이 계산되어야 한다. 그래야 최고의 라틴 아사도가 탄생한다. 다 타고 나서 하얗게 변한 장작으로 굽는데, 숯을 사용하지 않는 이유는 참나무의 특유의 향도 중요하겠지만 숯은 오랫동안 타기 때문에 26시간 동안 굽기에 적당하지 않다고 한다. 숯은 다 탄 것으로 보

2　왜 26시간인지, 혹은 왜 하루 넘게 고기를 익히는지 의문을 가질 수 있다. 개인적으로 조사한 바에 의하면 원주민 전통 방식의 바르바꼬아가 약 하루 혹은 그 이상을 익히는 경우가 많은데 거기서 유래한 것으로 보인다. 은은한 불에 훈제와 직화가 어우러지고 고기 안의 수분으로 삶는 효과를 만드는 것도 바르바꼬아 방식에서 유래한 것으로 보인다. 하지만 용설란 잎이나 기타 잡향을 잡는 재료가 들어가지 않는 것은 식재료로서 쇠고기가 그만큼 발전했기 때문일 것이다.

이지만 그 안은 여전히 뜨겁게 타고 있는 경우가 많다. 그런 이유에서 노년의 로맨스를 숯에 비유하기도 한다.

　26시간 동안 구워진 고기는 겉이 조금 타거나 그을려 있기 마련이다. 물론 앞에서 언급한 것처럼 탄 고기에 거부감이 있는 사람들은 딱딱하고 맛도 없으며 건강에도 안 좋다고 탄 부위를 잘라버리지만 그것은 정말 안타까운 행위이다. 보통 숯불구이 통닭의 경우에도 겉이 약간 타는 경우가 있다. 하지만 26시간 동안 구워진 그 표면이 그을리고 약간 타는 것은 당연하며 로스구이, 얇게 저민 고기가 타는 것, 또한 양념갈비의 양념이 불판에서 타는 것과는 질적으로 다르다. 또한 연기에 그을린 경우는 그 향도 향이지만 그냥 탄 것과는 전혀 다르다.

● 소금 간만 한 채로 최소 6시간 이상 조리한다. 아래에 보이는 하얀 것은 쇠기름이다.(위)

● 소 머릿고기도 이런 식으로 익혀 먹는다.(아래)

보통 덩어리 고기는 3단계로 그 맛을 구분할 수 있다. 물론 부위에 따라 5단계로 구분하기도 하는데 쉽게 3단계로 예를 들어본다. 1단계는 바로 앞에서 언급한 고기 표면이다. 약간 딱딱하고 바삭하지만 은은한 향이 풍겨 나오며 약간 짭조름하기도 하다. 2단계에서 잘 익은 고기의 풍미, 결 따라 스며든 지방의 부드러운 느낌, 결이 살아 있는 부드러움은 씹으면 씹을수록 그 풍미를 더한다. 하지만 중요한 것은 바로 3단계인데, 소위 육즙이 살아 있다고 하는 부분이다. 마치 고기 스스로의 수분으로 삶은 듯한 느낌의 부드러움과 진한 고기 향을 즐길 수 있다.

우리나라 사람들 중에서는 이 육즙이라는 것에 대해 약간 오해를 하는 경우가 있는데 육즙이 붉어 보인다고 해서 그것이 피를 의미하는 것은 아니다. 고기 부위에 따라 약간씩 다르지만 우리가 국을 끓일 때 나오는 그 쇠고기의 진한 국물이 피가 우러나오는 것은 아닌 것처럼, 육즙이라는 것은 이 진국이 안으로 응축되는 것이라 할 수 있는데 은은한 불로 굽는 방법을 통해 쇠고기의 체액으로 구워지며 삶아지는 효과가 있는 것이다. 물론 피가 완전히 없다고 할 수는 없다. 보통 도축되고 정형되는 과정에서 대부분의 피는 제거되지만 육포로 만들지 않는 한 피를 완전히 제거할 수는 없을 것이다.

약 3~4cm 정도 두께로 강한 불에 강하게 익혀 겉이 약간 탈 정도로 익힌 일반적 스테이크와 라틴 아사도는 질적으로 다르다. 고기의 크기나 굽는 시간 등 모든 것이 다른데, 진짜 다른 것이 바로 육즙이다. 우리나라 사람이라면 쉽게 이해할 수 있을 텐데 며칠 동안 끓인 진국 설렁탕과 한 시간도 안 되게 끓인 설렁탕의 국물이 다르듯 라틴 스타일 아사도의 육즙은 그 어디에도 비교할 것이 아니다.

물론 사람마다 취향의 차이가 있다. 로스구이 스타일로 바싹 익혀 먹는 것을 즐기는 사람이 있고 덩어리 고기를 오래 익혀 다양한 맛을 즐기는 사람이 있다. 취향의 차이를 인정하더라도 라틴 스타일 아사도는 맛의 교향곡이다. 왜냐하면 덩어리 고기를 자르는 순간, 각 단계별로 먹는 것이 아니라 이 3단계의 고기가 수직적으로 배열되어 순서대로 입안에서 느껴지기 때문이다. 약간 딱딱하고 짭조름한 부분을 지나, 고기 결이 느껴지며 씹는 맛이 좋은 부분을 넘어가면 삶은 듯 보들하고 촉촉한 진국 육수, 아니 진국 육즙이 입안에서 퍼지면서 녹아내리다 사라진다. 이 라틴 스타일 아사도를 처음 먹는 순간, 머리에 퍼뜩 든 생각이 '나 고기 처음 먹는구나!'였다.

양념은 소금으로 충분한데 보통 돌소금을 사용한다. 짠맛이 강하지 않고 부드러우며 약간 단맛 혹은 감칠맛이 있다. 물론 굽기 전에 간이 되기에 따로 양념을 더할 필요는 없다. 물론 비위가 약한 분들을 위해 고기의 향을 완화시키는 몇 가지 향료가 있으나 고기 맛을 제대로 즐기려면 그저 고기와 소금으로 충분하다. 또한 육즙의 향이 강하고 진하면 진할수록 드라이한 레드 와인을 곁들이는 것이 좋은데 강한 와인의 향이 입안을 씻어주어 질리지 않도록 하는 효과가 있다.

여기까지이다. 아무래도 글 솜씨가 떨어지는 것 같다. 더 이상 설명할 수가 없다. 그저 한번 먹어보라는 말 이외에 더 덧붙일 말이 없다. 아마 카우보이 스타일 아사도에서 라틴 아사도로 발전해가는 가운데 가장 고기 맛을 살린 조리법이 바로 이 26시간 라틴 아사도일 것이다.

참고로 요새 우리나라에서 냉장 건조 숙성시킨 스테이크가 유행한다고 하는데 냉장 건조 숙성 고기로 유명한 곳이 멕시코 북서부 소노라Sonora 주의 에르모시요Hermosillo라는 곳이다. 세계 최고급 스테이크감으로 유명하다. 다만, 비위가 약한 분들에게는 약간 누린내 비슷한 것이 느껴질 수 있다. 물론 짐작하시겠지만 그 느낌, 육즙의 그 향과 그런 느낌 때문에 유명한 것이다. 생강, 마늘, 양파 등을 곁들이면 그 향을 잡을 수 있으나 그렇게 되면 숙성된 고기를 먹는 의미가 별로 없다.

라틴 스타일 아사도가 가능한 이유는 단 하나이다. 질 좋은 쇠고기이기 때문이다. 질 좋은 쇠고기를 구워 먹는 데에는 특별한 조리법이 필요하지 않다. 아니 재료의 풍미를 살리는 조리법이 최고이다. 요리는 예술이라는 측면에서 보면, 이 라틴 스타일 아사도는 가장 저급한 레벨에 속할 것이다. 물론 재료의 풍미를 살리는 조리법을 찾는 것도 쉬운 일은 아닐 것이다. 하지만 최고의 맛이란 테마에서, 고기의 최고의 맛이란 테마에서 보면 역시 최고이다. 더 설명하지 못하는, 더 묘사하지 못하는 못난 글 솜씨가 안타까울 뿐이다.

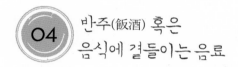

04 반주(飯酒) 혹은 음식에 곁들이는 음료

　　공일오비의 아주 「오래된 연인들」이란 노래가 있다. 몇 번 리메이크도 되었던 것으로 기억한다. 가장 기억에 남은 가사가 '처음에 만난 그 느낌, 그 설렘을 찾는다면 우리가 느낀 싫증은 이젠 없을 거야.'이다. 사실 이것은 비단 연인과의 관계만이 아니라 음식, 미각에도 적용되는 것 같다. 처음 입안에 들어와 씹히는 그 느낌을 항상 느낄 수 있다면 언제나 새로운 느낌의 맛있는 음식을 먹을 수 있을 것이다. 하지만 인간에게는 지루함, 관계로 표현하면 권태로움이 있다. 아무리 아름다운 미녀 혹은 미남과의 만남에도 피할 수 없는 것이 바로 권태로움이다. 그 권태의 끝에 질렸다는 표현이 있다. 질렸다는 말이 나오는 그 순간 모든 것은 끝났다는 것을 의미한다. 나 네게 질렸어, 나 이 음식 질렸어. 더 이상 보고 싶지 않다는 말, 더 이상 먹고 싶지 않다는 것을 의미한다.

　　인간관계는 잘 모르겠으나 적어도 음식을 먹으며 처음의 그 느낌을 유지하는 것은 미식가들의 공통된 고민이었다. 어떻게 질리지 않고 그 신선한 느낌, 처음 먹는 듯한 느낌을 유지할 수 있을까?

　　반주(飯酒), 반주는 밥을 먹을 때 곁들여서 한두 잔 마시는 술을 말한다. 밥과 술, 음식과 술, 과연 반주로 마시는 술은 어떻게 마시는 술일까? 여기에 처음에 만난 그 느낌, 그 설레임을 유지하는 비밀이 있다. 식재료의 종류에 따라 약간씩의 차이가 있으나 입안에 남아 있는 잔향과 잔맛이 점점 강해질 때, 사람에 따라 약간씩 다르겠지만 약 반 잔 정도의 소주는 입안을 깔끔하게 씻어주기에 충분하다. 사실 와인에서 말하는 마리아주는 그 술이 반주용으로 적합하지 않다는 것을 말한다. 술의 성향이 강하면 강할수록 반주로는 적합하지 않다. 어떤 음식과 어떤 술이 어울리는 것은 나쁜 것이 아니지만 반주를 위해서는 어떤 음식과도 두루 어울리면서 동시에 전혀 상관없어야 하며 남은 잔맛, 잔향을 씻어주어야 한다. 물론 술을 마시기 위한 음식, 안주(按酒)의 경우는 또 다르다. 알코올의 기운을 씻어주어 다음 잔의 술도 청량하게 마실 수 있게 해주는 것이 안주의 핵심이기 때문이다. 서로 반대로 생각하면 쉬울 것이다.[3]

이런 관점으로 보면 현재 16도에서 20도 정도의 소주는 반주로 아주 적당한 술이라 할 수 있다. 물론 소주 또한 처음에는 35도에서 38도 정도의 강한 술이었다. 현재 안동소주가 약 45도 정도의 도수를 유지하고 있는데 50도 혹은 그 이상의 도수를 자랑하는 고량주와 비슷하다 할 수 있다. 이 정도가 되면 반주가 아니라 안주가 필요한 술이라 할 수 있다.

요즘 소주의 도수가 점점 낮아지고 있는 것은 어떤 경향을 반영하는 것인데 약 6잔에서 7잔 정도 나오는 소주를 반 잔씩 나누어 마신다고 하면 12번에서 14번을 마실 수가 있다. 한 끼에 반주로 입가심을 12번에서 14번을 하고 그 맛을 즐긴다는 것은 풍성하게 한 끼를 즐긴다는 말이 된다. 물론 제일 중요한 것은 타이밍이다. 이 맛을 적

---

3 가만히 생각해보면 쉽게 나눌 수 있는데 자연발효주의 경우 맛과 향이 강하거나 특이한 경우가 많아 안주가 어울리는 술이 되기 쉽다. 탁주인 막걸리도 마찬가지이다. 어쩌면 막걸리에 가장 어울리는 안주는 쉰 김치일 것이다. 도수가 높은 증류주도 대부분 안주가 어울리는 술이다. 15~20도의 소주가 유난히 반주로 어울리는 이유는 바로 이 도수에 있다. 너무 높지도 낮지도 않은 이 도수야말로 전 세계적으로 주목할 만한, 어떤 면으로 황금률이다. 물론 반주라는 측면에서도 마찬가지이다.

당히 즐겨 이제는 한 번 씻어
주어야 할 때, 소주 반 잔. '캬
~'라는 소리가 입안에서 조용
히 맴도는 그 순간 이미 젓가
락은 음식으로 향해 있을 것
이다.

사실 반주가 아니라 입가심
이라는 관점으로 보면 일식에
서 그 예를 쉽게 찾아볼 수 있
다. 저린 생강과 녹차 모두 입

●소주 한잔. 요즘은 도수가 많이 내려가
청하와 그리 다르지 않은 정도이다.

안을 씻어주어 잔맛을 잔향을 없애기 위한 것이다. 하지만 한 숟가
락 음식, 한입 요리가 아니라면 입을 깔끔하게 씻어주는 녹차는 약
간 어색하다. 물론 약간의 차이가 있기는 하다. 일본의 경우 와사비
가 들어간 간장에, 각종 생선 등 향이 강한 요리와 함께 즐겼기 때문
인지 그리 향이 강하지 않다. 하지만 우리나라의 다도(茶道)는 적어도
향 또한 맛에 못지않게 중요하기에 입가심이라는 관점으로 보면 약
간 어울리지 않는다고 할 수 있다.

어울리지 않는 향과 향이 부딪치면 악취로 변하는 경우가 많다. 하
지만 녹차의 경우 기름기가 많은 음식을 먹을 때 입안에 남아 있는
음식의 기운을 완전히 청소해준다. 개운하고 말끔하게 닦아내어 입
안을 깔끔하게 해주어 기름기가 많은 음식을 먹을 때도 좋지만 반주
와 같은 의미가 아니라 음식을 다 먹은 후의 입가심으로 좋다. 다시
말해, 음식과 어울려 입맛을 돋우어주는 면에서 보면 녹차는 소주만
못하다.

환태평양 조산대라는 것이 있다. 소위 태평양 주변으로 지진 등의

지각변화가 자주 일어나며 상대적으로 젊은 대륙, 젊은 땅이라는 것인데 라틴아메리카 또한 환태평양에 속하며 진도 6~7 사이의 지진은 멕시코를 비롯하여 페루, 콜롬비아 등의 라틴아메리카 지역에서 그리 특별한 것이 아니다. 이 지역은 그저 지진 다발지역만이 아니라 화산 지형이기도 하고 온천과 천연 탄산수가 발달한 곳이기도 하다. 1886년 코카콜라가 처음 만들어지기 이전부터 전 세계에 광천수, 미네랄워터는 존재했다. 우리나라에서는 초정리 광천수가 제일 유명하고 멕시코에는 뿌에블라^{Puebla} 지역이 제일 유명하다.

가득한 탄산은 소화불량에 좋은 약이라고 하는데 사실 콜라나 닥터 페퍼도 처음에는 소화제로 만들어졌다고 한다. 하지만 입안을 씻어주는 효과라는 면에서 보면 미네랄 워터 또한 소주 못지않다. 입안에서 터져 나오는 기포들이 잔맛과 잔향을 깔끔하게 씻어준다. 원주

● 미네랄 워터

민 문명에서도 광천수에 과일 주스를 약간 혼합하여 마시는 전통이 있었다고 한다. 약간의 오렌지 주스 혹은 리몬 주스와 함께 어우러진 광천수, 미네랄 워터는 입안을 씻어주기에 좋은 역할을 하고 천연 과일의 상큼한 향은 입맛을 돋우어준다. 특히 멕시코 음식이나 우리나라 음식처럼 맛이 강하고 향이 독특하여 잔맛과 잔향이 강한 경우 미네랄 워터는 술을 잘 못하고 반주로서의 소주의 장점을 아직 모르는 이들에게 아주 적합하다. 물론 글로 쓰인 설명만 보면 환타나 기타 과일맛 청량음료를 생각하기 쉬운데 결정적인 차이점은 단맛이다. 미네랄 워터에 천연 과일주스를 약간 넣으면 단맛이 그리 강하지 않고 탄산이 더 많으며 향은 상대적으로 더 강하여 반주로서 적합하다. 또한 과일 맛 청량음료들은 합성 향료를 이용하여 과일의 향을 인위적으로 강하게 하기 때문에 오히려 반주나 입가심이란 측면에서 보면 그리 적합하지 않다. 물론 미네랄 워터에는 아주 큰 단점이 있다. 무수히 터져 나오는 기포는 청량감을 주기도 하지만 가끔 식도가 찢어질 것 같은 트림이 나오게도 한다.

결론적으로 반주 혹은 입가심으로 제일 좋은 것이 바로 소주이다. 물론 지극히 개인적인 생각이지만 말이다. 하지만 매끼 술을 마시는 것은 부담스러운 일이며 건강에도 그리 좋지 않다는 것을 생각하면 미네랄 워터에 천연과즙이 들어간 것도 그리 나쁘지 않을 것이다. 물론 기타 탄산음료에 익숙한 사람들은 덜 단맛, 그 밍숭함이 어색할 것이다.

더 중요한 것은 반주, 12번에서 14번 소주 반 잔씩 마신다는 것은 5분에서 10분 정도에 음식을 그저 털어 넣듯 먹는 사람들에게는 어울리지 않는다는 것이다. 적어도 한 시간 이상을 먹는 데에만 집중하고 즐길 수 있는 사람이 아니라면 반주는 그저 말로만 하는 것, 실재와 상관없는 개념적인 것, 혹은 안주의 그림자 정도로 인식되고 말 것이다.

맛집에 대한 넘쳐나는 정보와는 별개로 음식을 어떻게 먹고 맛을 어떻게 음미할 것인지는 그리 주목받지 못하는 것 같다. 이런 경향은 결과적으로 빠르게 맛을 전달하려는 목적의 조리법, 다시 말해 화학조미료 조리법을 낳을 수밖에 없고, 이것은 결국 악순환이 되고 있다.[4] 입안이 넣는 순간 강렬하게 맛이 퍼지며 그것을 맛있다고 인식하고 5분 안에 게 눈 감추듯 먹어버린다. 그러고 나서 더부룩한 속을 위해 소화제를 먹는 삶은 고달프고 우울하다.

씹으며 나오는 다양한 맛과 향을 음미하고 그러다 다시 소주 반잔으로 입안을 씻어내고 다시 맛을 음미하는 이런 모습, 반주로서의 소주가 더 사랑받는 그때, 아마 달지 않은 미네랄 워터가 우리 밥상 한편에 자리 잡고 있지 않을까?

---

4 개인적으로 거의 모든 맛집 블로거들이 공범이라 생각한다. 그들 중에 그 누구도 반주 혹은 입가심에 대해 말하는 것을 들어본 적이 없다.

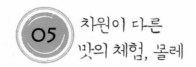
　　벌써 몇 해 전의 일이다. 청국장으로 유명한 모 한 식당에서 두어 명의 외국인이 청국장 앞에서 난감해하고 있었고 몇몇의 우리나라 사람들이 즐거워하고 있었다. 이 맛이 진정한 우리 음식의 맛이라며 계속 강권하고 있었고 그 진한 청국장의 향기에 난감해하는 외국인들의 모습에서 묘한 데자뷰를 느꼈다. 멕시코에서 종종 일어나는 장면. 미국을 비롯한 외국인들이 아바네로 고추를 먹으며 죽음의 매운맛을 느끼는 장면, 불닭을 먹으며 죽음의 매운맛을 처절하게 즐기던 장면, 그리고 청국장을 먹으며 난감해하던 외국인과 몰레Mole를 먹고 난감해하던 내 모습이 겹쳐졌다. 물론 본인이 원하지 않는데 외국인들에게 낯선 음식을 강권하는 것은 올바르지 못하다고 할 수 있다.

　　물론 몰레의 맛과 강렬하게 매운맛은 다르다. 특히 아바네로 같은 경우 입안에 넣는 순간, 처음 씹는 순간 머리끝까지 올라오는 그 매운맛은 불, 화염(火焰)이라고 표현하는 것이 가장 어울릴 것이다. 매운맛은 강렬하지만 단순하다. 또한 익숙해지기도 그리 어렵지 않다. 오히려 향이 강하고 미묘한 청국장 같은 음식이 익숙해지기 어렵고 그 진정한 맛을 느끼기 어렵다. 마치 잘 익은 치즈의 향, 발 냄새와 비슷한 그 향이 맛있는 향으로 바뀌는 마술 같은 미각의 경험은 어쩌면 수준이 다른 맛의 경험이라 할 수 있다.

　　그런데 몰레의 경우는 다르다. 몰레는 그 어떤 식재료보다 입체적인 맛이 펼쳐진다. 몰레는 보통 다른 식재료의 맛을 살리는 소스처럼 사용되는 경우가 많다. 매운맛, 단맛, 쓴맛, 쌉싸래한 맛, 하지만 강렬하지 않은 첫맛에 주 식재료와 어우러진 맛을 지나서 마지막 고소한 맛이 기다린다. 곡물이 씹히면서 마지막에 기다리는 고소함은 입체적이란 표현 이상의 적합한 표현을 찾기 어렵다. 미식가들에게는 어떤 도전과 같다. 이런 맛의 조합은 다른 곳에서는 경험하기 어려운 것이다.

사실 고소한 맛이란 개념 자체가 외국에선 그리 찾아보기 어렵다. 고소한 맛은 맛이라기보다는 향과 관련된 것으로, 참기름처럼 바로 느낄 수 있는 고소한 향도 있지만 고소한 맛은 무엇보다 입안에 남아 있는 향에서 느껴지는 것이다. 고소한 맛은 다양한 식재료에서 느낄 수 있으나 구체적인 맛으로 혀에서 느껴지는 것이 아니기에 서로 성질이 다른 식재료에서 상이하게 느껴지는 맛도 고소한 맛이라는 하나의 개념으로 표현할 수 있다. 아마 고소한 맛이란 개념이 없는 곳에서는 몰레의 입체적인 맛을 설명하기 어려울 것이다.

몰레의 맛을 표현하는 것은 밀려버린 방학숙제, 답을 전혀 알 수 없는 수학문제 같았다. 정말 질릴 정도로 먹고 또 먹었는데 막연했다. 그러다 한순간, 무언가 다가왔다. 곡물 재료가 입안에 남아 씹히는 순간 입안에서 퍼져오는 고소함, 바로 이거라는 생각이 들었다. 그제야 비로소 몰레를 만난 것 같았다. 이게 몰레의 맛이라는. 어떤 재료를 쓰는가에 따라 다르지만 몰레는 보통 3단계로 맛을 구분할 수 있다. 첫맛은 약간 매우며 달기도 하고 약간 쓰기도 하다. 카카오가 들어간 경우, 몰레 네그로의 경우엔 쌉싸래한 맛까지 느껴지는데, 즉각적이고 직접적이다. 그다음에는 주재료와 섞인 소스로서의 맛이 느껴지는데 이 경우 주재료에 따라 약간씩 다르지만 주재료의 씹

는 맛을 좋게 해준다는
공통점이 있고 약간 달
달한 감칠맛이 있다는
것도 공통점이다. 그리
고 마지막에 고소한 맛
으로 마무리된다. 이 모
든 맛이 재미있게도 그
리 겹치지 않으면서 자
신의 존재를 드러낸다.
섬세한 미각을 가진 이

● 다양한 몰레

들에게는 놀이동산을 자유이용권으로 이용하는 것과 비슷한 맛의
축제일 수도 있지만 그런 즐거움을 누리는 이들은 사실 그렇게 많지
않다.

　요즘 스페인에는 튜브형태의 음식, 분자요리가 유행한다고 한다.
마치 우주 비행사들이 사용하는 음식과 흡사한데 일단 보기에 특이
하며 서로 다른 맛이 섞이지 않은 채로 즐길 수 있다는 특징이 있다.
몰레의 경우는 섞임을 보호하는 튜브는 없으나 서로 겹치지 않으면
서도 서로 겹치고 그리고 전혀 다른 맛으로 마무리된다.

　몰레 네그로, 검은 몰레의 경우 카카오, 초콜릿의 재료인 카카오가
들어가기 때문에 첫맛이 달콤한데 그 이후에 약간 쌉싸래한 맛이 펼
쳐진다. 닭고기와 함께 요리한 경우 닭고기를 씹는 순간 매운맛이 퍼
져오지만 그리 강하지 않아 씹으면서 부드럽게 사라지며, 씹히는 곡
물로 인해 고소하게 마무리된다. 하지만 섬세하지 않은 미각의 소유
자라면 서로 어울리지 않을 것 같은 맛이 섞여 있는 익숙해지기 어려
운 음식 혹은 소스가 바로 몰레일 것이다.

살사에서 멕시코 맛이 시작되고 몰레에서 그 맛이 마무리된다고
자신 있게 말할 수 있다. 몰레의 맛을, 진정한 몰레의 맛을 느꼈다면
멕시코 음식을 즐겼다고 할 수 있다. 이것은 마치 한국의 장맛을 알
아버린 외국인의 심정과 비슷한 것이다. 몰레의 맛, 그 미각의 향연
을 즐길 수 있다는 것은 또 다른 맛의 모습을 본 것이다. 풍부한 맛,
풍성함, 대조되는 맛이 서로 대조를 이루지 않는 오묘함이 몰레에 녹
아 있기 때문이다.

●볶아서 만든 몰레 네그로. 달고 맵고 고소한 맛이다.

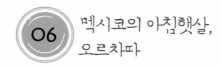

06 멕시코의 아침햇살, 오르차따

멕시코의 전통 음료 오르차따Horchata[5]는 특이하게 전통 음료이면서도 멕시코 전체에서 먹을 수 있는 상당히 대중적인 전통음료이다. 우리나라의 식혜와 비슷하다고 할 텐데 사실 그 맛과 형태, 색깔은 우리나라에서 파는 아침햇살과 비슷하다.

하지만 차이와 공통점이 있는데 쌀음료라는 것은 공통점이지만 오르차따는 쌀이 주재료이나 다양한 다른 재료가 들어가 맛이 좀 더 복잡하다. 보통 오르차따는 미세하게 간 쌀가루, 백미의 쌀가루와 현미의 쌀가루 모두 들어가는데 조합된 비율에 따라 색과 맛이 달라진다. 또한 계피와 바닐라 그리고 설탕이 함께 들어가 달콤하면서도 향기롭다. 특히 청량음료로 오르차따는 탄산에 의해서가 아니라 바로 바닐라와 계피의 조화를 통해 이루어진다. 그 부드러운 청량감이 바로 오르차따의 매력이다. 또한 여기에 땅콩, 아몬드, 호두나 코코넛 등이 지역에 따라 들어가기도 하는데 보통 해안지역에서는 코코넛이 들어가고 고산지대에서는 견과류가 들어간다. 코코넛은 씹히는 맛이 좋고 견과류는 좀 더 고소한 편이다. 식사에 곁들이는 음료로서

5   사실 오르차따는 스페인 발렌시아 지방을 비롯하여 라틴아메리카 전체에서 즐길 수 있는 음료이므로 어느 곳이 원류라고 말하기엔 애매하다. 하지만 오르차따의 원류는 아마도 발렌시아 지방 더 넓게 보면 아랍지역의 견과류 즙이 그 원류인 것 같다. 발렌시아 지방은 마치 파처럼 보이는 사초의 뿌리를 즙을 내어 만들며 아몬드를 갈아서 만들거나 깨를 갈아 만들기도 한다. 하지만 쌀을 이용한 음료는 멕시코가 원류이다.

오르차따는 약간 부담스런 면이 없지 않다. 만드는 과정에서 약간만 걸쭉해져도 음료만으로도 든든해지는, 다시 말해 배가 부른 음료가 되기도 하고 달기 때문에 식사에 곁들이기에는 약간 부담스럽다. 그래서 식사에 곁들이는 오르차따는 농도가 아주 중요하다. 부드러우면서도 부담스럽지 않은 농도로 만드는 것이 포인트가 될 것이다.

오르차따는 멕시코 전체에서 마실 수 있는 음료이나 깜뻬체Campeche와 유까딴Yucatán에서 조금 더 전통적으로 인식하는 경향이 있다. 또한 이미 앞에서 설명한 음식인 꼬치니또 삐빌Cochinito pibil와 함께 먹는 전통이 유까딴 주에 있기도 하다.

물론 이 글을 읽는 분들 중에서 우리나라에서 파는 아침햇살과 맛이 비슷한 음료를 왜 굳이 소개하는가, 그리 특이하지도 않은데, 이런 생각을 하실 분들도 있을 것이다. 사실 비슷하기에 소개하는 것인데 다양성, 맛의 다양성이 멕시코의 오르차따가 더 높기 때문이다. 물론 역사도 전통 음료이니 오르차따가 더 오래되었다. 사실 쉽게 생각할 수 있는 것이 현미 아침햇살이나 기타 잡곡으로 만들어진 아침햇살인데, 계피와 바닐라를 비롯하여 감칠맛이 나는 향료와 건강에 좋은 양질의 지방을 섭취할 수 있는 다양한 견과류가 포함된다면 아침햇살은 더 맛있는 음료, 더 건강에 좋은 음료가 되지 않을까? 이른 아침에 식사 대용으로 오르차따 한 잔, 조금 더 걸쭉하게 그리고 약간 따끈하게 전자레인지에 데워서, 다양한 방식으로 우리나라에서도 그리 부담감 없이 즐길 수 있는 음료가 될 수 있을 것이다. 또한 시리얼과 함께 먹는다면 우유를 대체하는 음료가 될 수도 있을 것이다.

처음 느껴지는 계피의 약간 매운 향, 그리고 부드러운 쌀음료의 고소함에 바닐라의 향을 지나 마지막에 느껴지는 견과류의 맛과 향, 그리고 경우에 따라서는 입안에서 살짝 씹히기도 한다. 그저 해갈을 위한 음료나 음식에 곁들이는 음료가 아니라 그 자체만으로 다양한 맛의 스펙트럼이 있는 음료가 바로 오르차따이다. 더 건강에 좋은 음료, 더 깊은 맛의 스펙트럼이 있는 음료를 소개하는 것 또한 이 책을 쓰는 중요한 목표 중 하나이다.

● 오르차따, 생계피로 저어 먹으면 점점 향이 강해진다.

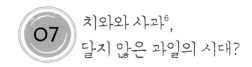

07 치와와 사과[6], 달지 않은 과일의 시대?

외국에서 느낄 수 있는 향수 중에 우리나라 사과와 배에 대한 향수가 있다. 웬만한 아이의 머리만 한 사과와 배, 그리고 그 향과 맛이란 정말 신토불이이며, 우리나라의 모든 것이 세계 최고라고 단언하기는 어렵지만 적어도 우리의 사과와 배는 최고라고 생각할 만하다. 그 정도로 우리의 사과와 배는 정말 세계적이다.

배의 경우는 독보적이다. 외국의 배는 모양 자체부터 다르다. 스페인어로 배Pera는 잘록한 여성의 허리와 엉덩이 라인을 상징하기도 한다. 모양이 그렇다. 물론 약간 비만형 여성의 바디라인을 풍자하기도 한다. 하지만 이런 상징성과 상관없이 육질, 당도 등에서 우리의 배와 비교도 할 수 없다. 나주에서 외국 배를 권한다면 따귀를 맞을 수도 있겠다는 생각이 들 정도로 그 차이는 작지 않다. 물론 취향의 차이가 있긴 하겠지만 우리나라의 배의 육질과 당도는 그 어느 지역과 비교하기 어려울 정도이다.[7]

---

6   세계적으로 잘 알려진 치와와 개의 원산지이기도 하다. 치와와도 작은 크기가 특징이다. 하지만 엄밀한 의미로 골덴 애플의 원산지로 치와와 지역이 꼽히지는 않는다. 다만 한 가지 확실한 것은 가장 원형 그대로의 골덴 애플의 형태와 맛을 의미하고 있으며 그런 의미에서 원산지로 부를 수도 있을 것이다. '원형이 가장 잘 보존된'이란 의미로 말이다.

7   물론 취향의 차이가 있을 수 있는데 서양 배는 상대적으로 단맛은 은은하고, 시원한 맛이 강하다. 깔끔하고 상큼한 맛의 배를 선호하는 사람들에게 어울리는 것이 바로 서양 배라 할 수 있다.

사과의 경우 홍옥과 부사로 이어지는 진화(?), 그 시원하고 달콤한 맛과 크기, 씹히는 질감, 상쾌한 신맛까지 우리나라의 사과를 찬미하기 시작하면 사실 끝이 없다. 특히 무엇보다 크기에서 차이가 난다. 우리나라 사과의 경우 큰 것은 정말 한 끼 요기로도 충분하다. 하지만 해외에 나가면 사과는 그 크기부터 다르다. 저런 거 먹어도 간에 기별이나 갈까 싶은 크기인데 지금 소개하는 치와와Chihuahua 사과는 더 작다. 아마 크기로 보면 세계에서 순위를 다툴 만큼 작은 사과이다.

그런데 문제는 크기만이 아니라 당도이다. 첫입, 정말 사과 한 알이라고 부를 만한 치와와 사과를 한입 무는 순간 사과 같긴 한데 오히려 무와 비슷한 느낌, 정말 재수 없는 참외를 베어 문 것 같은 기분이었다고 설명하면 이해가 빠를 것이다. 처음 치와와 사과를 먹었을 때 우리나라에서 태어난 것이, 우리나라 사과를 먹으며 자란 것이 얼마나 행운

●치와와 사과

이었는지를 느꼈고 그 이후로 우리나라에서 먹는 사과는 그저 타고난 맛이 아니라 키우는 사람들의 정성으로 맺어진 결실이라는 것을 깨달았다. 아마 이것은 치와와 사과를 먹어본 우리나라 사람들이 보편적으로 느낄 만한 정서일 것이다.

그래서 치와와 사과는 씨까지 그냥 먹는 경우도 많고 당도가 떨어

지므로 리몬즙과 시럽을 함께 곁들이는 경우도 있으며 시럽과 고추소스[8]를 섞어 곁들이기도 한다.

하지만 세상이 변했다. 이제는 더 적은 칼로리 음식, 다시 말해 다이어트가 굉장히 중요해졌다. 입에 쓴 음식을 먹어야 건강에 좋다는 생각은 점점 더 세상에 퍼지고 있다. 이런 면으로 봤을 때 멕시코 전통 사과, 품종 개량, 심지어 접붙이기도 하지 않았다는 멕시코 북부 지역의 환경이 키운 치와와 사과는, 원래 사과는 이런 맛이 아니었을까하는 생각이 들 정도로 아주 소박한 맛이다. 색깔은 푸른색의 아오리 사과와 비슷하나 더 옅은 오히려 연두에 가까운 노랑이라고 해도 좋을 정도이며 씹히는 조직의 느낌의 마치 잘 익은 홍옥처럼 부드럽다. 허나 향이 짙지 않아 홍옥과도 다르다.

과일의 관점으로 보면 치와와 사과는 별 매력이 없다. 이런 사과를 뭐 하러 먹느냐면서 화를 낸 사람도 있었다. 하지만 입장을 약간만 바꾸면 치와와 사과는 굉장히 달라진다. 우선 앞에서도 말한 것처럼 다이어트용으로 금상첨화이다. 다른 영양분들, 식이섬유도 다른 사과와 그렇게 큰 차이가 없으나 당도만 낮은 편이므로 다이어트용 과일로 아주 적합하다. 그리고 샐러드 재료로서도 아주 훌륭하다. 보통 다른 종류의 사과는 그 향과 맛이 강하여 샐러드에 사용할 경우 하나의 음식으로 어우러지기보다는 사과 한 조각 한 조각이 도드라지는 경우가 많으나 치와와 사과의 경우는 하나의 샐러드로 훌륭하게

---

8   과일과 함께 고춧가루를 곁들이기도 하는 것이 멕시코의 전통이다. 달고 매운맛, 여기에 약간의 신맛이 가미된 것이 멕시코 스타일 매운맛이라 할 수 있다. 이런 관점에서 떡볶이가 멕시코 및 기타 라틴아메리카 성공할 가능성은 굉장히 높다. 해물 떡볶이에 우리나라에서보다 조금 더 달달하게 그리고 리몬즙을 약간 가미하면 좋을 것이다. 물론 또르띠아에 싸 먹어도 좋을 것이다.

어우러진다. 또한 근육을 키우는 이들에게도 좋다. 당도가 낮고 식이섬유나 비타민은 다른 사과와 같다는 점이 프로테인 등을 주로 섭취하여 변비가 걸리기 쉬운 보디빌더나 근육을 키우는 이들에게 적합하다.

과학이라고 할 수도 있겠지만 우리가 먹고 있는 과일이나 채소 중에서 개량된 품종이 적지 않다. 모두 인간을 위해서였다. 하지만 그 결과까지 인간을 위해 좋았는지는 생각해볼 일이다. 치와와 사과가 덜 달다고 느끼면 느낄수록 자신이 얼마나 단맛에 익숙한 지를 돌아보아야 할 것이다. 단맛은 마약과 비슷하게 한 번 익숙해지면 다시는 뒤로 돌아갈 수 없다고 한다.

멕시코의 치와와 주(州)는 서쪽으로 넓게 사막이 발달해 있으며 우리나라 대구와 비슷하게 여름에 덥고 겨울에는 특이하게 가끔 눈도 내릴 정도로 추운 곳이기도 한다. 2011년에는 더 날씨가 추워져 영하 18도 정도로 내려간 날도 있었고 그래서 멕시코에서는 정말 특이하게 동사(凍死)한 사람이 있기도 했다. 어찌 보면 사과를 키우기 좋은 조건이라 할 수 있다. 이런 환경에서 자란 치와와 사과는 천연 혹은 토종, 원조 등의 개념에서 약간 벗어난 것일 수도 있다. 이런 개념들은 더 좋은 것을 의미하는 경우가 많기 때문이다. 하지만 지금처럼 다이어트가 중요하고 덜 단 음식이 중요할 때 치와와 사과는 하나의 대안이 될 수 있다.

멕시코의 사과 시장은 현재 멕시코 농부들에게 그리 녹록치 않다. 대형 슈퍼에서는 미국산 사과를 파는 경우가 대부분이고 멕시코산 사과는 품종별로 미국산 사과와 겨루기에는 여러 가지로 힘든 것이 사실이다. 하지만 월마트 같은 대형 슈퍼 한 켠에서 팔리는 것이 바로 치와와 사과이다. 우리나라에서도 채소와 같은 식재료로, 또한 다이어트 식품으로 치와와 사과는 가능성이 있다. 덜 단 과일이란 포맷으로 말이다.

치와와 사과는 또한 골덴 애플golden apple, 혹은 골덴 사과라고도 불리는데 사진에서처럼 밝은 노란빛 혹은 가끔 연한 연둣빛을 띠며 조직은 부드럽고 향은 상큼하지만 아오리 사과에 비하면 조금 덜한 편이다. 지름이 5cm 정도 되는 것이 보통인데 더 작은 것도 있고 약간 더 큰 것도 있으나 우리나라 부사에 익숙한 사람은 한입에 넣고 우물거리며 씹어 먹을 수도 있을 정도이다. 외국의 사과들이 일반적으로 우리나라의 사과보다 더 작은 편인데 보통 지름이 6~7cm 정도이고 치와와 사과는 이보다 약간 더 작다. 당도가 약간 떨어지는 탓에 사과파이를 비롯한 기타 음식의 재료로 사용되는 경우도 있는데 시럽이나 설탕에 절여 먹기도 한다. 어떤 면으로 우리나라에서 먹는 고구마 맛탕을 연상케 하기도 하는데 이것은 치와와 사과의 장점을 살리는 못하는 것일 수 있다. 치와와 사과는 잘게 썰어 샐러드로 먹을 때, 리몬즙에 다양한 채소와 함께 어우러지면 사과 특유의 향을 살리면서도 레몬의 신맛이 어우러져 상큼하게 즐길 수 있다.

앞에서 잠깐 배를 언급했는데 보통 우리나라 배와 비교해서 상대적으로 당도가 떨어지고 조직은 약간 더 부드러운 편이다. 이런 외국 배의 맛이 극단적으로 표현된 것이 바로 붉은 배Pera Roja일 것이다. 배가 붉은색이라는 것 자체가 특이하기도 하지만 그 맛이 정말 오묘하다. 사과와 배의 딱 중간 정도이기 때문이다. 사진에서처럼 서양배의 모양이지만 익어가는 모습은 분명히 사과를 연상케 한다. 첫맛에 사과가 연상되지만 씹다 보면 배의 조직감과 향이 느껴지기 때문이다.

멕시코에도 다양한 열대과일이 있긴 하지만 대부분의 고산지대는 일 년 내내 봄가을 같은 날씨이고 이것을 대표적으로 나타내는 것이 바로 일 년 내내 사과와 딸기를 먹을 수 있다는 것이다. 물론 겨울을 지나 봄을 알리는 딸기의 향과 맛에 비해 약간 농도가 떨어진다고 할 수 있고 여름이 한풀 꺾이며 나오는 사과의 맛과 향, 그리고 크기에서 확연한 차이가 있다. 그렇다고 우리나라의 모든 것이 우월하다는 말을 하려는 것은 아니다. 붉은 배는 참으로 묘한, 사과의 배의 중간이라는 오묘한 맛을 느끼게 해준다. 멕시코를 비롯한 유럽과 아랍 지역에서 먹을 수 있는 붉은 배는 한 번쯤 꼭 먹어봐야 할 과일이 아닐까?

●붉은 배. 모양도 맛도 배와 사과의 중간이다.

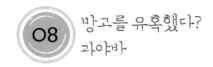

08 망고를 유혹했다?
과야바

　　　　스페인어로 과야바^{Guayaba}라 불리지만 영어권 등에
서는 구아바^{Guava}라고 불리며 몇 해 전에 광고에서 망고를 유혹한 바
로 그 과일이 맞다. 하지만 과야바는 향이 강한 과일이라 맛과 향이
약하지 않은 망고와는 그리 어울리지 않다.

　과야봐 혹은 구아바는 다양한 지역을 원산지로 꼽는데 그중에 하
나가 바로 라틴아메리카의 카리브 해 지역이다. 열대 기후에 가까운
쪽에서는 그렇게 큰 노력을 하지 않아도 마치 가로수처럼 자라는 것
이 바로 과야바이다. 동남아시아 쪽의 과야바는 약간 붉은 기운이
있는 것이 특징이고 라틴아메리카의 과야바는 약간 노릇한 것이 특
징이다. 과야바는 부드럽고 강한 향이 특징이며 그리 강하지 않은 달
달함으로 부담 없이 즐길 수 있다.

　물론 과야바를 소개하는 것은 그 맛과 향 때문만이 아니다. 과야
바는 무농약으로 재배되며 기본적으로 병충해에 강한 작품이다. 또
한 프로테인과 다당류, 각종 무기질 및 비타민A, B2, C, E(토코페롤)이
포함되어 있다. 과야바가 신비로운 과일, 혹은 신의 선물이라고 불리
기도 하는 이유는 다른 곳에 있다. 과야바는 당뇨병을 개선시켜주는
과실로 알려지기도 했다. 하지만 더 정확히는 바로 과야바의 잎의 성
분이다. 과야바의 잎에는 비타민U라는 물질이 있는데 위산의 분비
를 억제하여 위궤양 등의 상태를 개선시켜 주는 효과가 있다. 우리나
라에서 위염은 아주 일상적이며 위궤양으로 고생하는 사람들도 적지

않고, 위암으로 발전하는 경우도 많다. 과야바를 먹는 자체로 위를 건강하게 할 수도 있는 것이다.

하지만 진짜 중요한 물질은 과야바 잎의 폴리페놀이라는 성분이다. 이 물질은 쉽게 포도당이 몸에 흡수되는 것을 방해한다. 다시 말하면 과당이 포도당으로 전환되면서 신체에 당도가 높아져 이것을 제어하기 위해 인슐린이 분비되는 그 자체를 막는다는 것이다. 당이 몸에 흡수되는 것을 방해하기 때문에 아예 인슐린이 분비될 가능성 자체가 없으며 그러므로 당뇨병을 개선시켜주는 것이다. 물론 소화라는 과정의 효율성으로 보면 과야바 잎의 이런 특성은 완전히 효율성과는 반대이다. 설탕의 흡수, 설탕에 대한 감수성이 떨어졌거나 당뇨병으로 인해 먹는 즐거움을 잃어버린 사람들에게 과야바 잎은 그야말로 신의 선물이 될 수도 있다. 라틴아메리카에서도 과야바 잎을 차(茶)의 형태로 즐기는 사람은 그리 많지 않다. 어쩌면 차로 개발하거나 약으로도 개발할 여지가 있을 수 있다. 과야바의 소개는 노빨 물김치와 마찬가지로 하나의 선물이 될 것이다.

사실 과야바는 그 자체로 매력적인 과일이다. 연중 언제나 열매를 맺을 수 있고 1년에 꽃이 두 번 피기에 두 번 결실을 볼 수 있는 과실이다. 잎과 껍질 그리고 뿌리까지 모든 부분에 폴리페놀이 함유되어 있다. 폴리페놀은 기본적으로 항산화물질, 쉽게 노화방지 물질로 알려져 있다.

멕시코에서는 과야바 즙을 내어 미네랄 워터에 섞어 먹는 경우가 많은데 그 특유의 향은 상당히 매력적이다. 풍부한 비타민과 향과 맛은 셔벗으로 만들어도 아주 좋다. 우리나라에 과야바가 조금 더 알려져 당뇨로 고생하는 분들, 위궤양 등으로 고생하는 분들에게 좋은 과일로 사랑받기를 기대한다.

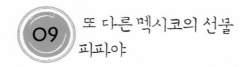

09 또 다른 멕시코의 선물
파파야

　　　　　1993년 베트남어와 베트남의 아름다움을 선보인 영화 〈그린 파파야 향기〉가 개봉했다. 현재는 세계적인 감독이기도 한 트란 안 홍Tran Anh Hung 감독[9]의 데뷔작이기도 했다. 하지만 이 파파야(스페인어로는 발음이 빠빠야에 가깝다.)의 원산지가 멕시코 남부라는 것을 아는 사람은 그리 많지 않다. 영화의 아름다움과는 달리, 파파야는 많은 이들에게 그리 사랑받지 못하는데 특히 비위가 약간 우리나라 사람들에게는 약간 혐오스런 과일이기도 하다. 그 이유는 바로 냄새 때문이다. 보통 과일에는 향기라는 단어를 쓰지만 파파야의 경우는 냄새라는 표현이 더 적합하다. 뭐랄까 그 느낌이 아주 독한 방귀 같다. 익숙해지기 쉽지 않은, 하지만 어떤 면으로 너무 익숙한 그런 냄새이다.

　하지만 파파야는 어떤 면에서 그냥 과일이 아니라 약이라고 할 수 있을 정도로 몸에 좋은 과일이다. 일단 무엇보다 부드러운 식이섬유로 위를 비롯하여 기타 소화기관을 부드럽게 감싸주고 상처를 아물게 해주는 기능이 있어 궤양 등의 질병에도 좋다. 물론 그저 내상에만 좋은 것이 아니라 외상에도 좋은데, 일부 아프리카 지역에서는 말린 파파야 가루를 외상에 사용하기도 한다. 섬유질이 상처를 아물게

9　영화의 주연이었던 트란 뉴 옌케와 결혼했다. 부부이자 감독 배우 콤비는 이후 〈씨클로〉, 〈나는 비와 함께 온다〉 등의 영화에 함께 출연하고 연출했다.

하는 데 많은 도움을 준다.

　파파야는 이런 효능만이 아니라 맛도 그리 나쁘지 않다. 열대과일임에도 불구하고 그렇게 달지 않다. 다시 말하면 그리 당도가 높지 않다는 것이다. 물론 그렇다고 전혀 달지 않다는 말은 아니다. 부드럽게 끝맛이 달달하다. 첫 향이 강한 여느 과일과는 다르게 여운이 진하게 남는 과일이다. 오렌지 계열이나 사과 계열 그리고 딸기, 베리 계열의 과일이 약긴 시기 때문에 거부감이 있거나 치아의 신경에 약간 문제가 있는 분들은 과일 먹는 것을 약간 꺼리기도 하는데 파파야는 부드러움이 강하여 우유, 요구르트 등과 아주 잘 어울리는 과일이다.

　일부에서는 파파야가 고기를 연하게 하고 단백질의 흡수를 돕는 작용을 한다고 하는데 그것은 낭설이다. 그것은 익기 이전의 파파야에 해당하는 것으로, 이미 익고 나면 이 작용을 하는 성분은 그리 많지 않다. 다시 말해 잘 익은 과일에는 없는 효과이다.

　하지만 비타민C가 아주 풍부하고 베타카로틴과 비타민A도 풍부하다. 그래서 피로회복과 체력 향상 그리고 항산화 작용, 다시 말해 노화방지에 탁월한 효과가 있다. 또한 파킨슨씨병의 증상 완화에도 상당한 효과가 있다고 한다. 여성들이 주목할 것은 비타민 A, C가 풍부하며 외상에 효과가 좋으며 각질 제거에도 효과가 있다는 것, 다시 말해 팩으로서 파파야가 최고라는 것이다. 오래된 각질과 손상된 피부의 재생을 돕고 베타카로틴과 비타민의 작용으로 주름제거 효과도 탁월하다고 한다. 파파야는 어쩌면 젊어지는 마법의 팩이라고 할 수도 있다.

　잘 익은 파파야는 노란빛이 도는데 푸른색에서 노란색으로 변해갈 때쯤이 가장 맛있다는 말도 있고 완전히 노란색이 되어 말랑해진 파파야가 맛있다고 하기도 한다. 전자는 씹는 식감이 살아 있으며 후자는 마치 홍시를 먹는 듯한 부드러움이 있다.

　파파야는 인도와 동남아시아 그리고 아프리카 지역 등에서 재배되지만 그 원산지는 멕시코 남부 지역이다. 고추를 비롯한 멕시코의 선물이라고 할 수 있다. 어쩌면 파파야는 미인을 만들어주는 과일로 볼 수도 있을 것이다.

●잘 익은 파파야

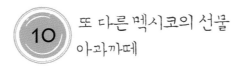

10 또 다른 멕시코의 선물
아과까떼

캘리포니아 롤의 재료로도 사용되는 아과까떼el avocado(혹은 아보가도 혹은 아보카도) 우리나라에는 미용에 관련된 과일로 알려져 있다. 보통 숲의 버터라고 불리는데 사실 부드러운 견과류라고 할 수 있다. 불포화지방산이 대부분이며 아과까떼의 30%가 지방성분이다. 다시 말하면 몸에 좋은 지방이 가득한 과실이 바로 아과까떼이다. 잘 익은 것은 살짝 찌거나 아니면 그냥 생으로 소금만 약간 쳐서 먹어도 맛있다. 또한 콜레스테롤과 같은 몸에 나쁜 지방은 없으며 알파카로틴, 베타카로틴과 칼륨 등 기타 비타민 무기질이 풍부한 과일이다. 물론 처음 먹어본 사람은 그 맛과 향에 익숙해지는 데 약간

●아과까떼 혹은 아보카도

시간이 필요하지만 그 부드러운 맛에 적응되면 반으로 잘라 소금만 살짝 뿌려 숟가락으로 퍼 먹을 수 있다. 또한 몸에 좋은 지방, 오메가 3 지방산이 대부분이라 몸에 나쁜 지방을 제거하는 효과도 있다. 또한 거칠어지고 손상된 피부에 좋은 영양제이어서 먹어서도 미용 팩으로도 아주 좋다.

이 아과까떼의 원산지가 바로 멕시코 남부 지역이다. 전통적으로 멕시코에서는 아과까떼를 국에 들어가는 재료로 사용하고 잘 다져 살사로 만들어 먹기도 한다. 아과까떼가 들어간 살사를 과까몰레[El guacamole]라고 하는데 아과까떼를 의미하는 것이 '과까'이고 살사를 의미하는 것이 '몰레'여서 아과까떼가 들어간 살사라는 의미이다. 잘 다진 과까몰레와 양파 그리고 녹색 피망과 녹색 고추 등을 넣어서 만드는데 상큼하면서도 부드럽고 진한 맛이 특징이다.

아과까떼는 미용의 측면에서 바로 팩을 만들어 쓰기도 하지만 그 오일은 환절기와 겨울철에 그 어떤 미용 오일보다 탁월한 효과가 있다. 아몬드 오일보다 더 효과가 좋다고 하는 사람도 있다. 물론 같은 미용의 측면이겠지만 비만이나 성인병에도 좋은 과실이다. 지방의 양의 줄여주기도 하고 나쁜 지방인 오메가6의 양을 줄여주기도 한다. 멕시코를 비롯한 중미지역에서 쉽게 만날 수 있으며 미국 캘리포니아 지역에서도 많이 재배되지만 인도를 비롯하여 동남아시아 지역과 일본 남부 오끼나와 쪽에서도 만날 수 있다. 멕시코와 중미지역을 여행할 때, 든든한 식사대용 과일이자 식재료로 꼭 먹어봐야 하는 것이 바로 아과까떼이다. 개인적으로 아과까떼가 들어간 스프, 뜨거운 스프를 먹어보라고 권하고 싶다. 부드럽고 바로 뭉개질 것 같지만 그 모양을 유지하고 있는, 어떤 면으로 두부를 연상케 하는 맛을 느낄 수 있다.

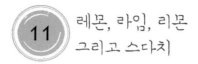

11 레몬, 라임, 리몬
그리고 스다치

　　멕시코와 중앙아메리카와 남아메리카의 일부지역에서 흔하게 먹는 리몬을 소개하는 것 또한 멕시코의 맛을 설명하는 아주 중요한, 어쩌면 본질에 가까운 것이지만 우리나라에서 없는 것이라 설명이 그리 쉽지 않았다. 게다가 우리나라에서 구할 수 있는 레몬 혹은 라임과는 다른 맛과 향이 있어 쉽게 비유해서 설명하기도 어려웠다.

　하지만 한 일본인 친구가 스다치(すだち)Sudachi 혹은 수다찌를 말하는 순간 약간 충격에 가까운 것을 느꼈다. 그리고 그리 어렵지 않게 이 이야기를 풀어갈 수 있겠다, 다시 말해 오래된 숙제를 이제 해결할 수 있겠다고 느꼈다.

　우선 일본의 스다치는 초귤(酢橘), 산귤(酸橘)이라고도 불리는데 그 모습이 작은 라임을 닮았으나 산도와 향이 라임보다 강하다. 비타민과 무기질이 풍부하며 그 향으로 인해 음식이 산뜻하고 신선하게 느껴지게 하는 효과가 있다. 먹기 전에 바로 손으로 직접 짜서 넣는 경우가 많고 그 자체로 음식의 맛을 변화시키기도 한다. 너무 짜거나 매운 음식이 이 스다치 즙으로 인해 그 강렬함이 완화되기도 한다.

　확실한 문헌은 없으나 일본의 남부지역에서 자라는 스다치는 스페인 등 유럽을 통해 들어온 것으로 보인다. 사실 뱃사람들에게 레몬과 라임은 구원의 과일이다.[10] 망망대해에서 수개월 항해하는 경우 비타민 부족으로 괴질(怪疾)에 걸리기 쉬운데 레몬과 라임을 이것을 예방해주는 과일이기 때문이다. 그래서 레몬과 라임이 풍부한 지역은 해안 혹은 항구지역일 경우가 많고 또한 오래 보관하기 위해 소금을 뿌리거나 설탕 혹은 꿀에 재운 말린 레몬과 라임 요리가 발달한 경우도 많다. 모두가 뱃사람들을 위해 고안된 것으로 보인다.

레몬과 라임 모두 처음에는 초록빛이나 레몬은 익으면서 노랗게 변하고 라임은 색의 변화가 거의 없다. 레몬과 라임 모두 꽤 신맛이다. 하지만 비교해보면 레몬은 산뜻한 신맛에 은은한 향이 있으나 라임은 레몬과 비교하여 더 시고 특유의 향이 강하다. 그런데 멕시코와 라틴 아메리카의 리몬은 라임과 비슷하지만 더 작고 특유의 향이 강하다. 또한 레몬은 상대적으로 덜 더운 지역에서 재배되며 열대기후에서는 라임이 더 잘 자란다고 한다. 멕시코의 해안지역이나 열대기후 지역에서는 가로수가 리몬이나 오렌지인 경우도 있다. 특별히 관리하지 않아도 잘 자라며 1년 내내 수확할 수 있다. 물론 이렇게만 설명하면 잘 이해가 안 갈 것이다. 귤이 회수를 건너면 탱자가 된다는 말이 있다. 강남과 강북의 환경이 다르다는 것, 그리고 환경이 굉장한 영향을 미친다는 것을 의미하기도 한다. 귤을 라임으로 그리고 탱자를 레몬으로 비유할 수 있을 것이다. 물론 귤과 탱자의 차이를 우열관계로 볼 수 없는 것같이 레몬과 리몬도 우열관계로 볼 수는 없다.

멕시코를 구원하는 식재료로 양파와 고추 그리고 리몬을 들 수 있

10 원래 감귤류가 속한 귤속은 귤, 라임, 만다린, 시트론, 왕귤나무, 유자가 원형이고 오렌지와 레몬, 한라봉 등은 교배종이다. 열대에서 성장한 감귤류는 구연산의 함유율이 높아 더 건강에 좋다고 한다.

● 멕시코의 리몬(위)
일본의 스타치 혹은 영귤(중간)
리몬과 레몬(아래), 레몬이 라임종과 귤을 교배해서 나온 것이다.

다. 여기서 구원은 비만과 성인병에서 구원한다는 의미이다. 라임, 혹은 작은 라임이 아니라 리몬이라 명명하는 이유는 그 맛과 향의 차이가 있기 때문이다. 쉽게 저염도 양조간장과 진한 국간장의 차이라고 할 수 있다. 그래서 멕시코의 레모네이드, 리모나다Limonada를 마시다 다른 지역에서 레모네이드를 마시게 되면 초록빛과 노란빛의 색깔 차이도 있지만 그 진한 맛과 향의 차이로 인해 약한 레모네이드를 마시며 밍밍함마저 느낄 수 있다.

멕시코의 거의 모든 식탁에 잘린 리몬이 있다. 어느 음식에도, 어느 음료에도 리몬즙을 넣어 먹을 수 있다. 또한 고춧가루도 리몬즙의 파트너로 모든 음식, 심지어 과일에도 리몬즙을 뿌리고 고춧가루를 뿌려 먹는 경우가 많다. 멕시코의 맛에 익숙해지는 것은 어쩌면 시면서 매운맛에 익숙해지는 것이라 할 수 있다. 미첼라다Michelada라는 맥주 칵테일이 있는데 맥주에 리몬즙과 고춧가루 그리고 잔의 입구 주변에 소금을 발라 마시는 것으로, 맥주의 시원함에 리몬의 상큼함과 고춧가루의 매콤함이 입안에서 짭짤한 소금의 맛과 함께 어우러지며 딱히 안주가 필요하지 않다. 그저 미첼라다만으로 충분하다. 가끔 얼음을 곁들이기도 한다.

사실 우리나라 사람들에게 레몬과 라임이라고 하면 바로 연상되는 것이 사이다일 것이다. 브랜드에 따라 다르지만 레몬과 라임향이 가미된 것이 병에 표시되어 있기도 하다. 하지만 멕시코 리몬은 그 깊이가 다르다. 그림으로 예를 들면 유화와 수채화의 차이라고나 할까.

멕시코 남부를 여행하다가 알게 된 원주민 영감님이 있는데 고희(古稀)를 바라보는 때에 만 19세의 소녀(?)와 부부로 살고 있었다. 자신의 네 번째 부인이라고 하는데 누가 봐도 할아버지와 손녀 같았다.

그 영감님이 내게 비밀스럽게 이야기한 자양강장제가 바로 이거였다. 초록빛 오렌지 5개를 즙 내고 돌꿀이라는 석청(石淸, honey from rock crevices)에 리몬 3개를 즙 내어 함께 넣고 그 지역 약수를 얼려 만든 얼음과 함께 갈아서 일어나자마자 공복에 먹는다는 것이었다. 그러면 자신처럼 살 수 있다고 했다. 또한 과야바와 아과까떼를 자주 먹으라는 충고도 잊지 않았다. 전부 우리나라에서는 구하기 힘들다는 것이 참 아이러니했다. 아무튼 만 19세의 그 부인이 자신은 정말 행복하다고 하는 것을 보면 효과가 있다고 할 수도 있을 것이다.

사실 석청은 꿀 중에서 최고로 치는 것이며 열대지역에서 자라는 초록빛 오렌지는 레몬과 라임의 경우와 마찬가지로 더 맛이 진하고 향도 진하며 상대적으로 당도도 더 높다. 매일 아침 공복에 비타민과 무기질, 그리고 양질의 당질물을 섭취하는 것은 건강에 당연히 좋을 것이다. 그러므로 멕시코와 라틴아메리카 지역을 여행하면서는 초록빛의 오렌지, 리몬 등을 자주 먹는 것이 좋다. 물론 영감님의 충고는 뒤로 하고라도 말이다.

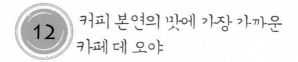

12 커피 본연의 맛에 가장 가까운 카페 데 오야

　　현재 우리나라에서 가장 유행인 것이 무어냐고 물어본다면 그 답은 다양할 테지만 그중의 하나는 확실히 커피일 것이다. 다양한 커피 전문점들이 전국에 걸쳐 한 집 걸러 한 집이며 이제 한 손에 종이 커피잔을 들고 거리를 거니는 모습을 보는 것이 그리 어려운 일은 아니다. 현재 커피는 우리나라에서 가장 사랑받는 음료 중 하나이다.

　그렇다면 커피의 원류는 어디일까? 보통 카페, 원두의 원산지가 에티오피아라는 것은 잘 알려져 있으나 에티오피아가 처음으로 커피를 마신 곳은 아닌 것 같다. 일반적으로 원두를 볶아서 차로 마신 곳은 다름 아닌 아랍지역이며 15세기 정도였던 것으로 추정하는데 처음에는 기호음료가 아니라 각성제와 비슷한 효과를 지닌 약으로 사용되었던 것으로 보인다. 그러다 우리나라의 관점으로 보면 약을 달이는 것과 비슷한 엑기스를 만드는 방법으로 커피를 즐겼는데 커다란 동항아리에 볶은 커피와 생강이나 계피 등의 향신료를 넣고 오랜 시간 약을 달이듯 끓인 후 마셨다고 한다. 설탕이 먼저 사용된 곳이 아랍이기도 하고 달콤하면서도 감칠맛을 더하기 위해 설탕 또한 첨가되었던 것으로 보이는데 이때 설탕은 현재의 설탕과는 다른, 고체화된 사탕수수 원액이라 할 수 있다. 이후 시간을 단축하기 위해 원두를 갈기 시작했고 사용되는 기기들도 소형화·개인화되기 시작했다. 아랍 방식의 커피는 터키 방식의 커피라고도 불리기 시작했는데 현재 에스프레소를 만들기 위해 갈린 원두보다 더 잘게 갈린 커피 원두에 한 잔 정도 사이즈의 동으로 만든 냄비인 이브릭을 이용해 만든다. 커피와 설탕이 2:1 정도의 비율로 들어가고 우선 찬물에 설탕과 커피를 모두 넣은 후 은은한 불에 세 번 끓어오를 때까지 끓인 후 마시면 된다. 설탕만이 아니라 생강이나 계피 등이 첨가되기도 하는데 이렇게 향료가 첨가되고 은은한 불에 끓이는 것이 터키식, 아랍 스타일의 커피이며 가장 원형에 가까운 커피라 할 수 있다.

커피의 원형에 가까운 방식이 또 있는데 그것이 바로 멕시코의 카페 데 오야^{Café de olla}이다. 오야는 우리말로 솥이나 냄비라고 이해하면 된다. 그렇다고 솥이나 냄비에 커피를 끓이는 것은 아니다. 약간 작은 크기의 독이라고 할 수 있는 구운 항아리에 보통 오랜 시간, 약 하루 이상을 졸이는 음료 혹은 음식을 만들기 위해 사용한다. 쉽게 약을 달이듯이 달이는 방식으로 이해하면 된다. 항아리에 물을 가득 넣고 1/3, 1/4 정도로 갈린 커피나 경우에 따라선 볶은 원두를 갈지 않고 그대로 넣기도 한다. 여기에 계피도 큰 덩어리로 넣고 설탕이 아닌 필론시요라고 부르는 사탕수수 원액을 고체화한 감미료를 넣는다. 지역에 따라

까냐^{caña}라고 부르는 사탕수수 자체를 넣기도 한다. 물론 가장 중요한 것은 바로 그다음이다. 작게는 3~4시간 길게는 하루 이상을 달이는데 시간과 불의 세기는 반비례하고 은은한 숯불에

●필론시요와 카페 데 오야

●달이고 있는 카페 데 오야. 요새는 가스레인지를 이용하여 약불로 만드는 경우도 많다.

하루 이상 끓이면 가장 진한 카페 데 오야의 참맛을 느낄 수 있다.

현재 원형에 가까운 방식으로 커피를 만들어 즐기는 곳은 멕시코밖에 없다. 사실 커피는 대표적인 패스트 음료라고 할 수 있다. 주문을 하고 10분 이내에 나오지 않으면 점점 짜증이 나기 시작하며, 솔직하게 말하면 맛이나 향보다는 어떤 스타일, 주문하는 방식, 마시는방식, 마시는 곳의 분위기 등이 더 중요한 것이 사실이다. 또한 그 반대편에 있는 것이 커피믹스이다. 물론 물을 끓여 바로 마실 수 있다는 것은 그리 다르지 않다. 사실 이런 상황에 익숙한 사람들에게 하루 이상 달인 커피, 정성의 느낌과 슬로우 푸드의 느낌의 커피가 과연 어떻게 받아들여질지 궁금하다.

카페 데 오야는 그 맛이 특징이다. 보통 커피는 향이 중요하다고하지만 커피 맛 우유, 커피 맛 아이스크림은 향이 아니라 맛이 강하다. 커피의 독특한 맛, 그것도 우러나온 맛은 일단 부드럽고 진하다. 에스프레소가 진하고 강한 맛을 선보이는 것과는 다르게 부드럽고진하다. 허나 커피의 향은 상대적으로 덜한데 여기에 반해 맛은 상대적으로 더 강하다. 커피 향의 자리를 채우는 것이 계피이다. 은은한 계피의 매콤한 향이 상쾌함을 주며 자극적이지 않은 사탕수수 원액의 달달한 감칠맛으로 마무리된다. 경우에 따라 바닐라 향을 첨가하기도 하고 우유나 농축 우유를 넣기도 하는데 이 경우는 정말 우리나라 사람들에게 묘한 감정을 갖게 한다. 쉽게 말을 하면 고급 다방커피 혹은 고급 커피믹스 같은 느낌이 있다. 커피의 향과 바닐라의 향 그리고 우유의 부드러움과 카페 데 라 오야의 부드러운 맛이 종합적으로 합쳐지고 사탕수수 원액의 자극적이지 않고 부드러우나 진한 달달한 느낌이 더해지면 수준 높은 다방 커피가 된다. 물론 기준에 따라 다르겠지만 개인적으로는 아주 만족스러웠다. 지극히 개인적인 생각이겠지만 우리나라 사람들에게 가장 어울리는 커피가 아닐까 싶기도 하다. 수준 높은 다방 커피 같은.

한 가지 정말 특이한 것은 도자기 항아리에 만들었느냐 아니면 양철 냄비를 사용했느냐 그리고 몇 시간을 달였느냐에 따라 맛도 다르지만 따스함이 다르다는 것이다. 물론 잔에 따라서도 그 따스함이 다르다. 자기를 사용하면 할수록 따스함이 오래 유지되며 다도(茶道)를 즐기는 분들은 다기를 덥히는 것을 연상하면 이해가 빠를 것이다. 물론 따스함이 유지되는 것이 맛과 무슨 관련이냐 하는 분들도 있을 것이다. 양철 냄비에 급하게 끓인 것은 또한 급하게 식는 반면 은은하게 오래 끓인 것은 정성만의 차이가 아니라 온기(溫氣)가 남아서 맛 자체의 수준을 높이게 된다. 커피와 차에서 가장 핵심적인 것은 어쩌면 다름 아닌 온도, 온기일 것이다. 극단적인 예가 될 수 있으나 식어버린 커피와 뜨거운 커피의 차이, 더 구체적으로 설명하면 겨울철 터미널에서 버스를 기다리며 식어버린 커피를 마실 때 그리고 따뜻한 커피를 마실 때 그 맛이 차이가 바로 카페 데 오야에 있다.

오후 4시 뭔가 출출하고 허전한 느낌이 들 때, 카레 데 오야 한 잔, 그 한 잔만으로 무언가 든든함을, 향과 맛에서 익숙하지만 고급스러움을 느낄 수 있다. 커피를 즐기는 사람들에게 강력하게 추천하는 커피로, 본연의 맛에 가장 가까우며 우리나라 사람들이 그렇게 즐겼고 즐기고 있는 다방 커피와도 아주 흡사한, 그러면서도 고급스러운 느낌의 커피이고 우리나라 사람들이 음식에서 가장 중요한 덕목으로 생각하는 정성이 가득하고 온기가 가득한 커피이다. 그래서 겨울에 더 어울리는 커피가 아닐까 한다.

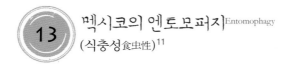

13 멕시코의 엔토모퍼지 Entomophagy
(식충성食虫性)[11]

하나님이 이르시되 내가 온 지면의 씨 맺는 모든 채소와 씨 가진 열매 맺는 모든 나무를 너희에게 주노니 너희의 먹을거리가 되리라.(창세기 1장 29절)

창세기 1장 29절만 놓고 본다면 인간은 채식(菜食)을 해야 한다. 물론 비단 인간만이 아니다. 창세기 1장 30절까지 보면 모든 동물도 채식을 해야 한다. 사실 베지테리언과 채식은 조금 다르다. 채는 나물을 의미하며 식은 밥을 의미하니 나물 반찬에 밥만 먹는 것이 우리나라의 채식이다. 물론 영향의 균형을 걱정할 수 있으나 채식동물이 존재하는 것으로 알 수 있듯이 채식을 한다고 해서 지방이나 단백질의 결핍이 생기는 것은 아니다. 하지만 산해진미를 앞에 두고 그저 채소와 나물만을 먹어야 한다는 것은 정말 곤혹스러운 일이 아닐 수 없다. 사실 이 책 또한 맛있는 음식, 멕시코 요리에 대한 책인데 이 '맛있다'는 것은 다분히 개인적인 판단이지만 또한 세상에 맛집이라는 것이 존재하고 음식점들 간의 랭킹을 정할 수 있다는 것은 어떤 면에서 객관성이란 것이 존재한다는 것을 의미한다.

---

11 마빈 해리스, 『음식 문화의 수수께끼』, 한길사, 1992. 저자의 관점에 대해서는 여러 견해가 있지만 이 부분에 대한 다양하고 정확한 정보를 얻을 수 있는 책이다.

세상에는 혐오식품이라는 것이 있다. '맛이 있다 혹은 없다.'의 의미가 아니라 그 음식을 보는 것만으로, 그 음식을 먹는 그 자체만으로 혐오감을 주고 혐오감을 느낄 수 있다는 것이다. 혐오감이라는 것은 불쾌감이라는 것인데 칸트의 '판단력 비판'에 의하면, 쾌/불쾌의 판단은 감각적 정보에 의한 것이며 이성적 판단은 아니라고 한다. 쉽게 그런 느낌, 그런 생각이 들지만 논리적으로 설명하기는 어렵다는 것이다.

번데기를 먹는 것은 아무렇지 않고 개미 알이나 애벌레, 더 정확히는 구더기를 먹는 것은 혐오스럽다는 생각, 아니 번데기도 혐오스럽다는 느낌, 그런 생각은 문화적 편견 혹은 개인적 선입견에서 유래한다. 인간은 보통 잡식(雜食)이라고 하는데 쉽게 뭐든지 다 먹는다는 것이다. 생태계 전부를 통틀어 이런 종은 존재하지 않는다. 저마다 자신들의 먹이가 되는 것이 한정되어 있다. 보통 인간을 먹이 사슬 제일 위의 존재로 말하며 인간만이 만물의 영장(靈長)이라고 한다. 영장이란 말은 영묘한 능력을 가진 우두머리라는 의미인데 진화론적인 관점에서 가장 진화한 존재 혹은 동물이라는 의미이다. 먹이 사슬과 진화론은 어떤 면으로 연관되고 어떤 이들에게는 헷갈리는 것이기도 하지만 사실 별반 관련이 없고 인간이 가장 진화한 존재라는 것은 어떤 면으로 착각이다. 자연선택이건 자연 적응이건 스스로의 몸이 변화하는 것이다. 인간에게는 강한 이빨도 손톱도 없다. 대신 도구가 있다. 그리고 문명과 문화가 있다. 자연과 적대적인. 어쩌면 인간이 도구를 잡는 순간 진화라는 것은 이미 끝난 것인지도 모른다. 또한 진화의 목적은 생존이다. 더 생존하기 적합한 존재가 되는 것이다. 그러므로 사자와 호랑이를 비롯한 다른 동물에 비해 인간이 맨몸으로 생존에 더 적합하다는 것은 어찌 보면 난센스다. 또한 먹이 사슬의 제일 위라는 것은 사실 아무거나 다 먹는다는 것을 고상하게 표현한 것이다. 생존을 위해 뭐든지 다 먹는 존재가 바로 인간이라는 것이다. 쉽게 비유적으로 표현하면 확실한 직장이 있고 가정이 있고 안정된 삶을 사는 것이 아니라 하루 벌어 하루 먹고 돈 벌이가 되면 뭐든지 다하는 불안정한 삶이 바로 먹을거리라는 관점으로 보는 인간의 모습이다. 잡식이란 것은 어쩌면 상대적으로 유약한 인간의 삶을 상징하는 단어인지도 모른다.

일반적으로 쉽게 듣는 말 중 하나가 좋은 식재료가 좋은 음식을 만든다는 것인데, 이것은 부정할 수 없는 사실이다. 물론 아무리 좋은 식재료라도 요리하는 사람의 역량이 모자라면 좋은 음식이 되지는 못할 것이다. 하지만 요리라는 행위가 예술적으로 변하는 순간은 쉽게 먹을 수 없는 혹은 먹기 어렵다고 판단되는 재료가 훌륭한 음식으로 변하는 순간일 것이다. 그런 순간들에 주연 혹은 조연으로 등장하는 것이 바로 혐오스럽게 생각되는 식재료일 것이다.

신약에 등장하는 세례 요한은 메뚜기를 먹었다. 구워먹은 것인지 아니면 튀겨 먹은 것인지 정확히 나와 있지 않으나 생으로 먹었을 가능성은 그리 높지 않다. 또한 레위기, 출애굽기 등의 구약에도 곤충을 섭취했다는 것은 어렵지 않게 찾아볼 수 있다. 젖과 꿀이 흐르는 땅이라고 하나 상대적으로 척박한 곳에서 곤충을 비롯한 혐오음식을 전통적으로 먹었다는 것은 어렵지 않게 확인할 수 있으며 사실 전 세계에서 이러한 경향, 독이 없는 곤충을 섭취하는 것을 확인해볼 수 있다는 것은 우리가 상상하는 것 이상으로 선조들의 삶이 만만치 않았다는 것을 의미할 것이다.[12] 물론 가축에 비해 곤충은 상대적으

12 성경을 주로 예를 든 것은 서구중심주의의 가장 중심에 있는 것이 바로 성경이기 때

●볶은 구사노와 과까몰레　　　　　　　●튀긴 귀뚜라미와 나초

로 풍부하며 영양학적으로도 아주 훌륭하다고 한다. 단백질의 함량
이 높으면 염분 함유율이 적절하여 특별히 간을 할 필요도 없고 더
욱이 지방의 함량은 높지 않아 어떤 면으로 상당한 건강식 혹은 다
이어트식이라 할 수 있다.

　멕시코에는 식수가 적은 산악지역부터 사막지역까지 보통 사람
들이 살기 어렵다고 하는 오지들이 적지 않다. 그런 지역에 사람들
이 살기 시작한 데에는 어떤 이유가 있을 것이다. 그 이유를 모두 알
기는 어렵지만 스컹크, 야생 쥐, 도롱뇽, 개미 알, 야생 토끼와 기타
곤충 및 곤충의 유충 등을 먹기 시작한 이유는 간단하다. 그것 말고
는 먹을 것이 없었기 때문이다. 하지만 무엇을 먹느냐와 어떻게 먹
느냐는 상당한 차이가 있다. 그리고 어떻게 먹느냐가 요리의 질을
결정한다.

　일반적으로 곤충의 경우 굽거나 튀기는데, 냄새가 역하지 않을 경
우 굽고 역겨운 향이 강할 경우 튀겨 먹는 경향이 있으며 기름에 향
료를 첨가하기도 한다. 물론 볶는 경우도 있는데 볶을 때는 냄새와

문이다. 성경의 내용으로 우리의 선입견이 어디서 왔는지 살펴볼 수 있을 것이다.

잡향을 잡는 전 세계 공통의 재료, 마늘과 양파가 들어가는 경우가 보편적이다. 이외에 실란트로 같은 향료도 들어가지만 실란트로는 보통 조리를 마치기 바로 전에 함께 넣고 볶거나 먹기 전에 살짝 뿌리기도 한다.

우리가 먹는 번데기의 경우 누에가 고치 안에 있는 것으로 우리나라에서 얼마나 비단 산업이 발달했는지를 반증하는 증거이기도 하다. 번데기는 입안에서 터지면서 씹히는 식감과 달달한 육즙을 즐기는 것이며 요새는 보기 어렵다는 메뚜기는 짚으로 엮어 모닥불에 구워 먹는 경우도 있고 튀기거나 볶는 경우도 있다. 메뚜기의 경우 입에서 씹히는 껍질의 식감과 부드러운 속살의 느낌이 상당히 매력적이다.

개인적으로 삼척 근처 강원도 골짜기에 놀러간 적이 있었는데 강원도 산골짜기는 간식거리의 보고(寶庫)였다. 꿀이 가득한 벌집을 그대로 입에 넣고 껌처럼 질겅질겅 씹기도 했고 단물이 가득한 꽃을 따먹기도 했으며 무슨 나무인지는 기억이 나지 않는데 나무껍질을 씹으며 단물을 빨아 먹기도 했다. 하지만 무엇보다 기억에 남는 것이 바로 두더지 고기였다. 동네 친구가 잡아온 두더지의 내장과 피를 냇가에 씻어 모닥불에 구워 먹었는데 웬만한 쇠고기보다 맛있었다. 그 맛은 아마 먹어본 사람만이 알 것이다.

이와 아주 비슷하게 멕시코 사막지역에서도 야생 다람쥐, 도롱뇽, 야생 토끼를 비롯하여 사냥으로 잡을 수 있는 고기는 거의 다 먹었다. 사실 단백질은 콩을 비롯한 작물을 통해 섭취할 수 있다고 해도 사람의 몸과 좀 더 흡사한 동물의 고기에서 얻을 수 있는 단백질 및 기타 무기질이 더 섭취가 빠르고 효용이 높은 것은 부정할 수 없는 사실이다. 우리 몸에서 소비된 단백질과 지방 또한 동물성이기 때문이다.

동물의 경우도 곤충과 비슷하게 누린내가 그리 심하지 않을 경우 그대로 구워 먹거나 삶아 먹곤 하는데 실제로 야생동물은 누린내가 심하기 마련이다. 마늘, 양파 그리고 생강 등의 재료들이 이런 잡향을 잡아주는 재료인 것은 마찬가지인데 이런 재료를 사용해도 소용이 없는 경우 바르바꼬아와 비슷한 방법으로 용설란 잎을 이용하여 잡향을 제거한다. 보통 용설란을 마게이라고 하고 떼낄라의

● 새끼를 업어 키우는 설치류 뜨랄까우체, 고기도 맛있는 편이다.(위) 튀긴 트랄까우체 고기(아래)

재료가 되는 푸른 용설란을 아가베라고 하는데, 잡향을 잡아주는 데에도 아가베가 더 효과가 좋다고 한다. 요새는 용설란 잎에 손질한 고기를 넣고 냄비에 찌는 경우가 많은데 사실 전통적인 방식은 바르바꼬아 방식과 똑같이 구덩이를 파고 불길이 한 번 죽은 장작을 넣은 다음 손질한 고기를 용설란 잎에 싼 후 넣어주고 구덩이를 막아 10시간에서 하루 정도의 시간을 기다리면 훈제이면서 지열의 복사열에 의해 은은히 구워지고 용설란액과 고기 자체의 수분으로 삶아져 용설란 잎의 향이 풍기는, 훈제이면서 구이이면서 찜인 요리가 완성된다. 이렇게 만들어진 요리를 또르띠야에 넣고 리몬즙과 각종 살사를 뿌리면 다른 가축의 고기와 특별히 구분되지 않는다.

사실 현재 혐오식품이라 간주하는 벌레나 기타 야생 동물들을 먹는 것은 전 세계적으로 공통이다. 앞에서 언급한 것처럼 라틴아메리카에서 대규모 방목이 이루어지기 전까지 전 세계에는 쇠고기도 돼지고기도 그리 흔하지 않았다. 또한 흔한 지역이라 해도 냉장고가 발명되기 전까지는 고기를 일주일도 보관하기 어려웠던 것이 사실이다. 하지만 70년대 이후 냉장고, 냉장선, 냉장 트럭 등이 개발된 후 동물성 고기는 쇠고기, 돼지고기, 닭고기 등이 주가 되었고 다른 먹을거리들은 특식, 별미 혹은 이색 음식 더 나아가 혐오음식이 되었다.

　하지만 역시 이것은 선입견이다. 특히 생존이라는 목표 앞에서 선악미추(善惡美醜)의 구분은 그리 중요하지 않다. 물론 현재에 그런 음식을 꼭 먹어야 하느냐 혹은 주식으로 해야 하느냐고 물어본다면 역시 대답은 'No'일 것이다. 하지만 마찬가지로 꼭 문화 상대주의가 아니라 우리 조상님의 삶을 존중하며 또한 색다른 맛을 위해 가끔 먹는 것은 어떠냐고 물어본다면 역시 대답은 'Yes'일 것이다. 물론 비위가 약한 분들에게는 이런 글을 읽는 것, 조리된 사진을 보는 것도 곤욕일 테지만 말이다.

　아마존에서는 악어고기와 화석어 삐라루꾸를 먹는다. 사실 혐오음식과 이색음식을 왜 먹느냐고 물어보면 대답은 아주 간단한다. 살기 위해 먹는 것이다. 대부분의 진화는 그 기반이 환경적응이다. 진화의 기본인 자연선택(natural selection)은 우성의 유전자를 가진 후손을 남기는 것도 중요하지만 그 기본은 바로 환경적응이다. 하지만 인간은 기본적으로 환경에 적응한다기보다는 환경을 개발한다. 쉽게 라스베이거스로 상징되는, 사막의 기적, 아무것도 없던 황무지에 거대한 도시를 만들고 현대식 건물을 짓는다. 허나 사막에 가장 잘 적응한 것은 아마도 모래일 것이다. 수분이 다 증발해버리고 움직임이 거의 없는 상태가 사막이라는 환경에 가장 잘 적응한 것이라 할 수 있을 것이다. 어떤 면으로 인간의 환경적응이라는 것은 환경의 정복이라 할 수 있다. 인간의 문명 자체가 환경에 적응한 결과물이라기보다는 환경을 개발하여 자연적 상황과 적대적인 경우가 많기 때문이다. 물론 굉장히 무례한 것이다. 인간 또한 자연의 일부이기에 완벽하게 적대적일 수도 없으나 그럴 수 있다는 착각이 현대 사회의 문제들을 야기한 여러 이유 중 하나이며 그 비중은 작지 않지 않기 때문이다. 결국 인간 중심의 사고가 인간을 죽이고 있다고 해도 과언이 아니다. 물론 인간의 욕망, 이기적 욕망, 자본주의적 소유욕이 인간 스스로를 죽이고 있다고 하는 것이 더 정확하겠지만 말이다.

좋은 재료가 좋은 음식을 만든다는 것은 자연주의적이라 할 수 있다. 하지만 진짜 인간다운 것이 무엇이냐고 묻는다면, 먹을 수도 없고, 먹을 수 있다고 생각할 수도 없고, 먹는다고 상상하면 그 자체로 기분이 상할 만한 식재료를 먹을 수 있도록 요리하는 것, 바로 그것일 것이다. 사막에 들어온 수도(水道)처럼 말이다. 사실 혐오식품으로 분류되는 식재료에 대한 정보가 없다면, 아니 눈 딱 감고 씹기 시작하면 의외로 그리 큰 무리 없이 먹을 수 있다. 실제로 구사노는 번데기와 그리 다르지 않고 각종 곤충튀김은 간을 하지 않아도 짭조름한 것이 맥주안주로 어울리겠다는 생각마저 들었다. 사나흘 굶어보고 나면 못 먹을 것이 없을 것이다. 심지어 고산지대에 조난한 비행기 생존자들은 살기 위해 인육(人肉)을 먹는 경우도 있다. 생존을 위해 못할 것은 없다. 하지만 인간의 위대함은 생존을 위해 못할 것이 없다는 것이 아니라 그 상황에 최고의 맛을, 그 상황에 가장 적합한 답을 찾아내고 또한 거기서 만족하지 않고 개선한다는 것일 터이다.

현재 우리는 먹기 위해 키워지는 가축의 고기를 먹고 있지만 산업화된 축산업은 매년 더 좋은 맛을 만들어낸다. 물론 양날의 검이다. 혀에 달콤하면 건강에는 안 좋기 마련이기 때문이다. 멕시코의 혐오 음식, 혹은 곤충 먹을거리를 통해 알 수 있는 것은 역시 인간이다. 인간의 역사가, 문명의 역사가 혀끝에서 파노라마처럼 펼쳐진다고 하면 약간 허풍으로 보이겠지만 조금만 생각하면 틀린 말이 아니라는 것을 알 수 있을 것이다.

　하지만 멕시코에서 정말 주목해야 하는 것은 바로 그 조리 방법이다. 야생과 문명의 중간에 위치하여 선입견을 간단히 깨는 역할을 한다. 가끔은 잘 먹고 나서, 맛있었다고 하고 나서 재료에 관해 이야기를 듣고 토하는 분도 있다. 그래서인지 가끔 멕시코에서 원효대사의 깨달음을 얻고 가시는 분들도 있다.

14 차세대 건강식 치아와 우리 몸의 지방 밸런스

　　몇 해 전 SBS에서 방영된 다큐멘터리 '옥수수의 습격'에서 치아에 대해 언급된 적이 있다. 다큐멘터리에서는 양질의 지방 즉, 오메가-3를 섭취할 수 있는 식재료로 소개되었다. 치아와 비교할 수 있는 식재료는 유럽의 아마(flax) 씨앗, 동양에 들깨 등이 있다고 한다. 물론 여기서 식재료는 인간이 바로 먹는 것이 아니라 동물의 사료로 사용될 수 있는 것을 의미하며 양질의 지방을 섭취한 가축을 식용으로 사용하면 성인병 발병 위험률이 현저히 낮아진다고 한다. 다시 말하면 고단백, 고지방의 사료를 대체할 수 있는 작물이라는 의미가 되는데 축산농가에서 수입 사료 때문에 상당한 재정적 부담을 갖고 있다는 것을 고려하면 의미 있는 대안일 수 있다. 물론 보통 마블링이라 부르는 지방층이 상대적으로 적은 고기를 소비하게 되면 수입 사료와 양질의 지방이라는 두 가지 고민을 하지 않을 수도 있다. 논란의 여지가 있긴 하지만 고기의 결에 따라 아름답게 지방을 머금은 부위의 고기를 잘 구워먹는 것이 다른 부위의 고기를 먹는 것보다 맛있다는 것은 전 세계적으로 보편적인 것 같다. 우리나라 한우와는 조금 다르다 해도 전 세계적으로, 특히 스테이크로 가장 사랑받고 또한 고가로 팔리는 쇠고기가 일본 고베의 와규이고 와규 또한 화려한 마블링을 자랑하니 말이다.

　미국 농무부의 자료에 따르면 치아Chia, Salvia hispanica 1온스 약 28그램의 치아 씨앗에는 9그램의 지방, 4그램의 프로테인, 11그램의 식이섬유가 포함되어 있다고 한다. 여기에 하루 필요량 18%의 칼슘, 27%의 인, 30%의 마그네슘 등의 무기질이 포함되어 있다고 한다. 9그램의 지방 중 오메가-3의 비율은 75%로 약 6.8그램의 지방이 오메가-3이다. 또한 11그램의 식이섬유 때문에 치아가 식재료로서 다양하게 쓰일 수 있었는데 치아의 식이섬유는 펙틴의 함유량이 높아 물에 담가두면 자연스럽게 젤리 형태로 변하게 된다. 이런 특성으로 인해 옥수수와 같이 갈아서 반죽하게 되면 찰기가 모자란 옥수수를 보

●물에 불린 치아

완하여 쉽게 반죽을 하고 모양을 낼 수 있게 도와주고 마치 죽처럼 식사를 대신할 수 있는 먹을거리를 만들기도 용이하게 해주었다. 예를 들어 옥수수 가루와 치아가루 등을 갈아서 미지근한 물에 개어내면 점점 불어나 상당히 든든한 식사가 된다. 결론적으로 치아는 두 가지 측면에서 건강에 좋은데 첫째, 양질의 지방과 프로테인 및 기타 무기질을 섭취할 수 있다는 것이고 둘째로는 풍부한 섬유질을 섭취함으로 인해 변비 등에 효과가 좋으며 영양분이 갑자기 섭취되어 혈당이 급히 오르는 것을 막아주고 영양분이 천천히 흡수되도록 도와준다. 이 두 가지 측면 모두 성인병을 예방하고 치료하는데 상당히 도움이 될 것이다.

치아는 코우텍스 멘도사Codex Mendoza[13], 코우텍스 플로렌틴Florentine Codex[14]에 의하면 아쓰떼까에서 자주 먹던 식재료 중 하나라고 한다.

13 16세기 현재의 멕시코인 누에바 에스빠냐 부왕 멘도사에 의해 만들어진 아쓰떼까에 대한 보고서이다.
14 프란체스코파의 신부 베르나르디노 데 사아군Bernardino de Sahagún 혹은 베르나르디

앞에서 언급한 것과 비슷하게 걸쭉한 음료 형태로 즐겼던 것으로 보인다. 메소아메리카 전체에서 그리 어렵지 않게 볼 수 있고 먹을 수 있는 식재료였던 것으로 보이나 식민지화되면서 원주민 중 일부를 제외하면 주요 식재료로 사용하지 않은 것으로 보인다. 그러다 옥수수가 사료로 사용되면서 옥수수를 먹은 소와 돼지, 닭 등이 성인병을 유발하는 것으로 알려지자 옥수수를 주식으로 사용하면서도 기타 성인병에 시달리지 않는 원주민들이 관심을 받게 되었다. 그들은 현재 멕시코 치와와 주의 남쪽에 거주하는 원주민들로, 따라우마라 Tarahumara 혹은 라라무리Rarámuri라고 불리는데 고산지대를 유목하는 유목민들이다. 우토 아쓰떼까uto-aztecas 계통을 언어로 사용하므로 아쓰떼까와 관련이 있어 보이나 사실은 미국 남부의 미국 인디언들과 혈통적 문화적 관련성이 더 높다. 그들은 고산지대에서 이동 중 부족한 영양분을 보충하기 위해 옥수수 가루와 계피 혹은 기타 향신료와 아가베 시럽 등을 간 치아 씨앗과 함께 잘 반죽하여 죽처럼 먹을 수도 있고 반죽을 잘 건조시키면 곡물 바bar처럼 먹을 수도 있다.

전 세계적으로 치아는 성인병을 예방하고 그 치료에 도움을 줄 수 있는 식재료로 꼽히며 특히 미국을 중심으로 많은 연구가 이루어지고 있다. 우리나라에도 수입되어 어렵지 않게 만날 수도 있다. 물론 치아가 만병통치약이나 기적의 명약은 아니다. 약이 아니라 식재료인데 아직 이 치아를 이용한 새로운 퓨전 요리들은 만들어지지 않은 것 같다. 어쩌면 우리는 멀지 않은 미래에 건강과 맛을 모두 만족시킬 치아를 이용한 요리를 만날 수 있을지도 모르겠다.

노 데 리베이라Bernardino de Ribeira가 16세기에 작성한 인류학적 보고서이다.

15 소금과 향신료

　　신토불이(身土不二)라는 말은 우리나라에서 그저 대지와 우리의 몸이 다르지 않다는 약간 자연주의적인 관념의 표현만이 아니라 우리의 것은 소중한 것이라는 민족주의적 관점도 담고 있는 것 같다. 그런데 땅이, 대지가 달라 모든 작물과 심지어 가축들도 다르다면 각 지역별로 소금 맛도 다르지 않을까?

　바닷물의 평균 염분 농도는 3.5% 정도라고 한다. 물론 약간 더운 지방이면 그 농도가 더 높은 편이고 추운 쪽에서는 약간 낮은 편이다. 하지만 바닷물의 염분 농도에 상관없이 수분을 증발시켜 소금을 만들게 되면 그리 큰 차이는 없을 것으로 생각하기 쉽다. 우리나라 황해의 천일염이 좋다고 하는 이유는 소금의 농도가 높아서가 아니라 기타 다양한 무기질이 포함되어 있기 때문이다. 바람과 햇빛으로 수분을 증발시켜 소금을 만드는 것은 굉장히 보편적인 방법이다.

　드라마 주몽의 초반부에 부여와 한나라 사이의 핵심적인 무역상품이 바로 소금이며 한나라는 소금을 무기로 부여를 압박하기도 한다. 바다에 인접하지 않은 지역에서 소금을 얻는 것은 바로 생명을 유지하는 것으로 빛과 소금 그리고 물은 인간뿐만이 아니라 다른 동물들도 생명을 유지하는 가장 기본적인 요소이다. 재미있는 것은 소금을 일부러 찾아 먹어야 하는 것은 오직 인간뿐이다. 오직 인간만이 직접적으로 소금을 먹거나 음식에 인위적으로 간을 하고 다른 동물들은 그렇지 않다. 초식동물도 육식동물도 따로 소금을 먹지 않는다. 하지만 현재 우리는 수준 높은 천일염을 어렵지 않게 구할 수 있으므로 다른 소금, 다른 짠맛을 상상하는 것이 쉽지 않다. 간장과 소금 혹은 기타 조미료의 짠맛 등 짠맛의 차이가 분명히 있고 또한 그것은 인지하기 어렵지 않으나 소금들 간의 차이는 인지하기 쉽지 않다. 물론 맛소금과 소금의 차이는 확실하지만 말이다.

라틴아메리카의 특징 중 하나가 고산지대에 도시들이 발달해 있다는 점이다. 고산지대에서 생존하기 위해서는 무엇보다 소금의 수급 문제가 핵심적인 문제이다. 바다에서 멀기도 하지만 길이 험하여 다량의 소금을 주기적으로 운반하는 것은 쉬운 일이 아니다. 멕시코시티의 경우 과거 매립되기 이전의 호수 물이 담수가 아니라 염수였다. 그래서 농사용수와 생활용수로 적당하지는 않았지만 소금을 수급하는 것은 그리 어려운 문제가 아니었다. 멕시코는 현재 우리나라와 흡사한 천일제염법으로 주로 소금을 생산한다.

또한 라틴아메리카에서는 소금광산도 그리 특별한 것이 아니다. 쉽게 암염이라 부르는 것인데 지반의 갑작스런 융기 등 지형변화에 의해 고이게 된 바닷물에서 수분이 빠져나가 돌처럼 굳은 것이다. 대부분 무색투명하며 다이아몬드와 흡사한 구조를 보인다. 순수한 나트륨의 관점에서 보면 불순물이 많다고 할 수 있고 그런 이유로 공업용으로 사용되는 경우도 있지만 관점을 바꿔보면 풍부한 미네랄이 함유된 소금이라 할 수 있다.

모든 암염이 식용으로 사용될 수 있는 것은 아니지만 콜롬비아, 아르헨티나에서 생산되는 암염은 천일염보다 맛이 좋다고 알려져 있다. 물론 짠맛이란 기준으로 보면 오히려 약간 떨어진다고 할 수 있다. 은은하게 느껴지는 짠맛에 은근한 단맛도 느껴진다. 미네랄의 함유량이 높아 국 등에 사용하면 쓴맛 등이 느껴질 수 있으나 구이에

●계단식으로 만들어진 페루의 살리나스 염전

양념을 하기 위해 사용하면 일반소금, 천일염보다 더 감칠맛이 있다.

멕시코시티보다 더 고산지대인 페루의 쿠스코 지역은 조금 더 특이한 방식으로 소금을 얻었다. 쿠스코 근처 살리나스[15] 지역에 암염이 포함된 산이 있다. 그런데 갱을 파고 소금을 캐낼 필요가 없다. 계곡으로 물을 흐르는데 이 물에 염분이 녹아 있다. 이것을 계단식 밭을 이용하여 증발시켜 소금을 만드는데 어떤 면으로 천일염과 암염의 중간이라 할 수 있다. 맛도 그렇게 중간 정도였던 것 같다.

소금은 음식 맛의 기본이라고 한다. 그러므로 당연히 어떤 소금을

15 'salina'라는 단어가 소금sal에서 유래한 '염전'이란 의미의 단어이다.

사용하는가에 따라 그 맛도 달라져야 한다. 같은 음식, 같은 재료라고 해도 어떤 소금으로 간을 했는가에 따라 그 맛은 달라진다. 보통 구이, 고기구이나 생선구이 등에는 감칠맛이 있고 짠맛이 강하지 않은 암염이 좋고, 국에는 천일염이 좋다고 한다. 물론 장을 담그는 데에는 우리나라 천일염처럼 순도가 높은 소금이 좋다는 것이 상식이다. 어쩌면 다양한 소금의 맛, 그 다양한 짠맛을 알게 되고 이런 음식에는 이 소금이, 저런 음식에는 저런 소금이 더 어울리겠다는 생각이 든다면 한층 더 섬세한 미각을 갖게 된 것이며 더 섬세한 요리 능력을 갖게 되었다는 신호일 것이다.

유럽의 중세 때는 후추가 금값과 비슷했다고 한다. 어릴 적, 그 말을 처음 듣고 우리 집에 있는 후추는 싸구려라고, 그래서 그런 맛이라고 생각했다. 진짜 후추, 통후추를 바로 갈아서 먹으면 맛이 일품일 것이라 상상했다. 물론 그 상상은 쉽게 깨졌다. 맵기만 하고 많이 넣으면 기침만 나오는 후추를 금값으로 생각했던 중세 유럽인들이 미친 것 아니었을까 생각했다. 사실 음식의 맛에서 향은 음미될 때 그 존재감을 뚜렷이 드러내며, 재미있게도 익숙해지면 무뎌진다는 특징이 있다.

우리에게 고수(향채, 코리앤더 혹은 실란트로)는 아주 역한 향신료이지만 베트남 쌀국수, 중국 본토 요리 그리고 멕시코 요리 등에 들어가고 이런 음식을 맛본 사람들에게 고수는 이제 그리 특별한 향신료가 아니다. 또한 파슬리, 말린 파슬리 등은 스파게티 등의 음식을 즐기는 사람들에게는 이제 특별할 것도 없는 아주 일반적인 식재료일 것이다.

그럼에도 불구하고 우리나라 사람들은 대부분 지금까지 먹어본 적이 없는 특이한 향의 음식에 대부분 역함을 느끼거나 거부감을 느끼는 경우가 많다. 역설적인 것은 우리나라 음식이야 말고 강렬한 향이 가득한 음식이라는 것이다. 마늘과 고추 그리고 각종 젓갈이 버무려진 우리 음식은 굳이 청국장을 이야기하지 않더라도 외국 사람들에게는 참기 힘든 향을 가진 음식이다. 쉽게 우리의 입맛을 당기는 김치의 향도 어떤 외국인들에게는 역겨운 냄새일 수 있다. 또한 우리는 미나리가 빠진 매운탕을 상상하기도 싫어하지만 미나리에 익숙하지 않은 외국인에게는 상상하지도 못했던 냄새를 만나는 기회일 뿐이다. 물론 마찬가지로, 익숙해지면 그 맛을 알게 되고 그 맛에 적응하고 일상적이 되면 무뎌지게 된다. 어쩌면 권태기라고, 맛과 향의 권태기라고 할 수 있을 것이다.

　멕시코와 기타 라틴아메리카에서는 통후추를 바로 갈아내는 통에 암염과 통후추, 말린 파슬리 등을 넣어서 팔기도 한다. 고기용에는 약간 붉은 후추가 들어가 있고 생선용에는 검은 후추에 말린 민트나 로즈마리 등이 들어가 있다. 특히 구이에서 별다른 양념 없이 소금과 약간의 향신료로 누린내 혹은 비린내를 잡으면서 재료 본래의 맛을 살린다. 월계수 잎과 백리향 잎, 오레가노 잎, 샐비어^{salvia} 잎, 박하 잎(마요라나^{mejorana}), 박하와 비슷한 알바아까^{albahaca} 잎 등과 암염, 약간의 향신료는 어쩌면 순수한 맛, 양념에 본 재료의 맛이 가려지는 것이 아니라 본래의 맛을 살리고 드러내는 가장 단순하며 확실한 방법일 것이다. 더 쉽게 표현하면 진짜 고기 좋아하는 사람은 양념구이보다 소금구이를 선호한다. 암염과 약간의 향신료로 조금 더 수준 높은 소금구이를 먹을 수 있을 것이다.

16 탁월한 항암효과
과나바나, 가시여지

　　현재 우리나라에 암환자는 110만 명이 넘으며 국내 사망원인 1위가 바로 암이라고 한다. 암은 알려진 것과 같이 세포의 돌연변이로 시작되는 경우가 많고 원인도 여러 가지로 알려져 있지만 정확하게 무엇인지는 단언하기 어렵다. 암 바이러스가 있다고는 하지만 고작 세포 한두 개 변이를 일으키다 없어지는 경우도 많고 환자의 면역체계에 따라 치명적인 상황이 닥칠 수도 있다. 암세포는 마치 매트릭스 3편의 스미스 요원처럼 일반인들에게 복제되듯, 모든 세포에 전이되고 결국 환자를 죽음으로 이끈다. 암이 무서운 이유는 무엇보다 완치를 자신하기 어렵다는 것이다. 항암치료 과정에서 화학요법을 하게 되면 암세포만이 아니라 건강한 다른 세포도 심각한 피해를 입으며 환자의 면역체계 등을 비롯하여 전체적으로 몸이 약해지고 이로 인해 여러 가지 부작용이 나타날 수 있다. 이런 이유로 많은 환자들이 치료를 받는 과정에서 사망하기도 하는데 이것은 암이라는 질병의 어쩔 수 없는 특징 때문이라 할 것이다.

　　요즘은 항암화학요법이 아니라 다른 대체의학으로 암을 치료하려는 환자도 적지 않은 편이다. 이런 사람들은 상황버섯이나 차가버섯 혹은 마늘 진액, 오가피 가루, 동충하초, 상어 연골가루 등을 먹기도 하고 고구마, 가지, 혹은 베리berry류의 과일들, 블루베리, 블랙베리, 브라질의 아사이베리, 폴란드의 아로니아 등을 먹기도 한다. 이 모든 음식이 효과가 있을 테지만 여기에 한 가지를 더하자면 바로 과나바나La Guanábana, 우리나라에서는 가시여지라고 부르는 것이다.

보통 열대, 트로피컬 지역에서 재배되는 녹색의 과일, 과나바나는 작게는 사과 정도의 크기에서 크게는 4.5kg 정도 나가기도 한다. 상큼한 느낌의 과일은 아니고 우유 등과 함께 갈아 먹을 수 있을 정도이다. 즙은 코코넛 주스와 비슷한 느낌으로 색깔은 하얀 편이다. 하지만 과육은 파인애플을 닮았으며 셔벗보다는 아이스크림에 더 어울리는 재료이며 두유 등과 섞어서 먹기도 한다. 과나바나는 스트레스, 우울증, 불면증, 고혈압 등과 기생충, 곰팡이 감염 등에서도 탁월한 효과가 있다고 한다.

사실 과나바나가 국제적으로 관심을 받는 이유는 바로 항암효과 때문이다. 논쟁의 여지는 있으나 대체의학을 전문적으로 다루는 The Health Sciences Institute(약칭 HSI)의 한 리포트[16]에 의하면 일반 항암 화학요법보다 10,000배 더 항암효과가 있으며 무엇보다 일반 세포는 공격하지 않고 암세포만 공격한다고 한다. 면역체계를 약화시키는 것이 아니라 오히려 강화시키며 암세포만을 공격한다는 것은 말 그대로 마법의 항암제라고 할 수도 있다. 과나바다는 제약회사들의 야합으로 인해 그 효과가 국제적으로 은폐되고 있다는, 소위 음모론의 중심에 있는 과일이라서 현재 공식적으로 인정받고 있다고 하기는 어렵다.

이런 언급이 고인의 명예에 누가 될 수도 있겠지만 배우 고 장진영 씨가 2009년 5월 멕시코에서 대체의학으로 항암치료를 받았고 그 결과가 좋지 않아 결국 사망에 이르렀다는 기사가 있었다. 과나바나만이 아니라 원주민 전통 의술에서 유래한 많은 대체의학들, 전통 치료법이 멕시코에는 산재해 있고 대부분은 각종 허브 등을 즙을 내거나 우리나라처럼 약을 달이듯 넥타 형태로 복용하는 경우가 많다. 사실 멕시코뿐만이 아니라 중앙아메리카와 남아메리카에도 신비주의적인 원주민 전통 치료법은 적지 않다. 그것의 신빙성 여부는 현재 정확히 밝혀지지 않아 필자 또한 뭐라 정확히 언급할 입장은 아니다. 과나바나의 경우는 논쟁적이지만 일반적으로 음식을 통해 치료하는 경우에 약으로, 특히 양약으로 치료하는 것보다 효과도 덜하고 부작용도 덜한 경우가 많다. 병은 습관에서 유래하는 경우가 많고 마치

---

16 정확한 주소는 다음과 같다. http://hsionline.com/11-medical-breakthroughs-xhsil313/

복권에 당첨되듯 한 번에 중병이 치료되기를 바라는 것은 허황된 것이다.

그럼에도 불구하고 과나바나, 우리말로 가시여지가 건강에 도움을 줄 수 있는 과일인 것은 부정하기 어렵다. 열대지역에서 자라는 가시여지는 온도조절을 잘해주면 우리나라 가정에서도 키울 수 있다고 하고 라틴아메리카의 열대지역만이 아니라 동남아시아에서도 그리 어렵지 않게 만날 수 있는 과일이기도 하다. 열대지방을 여행하다 녹색에 조금 못생기고 가시도 삐죽하며 속살은 하얗고 까만 씨가 보이는 과일을 보게 된다면 꼭 한번 즐겨보길 추천한다. 또한 특별한 부작용이 아직 보고된 적은 없으므로 암 등의 병으로 고생하는 분들은 보조제 차원에서 복용하는 것도 그리 나쁘지 않을 것이다. 물론 환자들의 경우 담당 의사와 충분한 상담을 하는 것은 필수이다.

사랑의 표현으로서의 음식,
그 소박하고 위대함이 인류애로

마지막은 뭐랄까 약간 말을 하는 느낌으로 뭔가 좀 다른 차원의 이야기를 해보겠습니다. 실제로 말을 할 수 있다면 더 좋겠다 싶기도 합니다.

전 세계에 김치가 있는 것은 아니죠. 하지만 겨울이 있는 곳에서는 대개 김치와 비슷한 절인 채소 음식이 있습니다. 다시 말하면 남회귀선과 북회귀선 사이의 지역을 제외하면 비슷하게 절인 채소가 있습니다. 겨울에 채소를 먹지 못하니 어쩌면 당연한 일이죠. 겨울잠을 자지 않는 다음에야.

보통 소금에 절이지만 특이하게 식초에 절이는 곳도 있더라고요. 날이 좀 덜 추워서 그런가 싶기도 하지만 물어보니 전통이라고 하는군요. 사실 그렇게 말하면 더 물을 수가 없죠.

엘살바도르에 식초에 절인 배추김치가 있습니다. 적당하게 신맛이 나는 것이 입맛을 돋우더군요. 양상추도 아니고 배추로 말이죠. 하지만 보통 절임이란 것은 한 번에 끝나는데 1차로 소금에 절이고 속으로 들어갈 양념을 만들어 다시 2차로 만든 후 숙성시키는 경우는 흔치 않습니다. 가만히 생각해보면 손도 많이 가고 번잡스러운 일입니다. 다시 말하면 맛에 이 정도 수고를 그리고 시간을 투자하는 민족이 바로 우리 민족, 한민족이었다는 겁니다.

아마도 일식과 중식 사이에서 한식의 특징은 바로 시간, 혹은 정성이라 할 수 있을 겁니다. 하루 벌어 하루 먹는 생존이 최대 목표인 곳에서는 상상도 못할 대공사죠.

예전에 저 어릴 적에는 집집마다 김치 맛이 달랐습니다. 쓰는 재료, 담그는 방식, 숙성시키는 방식이 달랐고 또한 그 지역의 풍토가 만들어가는 것이 김장이니 지역별로도 맛이 천차만별이었습니다. 더 재미있는 것은 한 집안의 김치 맛이란 것이 상징적으로 처가와 시댁의 어느 사이에 존재하게 되는데 어느 쪽으로 더 치우쳤나에 따라 많은 것을 짐작할 수 있습니다. 남편과 아내 중에 누가 주도권을 잡고 있는지 어느 가문이 더 전통이 있는지 아니면 목소리가 큰지, 시집살이를 하는지 아니면 자유롭게 사는지 등등을 말이죠.[1]

아무튼 김치 맛이 천차만별이라는 것을 깨달은 것이 초등학교 4학년 점심시간이었나 그랬는데 당시 저는 도시락 반찬으로는 햄과 소시지 그리고 고기가 최고인 줄 알았고 친구들 반찬을 뺏어 먹곤 했더랬습니다. 그런데 어느 날인가, 딱 봐도 색과 향이 다른 김치가 있었습니다. 그 친구 어머님이 광주 출신이었는데 대구 출신인 우리 어머니의 김치와는 전혀 다른 김치를 먹고 있더라고요. 뭐랄까 젓갈의 강렬함만이 아닌, 양념, 고춧가루와 속마저 달랐습니다. 어떤 사람은 다른 것에 반감을 가질 수도 있겠습니다만 김치가 다양하다, 다

---

1 사상의학적으로 부부가 체질이 다를 때, 한 사람은 결혼 후 살이 짜고 한쪽은 빠지는 경우가 있다. 그것은 음식이 한쪽 체질에 맞춰진 탓이라고 한다. 그러므로 부부의 몸을 보는 것만으로 이 부부의 주도권을 알 수 있다. 물론 체질이 같은 경우 크게 체중이 변하지 않는데 이 경우에는 두 가지의 경향성이 있다. 열정적으로 싸우고 열정적으로 사랑하는 커플과 오래된 친구처럼 무덤덤한 커플. 지극히 개인적인 판단이지만 차이를 서로 조율하며 서로 맞추며 사는 것이 제일 좋지 않을까 싶다.

른 맛이 있다는 것이 제게는 아주 재미있었습니다. 그 뭐랄까, 결정적으로 김칫국물을 먹어보면 확실히 다릅니다. 친구들은 김칫국물을 먹어보는 절 이상하게 생각했지만 말입니다. 속은 엄청 차린 것이죠. 그렇게 김칫국물을 마셨으니. 점도와 양, 맛과 향, 다 다릅니다.

사실 우리 음식의 맛은 장맛입니다. 장맛이라고 하면 된장을 떠올리는 경우가 많은데 음식의 양념이라는 관점에서 보면 간장이 먼저고 된장이 나중이죠. 어쩌면 요즘 가장 중요한 고추장은 그다지 편차가 없는 편입니다. 물론 맛으로 치면 간장이 먼저이나 만드는 과정, 혹은 원재료라는 측면에서 보면 된장이 우선입니다. 콩을 삶고 메주를 만들고 그 메주에서 된장을 담그는 과정에 변수가 너무 많습니다. 사실 매년 같은 장맛을 유지하는 것은 종갓집에서도 힘든 일이죠. 집에서 직접 장을 담그던 시절, 음식 맛은 천차만별이었습니다. 기본인 장맛이 다르니 맛의 다양성은 더할 수밖에 없었죠.

그런데 맛이란 것이 참 재미있게도 각 개개인들의 성향을 반영합니다. 약간 내성적이지만 꼼꼼하고 부드러우며 시간과 정성이 들어가 마지막에 감칠맛이 나는 음식이 있는가 하면 다혈질의 강렬함, 밤하늘을 빛으로 바꾸는 불꽃놀이 같은 맛이 있습니다. 강렬하고 뒷맛이 깔끔하게 여운이 길지 않은.

언제부터인가 도시락 반찬을 뺏어 먹는 것은 친구네 어머니들의 성격 알아맞히기 놀이가 되었고 상당히 높은 적중률을 기록했던 것으로 기억납니다.

이게 무슨 말인가 하는 분들에게 쉬운 예로, 달걀 프라이 하나를 요리해도 중간 불로 익힐 수도 있고 파이팅 넘치게 식용유를 두르고 강한 불로 정말 튀기듯 익힐 수도 있죠. 적당히 익힐 것이냐 아니면 주변과 겉은 바삭하게 익히면서도 안은 덜 익힐 것이냐가 조리

방식에 따라 결정됩니다. 물론 맛도 그렇습니다. 어쩌면 약간 극단적인 예가 될 수 있지만 말입니다.

그런 맛의 다양성, 손에서 손으로, 혀에서 혀로 유전되던 것들이 점점 사라지는 요즘, 어머니의 지혜보다 인터넷 레시피를 선호하고 장은 이제 담그는 것이 아니라 마트에서 사는 것이 당연하게 생각되는 요즘, 다양했던 맛의 파노라마가 점점 사라지는 현실과 맛의 비밀은 그저 화학조미료가 전부인 것으로 아는 사람들이 늘어나는 요즘, 정말 맛을 알고 맛을 즐기는 사람들은 조금 쓸쓸합니다. 외롭고. '그까이 뭐 대충대충 처먹고 한 끼 때우면 되는 거 아녀?'라는 생각을 가진 사람들 사이에선 말이죠.

영화 〈달콤 쌉싸름한 초콜릿〉에서는 요리하는 사람의 슬픔이 요리에 베어 먹는 이들이 그 음식을 먹고 울어버립니다. 슬픈 맛이라? 물론 이런 것이 가능하다고 하면 약간 정신이 나갔거나 사기꾼 같겠지만 꼭 슬퍼야 우는 것이 아니고 어떤 감정의 정점에서는 눈물이 나곤 하니 감동적인 맛을 느낀 후에 눈물을 흘리는 일이 그리 불가능할 것 같지만은 않습니다.

입대하는 아들과 마지막 밥을 먹을 때, 그때의 그 맛, 처음 면회를 할 때 찬합에 바리바리 싸 온 그 음식의 맛, 사랑과 정성이 너무 가득해서 눈물 나는 맛, 그 맛을 알게 되면 참을 수가 없습니다. 중독이라고 할까요? 그래서 어찌나 쫄따구들 면회에 따라 나갔던지, 그 지역별로 다른 맛, 그 다양성과 정성과 사랑이 가득한 맛, 다들 어찌나 사랑을 많이 받으며 자랐던지. 무엇보다 정성이, 그래서 사랑이 가득한 음식들은 사람을 감동하게 하고 그래서 눈물이 날 만큼 기억을 함께한 가족, 그래서 식구인 사람들. 어쩌면 전 세계 사람들이 서로 나누어 먹는 사랑을 나눈다면 그것이야말로 위대한 인류애가 아닐까 싶습니다.

개인적인 차이가 있을 수 있겠지만 저는 멕시코에서 예전 우리나라 골목 어디쯤에서 볼 수 있는 정, 초코파이 광고에서 볼 수 있는 정을 자주 만나곤 했습니다. 경제적으로 멕시코와 우리나라는 14위와 15위를 서로 번갈아 하기도 하고 G20에 함께 속한 국가이기도 합니다만, 대지의 풍요로움 탓인지 덤으로 무언가를 얹어주는 정이 여전합니다. 넉넉함과 여유, 맛있는 음식과 즐거운 수다 속에서 예전에 느꼈던 어떤 것을 멕시코에서 다시 느낄 수 있었습니다. 감정은 표정으로도 표현되고 글로도 표현되지만 함께 나누어 먹음으로, 서로 눈을 마주 보면서 이야기를 하면서 더 직접적으로 느껴지는 것 같습니다. 그리고 그런 감정, 단지 낯선 이에 대한 환대가 아니라 공감을 기본으로 하여 시간을 함께 보내 공간을, 기억을 공유할 때에서야 비로소 '우리'라는 말을 할 수 있을 것 같습니다. 내 것을 주고 남의 것을 받는, 그것이 유형이건 무형이건 나누는 행위를 통해서 '나'는 좀 더 넓어질 수도 있을지 모르겠습니다.

사실 저는 어릴 적에 식탐도 많고 욕심도 많아 특히 음식을 누군가와 나눈다는 것을 상상도 하지 못했습니다. 그런 탓에 키가 189cm까지 클 수 있었는지도 모르겠습니다만 아주 작은 수준의 '나', 내 것만 생각하는, 떡잎이 그리 좋지 않은 사람이었습니다. 그래서 더 그런지 모르겠지만 누군가와 음식을, 그리고 감정을 나누는 것이 정말 기적과 같은 경험이었습니다. 같은 식탁에서 다른 세상이 보이는 경험이었으니까요. 누군가를 위해 음식을 마련하는 것, 그리고 함께하는 것, 감정을 나누는 것, 맛있냐고 물어보는 것, 맛있다고 대답하는 것. 세상에 깨달을 수 있는 도(道)의 경지가 얼마나 되는지 제가 뭐라 할 수 있는 입장은 아닙니다만 가정의 밥상이 점점 넓어져 나라가 되는 국가(國家), 영어 state의 번역이 아닌 정말 가정이 모여서 된 나라, 그리고 그 나라가 소위 세계화 시대에 걸맞게 지구 반대편, 위편, 아래편으로 넓어질 때, 이것이야 말로 오병이어의 기적이 아닐까 싶습니다.

정글과 절벽, 보석처럼 아름다운 바다를 보기 위해, 신비로운 피라미드, 고고학적 유적지를 가기 위해 혹은 또 다른 이유로 멕시코를 방문할 수 있을 겁니다. 그러나 말도 안 통하고 너무 멀지만 그곳에 가서 그 사람들과 함께 맛있는 한 끼를 나누고 싶다는 마음이 든다면 저는 이 글을 쓴 목표를 달성했다고 할 수 있을 것 같습니다. 찌개 하나를 두고 서로의 숟가락으로 퍼 먹는 우리의 정(情)도 멕시코에 다다를 수 있기를 기원합니다.

| 참고문헌 |

최명호, 『플라멩코』, 살림, 2008

최명호, 『테킬라 이야기』, 살림, 2010

최명호, 『신화에서 역사로 라틴아메리카』, 이른아침, 2012

마빈 해리스, 서진영 옮김, 『음식문화의 수수께끼』, 한길사, 2012

Diana Kennedy, From My Mexican Kitchen: Techniques and Ingredients, New york, Clarkson potter, 2003

_____, The Art of Mexican Cooking, New york, Crown Publishing Group, 2008

_____, The Cuisines of Mexico, New york, William Morrow Cookbooks, 1989

_____, The Essential Cuisines of Mexico, New york, Clarkson potter, 2000

John Noble, Kate Armstrong, Greg Benchwick, Lonely Planet MEXICO, 12th Edition, Oakland, 2010

Jorge Pedro Uribe Llamas(Guiasdf.com), DF con la historia, méxico, Editorial Mapas, 2011

Marilyn Tausend, El gran libro de la cocina mexicana, San Francisco, Weldon owen, 1999

Parragon Books, Sabor perfecto cocina mexicana, Barcelona, Parragon books, 2008

Patricia Quintana, Mulli: 띠 libro de los moles, Grupo Oceano, 2005

Ricardo Muñoz Zurita, Larousse, Larousse Los clasicos de la cocina mexicana, Larousse Mexico, 2011

Rick Bayless, Authentic Mexican 20th Anniversary Ed: Regional Cooking from the Heart of Mexico, New York, Harper Collins, 2007

_____, Salsas That Cook : Using Classic Salsas To Enliven Our Favorite

Dishes, New york, Fireside (Rockefeller Cente), 1998

Victor manuel Jimenez Gonzalez, Guía para descubrir los encantos del estado
Aguas calientes, México, Editorial Oceano México, 2010

_____,Guía para descubrir los encantos del estado
Baja califonia, México, Editorial Oceano México, 2010

_____,Guía para descubrir los encantos del estado
Campeche, México, Editorial Oceano México, 2010

_____,Guía para descubrir los encantos del estado
Chiapas y Chihuahua, México, Editorial Oceano México, 2010

_____,Guía para descubrir los encantos de Ciudad de
México , México, Editorial Oceano México, 2010

_____,Guía para descubrir los encantos del estado
Coahuila, México, Editorial Oceano México, 2010

_____,Guía para descubrir los encantos del estado
Colima, México, Editorial Oceano México, 2010

_____,Guía para descubrir los encantos del estado
Durango, México, Editorial Oceano México, 2010

_____,Guía para descubrir los encantos del Estado de
México, México, Editorial Oceano México, 2010

_____,Guía para descubrir los encantos del estado
Gunajuato, México, Editorial Oceano México, 2010

_____,Guía para descubrir los encantos del estado
Guerrero, México, Editorial Oceano México, 2010

_____,Guía para descubrir los encantos del estado
Hidalgo, México, Editorial Oceano México, 2010

_____,Guía para descubrir los encantos del estado
Jalisco, México, Editorial Oceano México, 2010

_____,Guía para descubrir los encantos del estado
Michoacán, México, Editorial Oceano México, 2010

_____,Guía para descubrir los encantos del estado Morelos, México, Editorial Oceano México, 2010

_____,Guía para descubrir los encantos del estado Nayarit y Nuevo León, México, Editorial Oceano México, 2010

_____,Guía para descubrir los encantos del estado Oaxaca, México, Editorial Oceano México, 2010

_____,Guía para descubrir los encantos del estado Puebla, México, Editorial Oceano México, 2010

_____,Guía para descubrir los encantos del estado Querétaro, México, Editorial Oceano México, 2010

_____,Guía para descubrir los encantos del estado Quinta Roo, México, Editorial Oceano México, 2010

_____,Guía para descubrir los encantos del estado San Luis Potosí y Sinaloa, México, Editorial Oceano México, 2010

_____,Guía para descubrir los encantos del estado Sonora, México, Editorial Oceano México, 2010

_____,Guía para descubrir los encantos del estado Tabasco, México, Editorial Oceano México, 2010

_____,Guía para descubrir los encantos del estado Tamaulipas, México, Editorial Oceano México, 2010

_____,Guía para descubrir los encantos del estado Tlaxcala, México, Editorial Oceano México, 2010

_____,Guía para descubrir los encantos del estado Veracruz, México, Editorial Oceano México, 2010

_____,Guía para descubrir los encantos del estado Yucatán, México, Editorial Oceano México, 2010

_____,Guía para descubrir los encantos del estado Zacatecas, México, Editorial Oceano México, 2010

Yuri de Gortari krauss, Mezcal: Nuestra Esencia, Ambar Diseño, 2009

멕시코를 맛보다

초판 1쇄 발행 2014년 5월 30일

지은이 최명호
펴낸이 강수걸
편집주간 전성욱
편집장 권경옥
편집 윤은미 손수경 양아름
펴낸곳 산지니
등록 2005년 2월 7일 제14-49호
주소 부산광역시 연제구 법원남로15번길 26 위너스빌딩 203호
전화 051-504-7070 | 팩스 051-507-7543
홈페이지 www.sanzinibook.com
전자우편 sanzini@sanzinibook.com
블로그 http://sanzinibook.tistory.com

ISBN 978-89-6545-253-9 03950

* 책값은 뒤표지에 있습니다.
* 이 저서는 2008년 정부(교육과학기술부)의 재원으로 한국연구재단의
지원을 받아 수행된 연구입니다.(NRF-2008-362-A00003)
* 이 도서의 국립중앙도서관 출판시도서목록(CIP)은 e-CIP 홈페이지
(http://www.nl.go.kr/ecip)에서 이용하실 수 있습니다.
(CIP 제어번호: CIP 2014015029)